河北省社会科学基金项目
"绿色金融与实体经济高质量发展耦合效应与协同机制研究"
(项目编号:HB23YJ010)资助出版

新发展格局下绿色金融与实体经济融合发展研究

韩景旺　刘　濛　李瑞晶
◎ 等 著

人民出版社

前　言

当前，绿色发展理念已经深入人心，各国都把绿色发展作为经济发展转型的方向。在人类文明史上，各国对可持续发展目标都有广泛的论述，追求人与自然的和谐发展是人类追求美好生活的共同基因，也是构建人类命运共同体的重要内容。在理论上，绿色发展与可持续发展一脉相承，是新环境下可持续发展的具体化，已经形成较为完善的理论体系。在实践中，各国在构建绿色发展的政策体系方面作出了许多努力，国际合作日益密切。绿色金融概念随着绿色发展政策体系的建立而产生，作为经济发展的血脉和人类经济活动的激励约束机制，绿色金融已经成为绿色发展非常成功的途径之一。绿色金融政策体系随着理论基础的完善经历了初步探索、体系构建到逐步完善的发展历程，是随着实体经济发展形态、发展趋势的不断变化而进行的金融创新。我国绿色金融体系在借鉴世界各国成功经验的基础上，立足实体经济发展的现实，特别强调与经济高质量发展相结合。从中央顶层设计到地方绿色金融试点，从市场化的绿色金融指引到政府层面的绿色金融标准，从金融业态的绿色金融规范到产业层面的绿色金融需求，我国绿色金融逐渐走出了一条中国特色的发展之路。

绿色金融包括一切服务于绿色发展的金融活动，根据金融活动服务模式的不同，绿色金融体系逐渐形成以金融业态为基础的服务体系。绿色信贷、绿色保险、绿色债券、绿色基金、绿色信托、碳金融等绿色金融服务形态都与产业发展息息相关，都是为满足实体经济的不同需求而展开的。我国经济结构、产业结构转型过程对绿色金融的需求巨大，绿色金融业态发展潜力无限，这不仅包括绿色金融对绿色产业的支持过程，还包括金融业态自身的绿色发展，二者是相互渗透、相互促进的关系。没有金融业态的绿色发展，金融机构利益就会与社会利益出现冲突；没有绿色金融业态对绿色产业的激励、对高污染高耗能产业的约束，实体经济就不可能实现绿色发展。因此，在新形势下，绿色金融只有与实体经济深度融合，充分把握绿色金融的本质，在服务实体经济的模式、方法上不断创新，才能最终实现绿色发展。

我国绿色金融体系日臻完善，服务实体的效能不断增强，但绿色金融在服务实体经济方面还存在诸多堵点，对构建新发展格局造成一定程度的阻碍。当然，绿色金融的实施主体主要是市场化的金融机构，任何商业机构都以营利为目的，在向实体经济提供服务时，首先考虑的不是社会效益而是自身利益，这难免会出现利益各方博弈失衡，从而导致内生增长动力不足。正如亚当·斯密所说的，理性的经济人在追求个人利益的过程中实现了社会利益，虽然追求个人利益的个人的初衷并非如此。金融机构的行为也是如此，在激励实体经济绿色发展的同时，金融机构也需要被激励，这确实需要采取市场化手段，寻找到一种既能实现自我激励，又能激励服务对象的融合模式，然而，这并非易事。绿色金融业态中仍然存在着个体与集体的利益冲突、商业目标与社会目标的偏离，尤其是一些金融机构自我循环的现象仍然存在，当绿色产业发展充满不确定性时，金融机构的服务意愿降低；一些金融机构偏爱低风险、稳定收益的项目，没有起到识别、激励、引导绿色产业发展的作用；一些金融机构在服务中出现了"伪绿""漂绿""洗绿"的现象，引发道德风险。诸如此类的问题，需要金融机构、金融业态与实体经济深度融合发展，找到利益共同点。

本书以习近平新时代中国特色社会主义思想为指引，立足新发展阶段，贯彻新发展理念，将绿色金融融入新发展格局中，同时借鉴国内外绿色金融发展的成功经验，围绕绿色金融与实体经济融合发展展开论述。首先，论述了新时代绿色金融与实体经济融合发展的理论基础，通过论证新发展格局、新发展阶段、新发展理念之间的关系，指出绿色金融在新发展格局中的地位和作用。梳理绿色金融发展史、政策史，通过历史描述和文献整理，了解绿色金融在国际、国内的整体发展现状。其次，对国内外绿色金融成功案例进行总结归纳，通过对各个维度的绿色金融领域包括金融机构、区域金融、金融产品等方面的优秀案例进行总结，试图找到绿色金融与实体经济融合发展的一般规律。最后，根据对不同金融业态的发展特征包括绿色信贷、绿色保险、绿色基金、绿色投资、绿色债券、绿色信托、碳金融等领域的研究，找准不同业态服务模式、途径、内容的特点及发展方向，寻找更加有创新性、可操作性和持续性的融合机制，提出不同业态的绿色金融与实体经济融合发展的对策。

习近平总书记的科学论断"绿水青山就是金山银山"道出了绿色发展与实体经济的深刻关系，是哲学上的本体论与客体论的统一，为新时代的金融工作指明了方向。本书在写作过程中牢牢把握习近平生态文明思想和新发展理念的要求，参考和借鉴了相关领域的研究成果，将绿色金融创新与实体经济充分融合，期望能够抛砖引玉，引起相关学者对该问题的深入思考和持续跟进研究，并集思广益提出解决问题的有效对策，从而增强绿色金融服务实体经济的效能。

目　录

第一章 新时代绿色金融与实体经济融合发展的理论逻辑

金融是现代经济的血脉，随着社会化大生产的不断深入，生产的每个环节已经不是简单的再生产过程了，金融要素已经贯穿生产的全过程，并在生产、消费、分配等各个环节不断自我演化，不断催生金融服务的创新，这是新时代实体经济发展的必然结果，也是疏通经济大循环中关键堵点的有意识、主动的创新活动。熊彼特曾经将创新视作生产要素的不同组合，金融领域的创新也遵循这种要素组合学说，根据实体经济发展的不同阶段、生产结构、产业特征、区域结构，金融要素同样进行着不同程度的调整，引起了新一轮的金融创新。金融领域的新业态、新产业、新模式不断涌现，其中最引人瞩目的是绿色金融领域的发展。

2016 年，中国人民银行、财政部、国家发改委等七部委联合印发了《关于构建绿色金融体系的指导意见》，该意见首次明确了绿色金融术语的官方定义，绿色金融是指"为支持环境改善、应对气候变化和资源节约高效利用的经济活动，即对环保、节能、清洁能源、绿色交通、绿色建筑等领域的项目投融资、项目运营、风险管理等所提供的金融服务"。如何发展绿色金融实际上有两层含义：一是如何通过金融手段将绿色产业筛选出来，金融如何助力实体经济的绿色发展，在降低能耗和排放、提高控污治污的技术水平方面提供金融服务，同时引导消费者进行绿色消费；二是指金融机构自身如何实现绿色发展，金融机构不能只追求短期利益，应该通过金融产品创新去发现、引导、支持绿色产业发展，最终实现自身长期利益的最大化。促进金融机构自身绿色发展与促进实体经济绿色发展在本质上是相通的。从定义上看，绿色金融涉及实体经济与绿色金融的融合发展、相互促进的关系。目前，绿色金融是以金融业态为对象提供的金融服务，包括如绿色信贷、绿色基金、绿色债券、绿色保险、绿色投资等不同领域，这些金融业态的区别在于金融服务的方式、适用的法律、权责的确定、风险的分担、收益的分享等方面的不同，这是分业经营规则和金融市场专业化分工导致的，其本质并无二致。绿色金融与其他金融服务最本质的区别不在于上述金融的业态方式，而是服务的产业，甚至可以说只要是服务于绿色产业的金融活动就是绿色金融，因此发展绿色金融的关键还是在于实体经济，首先要把握实体经济的发展规律。我们需要从理论上阐述我国经济发展所处的阶段、面临的任务、努力的方向，阐述新发展阶段、新发展理念与新发展格局之间的关系，新发展格局对实体经济的要求，实体经济对绿色金融的要求，绿色金融与"双碳"目标的关系以及绿色金融与全球治理、人类命运共同体的关系，只有从理论上厘清内在逻辑，才能更好地把握绿色金融与实体经济的关系，更好地把握绿色金融在新时代的主要任务和发展策略。

第一节　新发展阶段、新发展理念与新发展格局的关系

"进入新发展阶段、贯彻新发展理念、构建新发展格局，是由我国经济社会发展的理论逻辑、历史逻辑、现实逻辑决定的，三者紧密关联"，"把握新发展阶段是贯彻新发展理念、构建新发展格局的现实依据，贯彻新发展理念为把握新发展阶段、构建新发展格局提供了行动指南，构建新发展格局则是应对新发展阶段机遇和挑战、贯彻新发展理念的战略选择"，[①] 这是习近平总书记对三者关系的深刻阐述。厘清三者之间的关系，是我们认清当代世界经济发展规律的前提条件，也是我们经济活动尤其是金融活动的

---

① 习近平：《把握新发展阶段，贯彻新发展理念，构建新发展格局》，《求是》2021 年第 9 期。

行动指南。我们仍然需要从经济学、经济思想史和经济史三个维度来研究三者的具体关系，更加深入和细致地讨论其内在逻辑，从而更加明确我们当前的主要任务和具体的经济政策。

一、从经济学角度看新发展阶段

马克思唯物史观告诉我们，人类历史是阶段式发展的，是量变引起质变的过程，新的质变发生后又变为新的量变从而引起下一个质变。在唯物史观的指引下，马克思主义政治经济学通过不断的自我发展和创新，已经逐渐形成了中国特色社会主义政治经济学体系。

在中国特色社会主义政治经济学中，我们能够在坚持马克思主义政治经济学基本原理的同时将普遍原理与中国国情相结合进行创新的前提就是承认了历史发展阶段。马克思认为共产主义一定是从低级到高级的发展过程，列宁发展和完善了马克思关于社会形态演变的思想，第一次明确地提出共产主义的低级阶段是社会主义。毛泽东在我国社会主义探索时期提出了社会主义应分为"不发达"和"比较发达"两个阶段的理论，党的十三大明确提出了"社会主义初级阶段的理论"，党的十五大又进一步提出了"两个一百年"奋斗目标。进入新时代以来，我们党创立了习近平新时代中国特色社会主义思想，在完成全面建成小康社会的历史前提下，将第二个百年奋斗目标进一步具体化，提出在全面建成小康社会的基础上，再奋斗15年，基本实现社会主义现代化。中国特色社会主义政治经济学告诉我们，我们不仅在思想上不断发展马克思关于社会发展阶段的理论，而且在实践中不断地进行着实验，并取得了巨大的成就。不同发展阶段有不同的社会主要矛盾，进而有不同的发展目标和路径。新发展阶段理论是在对我国经济社会发展出现的新问题、新矛盾的科学总结之上提出的。我国经济从新中国成立初期至20世纪末基本采用粗放式增长模式，其中有国情因素，也有世界经济格局因素，但当经济发展到一定阶段后，传统的增长模式就不再适应经济社会发展的一般规律，这时必须重新把握新发展阶段的新特征，克服新问题，解决新矛盾。

　　从具体的经济政策来看，中国特色社会主义政治经济学阐述了不同发展阶段的特征是由于不同时期的主要矛盾变化引起的，主要矛盾又是通过生产力和生产关系是否相适应的动态过程展现的。新中国成立初期面临百废待兴的局面，工业基础薄弱，现代金融财政体系还未产生，社会主义建设无其他经验可循，只能参照苏联模式，采取计划经济模式初步建立共和国的工业体系。在这一阶段，我国的经济重心放在了工业上，为了满足城市中工业的发展需要，在无资本积累的情况下，只能尽可能压低工业化的成本，采用工农业剪刀差的方式，对农产品进行统购统销，压低农产品价格，商品只能采取配给制来保证有限的资源优先配置到工业领域尤其是国防领域。如果不能遵循发展阶段的特征，采取西方市场经济发展的路径，套用比较竞争优势、价格调控、成本竞争等基本经济学概念，我国在新中国成立初期应该大力发展农业，因为当时温饱才是市场最需要解决的问题，农产品价格应该上涨而不是被控制。但是这样一来，我国必然难以建立完整的工业体系，没有坚实的工业基础，农业也必将无法实现现代化，国家安全也会受到影响。马克思认为，生产力决定生产关系，生产关系反作用于生产力。进入20世纪70年代，我国生产力水平发生了巨大变化，计划经济的模式已经不适应生产力的发展，需要通过调整生产关系来释放生产力的潜力，改革开放正是生产力和生产关系的矛盾变化催生的。经过改革开放40多年的发展，中国经济形势发生了实质性的变化，经济总量已跃居世界第二位。在21世纪的前20年实现了全面建成小康社会的目标。中国特色社会主义进入新时代后，结构性问题成为我们必须解决的问题，我国社会的主要矛盾变成了人民日益增长的美好生活需要和不平衡不充分的发展之间的矛盾。中国特色社会主义政治经济学始终坚持经济发展的动态演化特征，不追求理论模型的纯粹性，不模仿自然科学研究社会科学，不作脱离现实的假设，重点关注历史发展规律、社会主要矛盾变化、生产力和生产关系的变化，因此是发展着的理论，也是能真正指导实践的理论，其中最核心的就是承认社会发展有阶段性，社会发展阶段理论贯穿社会主义建设的理论和实践。

二、从经济思想史角度看新发展理念

每种经济思想的产生都具有深刻的经济现实背景，在西方发达国家经济发展历程中出现的不同理论也印证了这种逻辑。在自由竞争时代产生了亚当·斯密"看不见的手"的思想，在后起的资本主义国家产生了历史学派的经济学说，资本主义进入垄断阶段后西方产生了垄断和垄断竞争理论，在企业管理权和经营权逐渐分离的时代产生了熊彼特的企业家理论，在战后资本主义黄金期产生了索洛的新古典增长模型，在技术成为经济竞争的主要内容后产生了罗默的新增长模型，在人力资本和知识积累越来越重要的时代产生了舒尔茨和卢卡斯的人力资本理论等。如果说西方经济学思想是在西方经济发展中产生的，并且是在各种流派的争论和继承中发展的，那么新发展理念作为一种经济学说，是根植于中国特色和世界经济发展大环境之中的，是应对新发展阶段的各种挑战而提出的，符合了经济思想产生的逻辑。新发展理念作为习近平新时代中国特色社会主义思想的重要内容，也是在坚持马克思基本原理的基础上，通过兼收并蓄并结合新时代的发展特征而提出的。

"创新、协调、绿色、开放、共享"的新发展理念正是因应了我国经济增长的动力从要素投入转向创新驱动，区域和城乡发展不平衡，经济增长的资源环境代价大，全球保护主义抬头和逆全球化的产生，收入分配不平等等一系列现实问题而提出的关于如何发展的思想。新发展理念产生于新发展阶段的历史背景，基于我国特殊国情，顺应新时代发展要求，对破解发展难题、增强发展动力、厚植发展优势具有重大指导意义。

三、从经济史角度看新发展格局

（一）世界格局的历史变迁

大航海时期，由于西班牙、葡萄牙率先进行了地理大发现活动，在美洲进行殖民活动，西班牙和葡萄牙崛起，世界经济中心从地中海沿岸开始向大西洋沿岸转移。但是西班牙和葡萄牙并没有将海外财富用来扩大再生产，单纯依靠掠夺而维持的国际地位不可持久。17世纪的荷兰利用贸易中心的转移，迅速崛起为"海上马车夫"，并在商业活动中首创了包括股份制、金融制度等一系列市场经济制度，荷兰的工场手工业虽有所发展，但巨大的商业利益使得荷兰并没有带领西方最早进行工业革命，这就是经济史中常说的"荷兰病"。英国通过资产阶级革命和国内的资源优势，在18世纪开始发展实体经济，主导了第一次工业革命，成为"日不落帝国"。英国不仅在工业领域中占据有利地位，还逐渐向外输出资本和思想，自由经济时代英国成为经济学的发源地。德国、日本、美国利用后发优势，通过学习英国先进技术以及对国内产业进行保护，主导了第二次产业革命。新一轮技术创新与第一轮完全不同，第二轮的科学进步转化成生产力后的力量更大，直接产生了许多新的产业，而这些产业没有庞大的资本、完善的工业体系、普及的科学技术是不可能得到发展的，也正是在第二次工业革命后，世界格局完全改变，尤其是其他国家与西方列强的差距急剧扩大。美国抓住第二次工业革命的历史机遇，经过两次世界大战后，逐渐成为世界最强大的工业国，并且在第二次世界大战后成为国际金融体系的主导。新中国成立后，我国通过工业化积累和改革开放的体制改革，利用劳动力优势和国际分工，迅速成为新兴经济体，对世界经济产生深远的影响，一跃成为世界第二大经济体。

在近500年的世界经济格局变迁中，我们很清晰地看到，世界各经济体的崛起和衰落，依靠的是对不同发展阶段的认知，不同发展理念的指引。有些国家具有天然优势，却没有崛起，有的国家充分利用世界资源和市场而崛起，究其原因无非是对发展格局有清醒的认识，充分分析本国发展面临的国内发展阶段和国际发展趋势。一个国家的崛起要将自身置于世界发展阶段、趋势之中，要认清世界各国之间竞争和合作的关系，深刻认识国与国、组织与组织之间的力量对比，认识世界发展格局的变化规律，用发展的眼光看问题，从格局的参与者变成格局的引领者。

（二）世界格局变迁中的中国

新中国成立初期面临着美苏为首的两大阵营的冷战，作为社会主义国家的我国首先选择苏联为学习的对象，在我国的工业化开始布局时受到苏联的产业体系和技术体系的影响，这也使得我国在短时期内建立了工业化的基础。随着世界经济格局的变迁和我国国际地位的提升，我国逐渐摆脱苏联的影响。我国实行改革开放时正值发达国家向发展中国家进行产业转移的高峰期，我国参与国际产业分工，以劳动密集型产业为突破口，发展外向型经济，利用出口和引进外资积累资金。随着经济的发展、技术的进步和人民生活水平的提高，我国的产业结构也在悄然改变，产业转移和人口红利的空间在减少，劳动力成本上升、环境压力、资源约束等问题成为经济转型的倒逼因素。但是追求产业升级势必形成对发达国家的直接竞争，此时的世界格局变数增加，矛盾冲突增多。而我国的经济必须转型升级、经济增长动力必须依靠创新，与发达国家的竞争也无法避免。

我国社会主义事业进入新时代以来，世界正在经历"百年未有之大变局"，传统的发展模式已经不再适用、世界政治经济格局不稳定性增强、第四次产业革命方兴未艾、国际治理难度加大，地区冲突又加大了世界格局的不稳定性和国际政治经济治理风险。国际产业链安全、地缘政治、逆全球化等问题突出，这就要求我们要构建新的发展格局，对世界经济局势作出精准的研判，因此中央提出了构建"以国内大循环为主体、国内国际双循环相互促进"的新发展格局。我国经济体量大，可以发挥国内超大规模市场的优势进行技术创新，可以通过内循环解决发展动力的转变，这是以国内大循环为主体的主要依据；国内国际双循环的依据是我国在国际分工中的地位，我国应该更好地利用国际市场，继续扩大对外开放。近500年的经济史告诉我们，没有任何一个大国的崛起是不靠世界市场的，但单靠世界市场而忽视自身内涵式发展也终将不能持久，"双循环"一直都是世界格局变迁的内在逻辑。

立足新发展阶段、贯彻新发展理念、构建新发展格局、推进高质量发展有着经济学、经济思想史和经济史的内在逻辑一致性，是各项具体经济政策的科学指引。

第二节　新发展格局对实体经济的要求

一、"双循环"发展格局的现实背景

"以国内大循环为主体、国内国际双循环相互促进"是构建新发展格局的内涵。以国内大循环为主体思想的提出，依赖于我国新发展阶段的经济特征，中国经济发展到现在，已经具备国内大循环的条件且在一定程度上已经是以国内大循环为主体了，对世界经济的依赖主要集中在工业品原材料和先进的科学技术上，因此传统的"两头在外"的旧格局依然是构建"双循环"的阻力。构建"双循环"要从国内和国际两方面提出对实体经济的要求。以国内大循环为主体有两层含义：一是我国需要构建全产业链体系，保证供应链安全，虽然这在一程度上违反了比较优势理论，但在一个动态发展的经济体系中，比较优势也是动态的，亚当·斯密说过分工受到市场规模限制，我国有超大容量的国内市场，即便看起来不具有比较优势的产业，在巨大的市场需求下，仍然可以做到全部本土化。二是长期依靠投资和出口拉动经济增长的模式已经不可持续，将来要发挥消费在经济增长中的重要性，进一步扩大内需，随着人均收入的不断增长，随着新的消费形式和内容的出现，国内消费市场潜力巨大。

二、构建以国内大循环为主体对实体经济的要求

第一，提高实体经济的效率，所谓效率就是以最低的投入获得最大的产出，国内大循环意味着在国内建立全产业链，其中必然涉及低效率、高成本的环节，实际上这成了内循环是否能够成立的关键。克服内循环中低效率、高成本环节的堵点，需要充分考虑资源环境的承载力和生态环境破坏对经济增长的负面影响，建立绿色低碳循环发展的经济体系。第二，以自主创新为主要手段提高经济发展的质量，实现独立自主。独立自主面临

着成本约束，一些领域长期被"卡脖子"的原因在于自主研发的成本要远远高于直接购买的成本，因此导致市场主体创新动力不足。以国内大循环为主体，是要求经济发展从跟跑到并跑最后到领跑的过程，在领跑阶段就必须提高自主创新能力，克服"卡脖子"现象，保证产业链、供应链安全。实体经济要立足长远利益，加大科技创新的投入，在国内大循环格局的背景下，自主创新的成本在降低，收益在增加，为实体经济创新发展提供了新的机遇。第三，实现实体经济供需动态平衡。推进实体经济供给侧结构性改革，提升有效供给的水平。在经济学中谈到长期经济增长时都是站在生产函数的角度来阐述的，谈到经济短期波动时主要依靠的是总需求理论，依靠需求拉动经济增长是暂时的，不管是什么时代的经济学和什么学派的经济学，对供给侧重要性的强调都是一致的。我国目前的主要矛盾就是人民日益增长的美好生活需要和不平衡不充分的发展之间的矛盾，许多产品不能满足人民的需求。构建以国内大循环为主体，一定要提升实体经济的供给质量，创造和满足人民的各项需求，这样才是真正的扩大内需，否则人民有需求，国内无高质量供给，构建以国内大循环为主体则无法真正实现。

三、国内国际双循环对实体经济的要求

改革开放的经验告诉我们，中国的崛起靠的是体制的改革和对外开放。以国内大循环为主体并不代表国际循环就不重要，而是要求对开放要抓重点、抓关键，学习国外先进技术和自我创新相结合，扩大国内市场和寻找海外市场相结合，国内过剩的产能与世界各国对投资的需求相结合。总之，开放的结果是要形成互利共赢的局面。国内国际双循环相互促进的格局对实体经济的要求至少表现在以下几点。第一，要求实体经济更高水平的开放。以往中国企业是主动融入世界，这实际上是一种"跟跑"行为，与国际接轨，实际上是按照别人的标准来要求自己。更高水平的开放，一定是转变角色，从跟从到参与再到主导，尤其是各种标准、规则、制度的制定一定要有中国企业的声音。第二，要求实体经济在国际分工中占据有利地位。一方面要研究自身与国际之间的差距，寻找新的、更有价值的产业；

另一方面要优化自身产业链循环，提升自身科技含量和竞争力。保证市场在资源配置中的决定性作用，充分发挥国际市场的竞争，对国内企业形成压力，这样才是真正利用国际市场。第三，国内国际双循环的重点仍是国内大循环，归根结底还是要在提升自身实力的前提和目的下融入世界。总之，在"双循环"格局的要求下，实体经济要走出一条高质量发展的道路，具有更高水平的供给、更安全的产业体系、更强的国际竞争力。

第三节　高质量发展与绿色金融

新发展格局对实体经济的要求归根结底就是高质量发展，实现高质量发展的有效途径就是供给侧结构性改革。在实现高质量发展、构建新发展格局过程中，金融服务实体经济是非常关键的。高质量发展需要实体经济转型升级，供给侧结构性改革需要企业克服自身短板，这并非易事。任何转变都需要承担转变的成本，在短期内，转型意味着放弃确定的收益，选择具有风险且回报周期较长的产品或服务，许多微观主体在短期创新的内生动力是不足的。这就需要金融为高质量发展和供给侧结构性改革提供支持，降低风险和成本，畅通资金循环。

一、绿色发展理念贯穿于高质量发展中

从要素投入到产品销售的过程，本质上是最原始的生产要素通过循环流转最终更改它存在的形式进而形成各种形态的产品，其融入了劳动、资本、生产技术、原材料、能源等要素。在生产过程中如何控制经济成本和社会成本是产品是否有市场价值的关键。从上述意义上来看，如果每一个生产环节都能够做到绿色生产，每一种要素都有效率地转变为产品的一部分，且对环境、社会不产生负的外部性，那么这种产品就可以被称为绿色产品，这一生产过程就是绿色发展。另外，绿色发展也是创新发展。实际上，科技创新的另一层含义就是同一种商品的生产成本不断降低。我们并

不是生产不出诸如"芯片"这样的高科技产品，只是成本太高，导致同种产品价格过高而失去市场存在的意义。如果现有的产品能够降低生产过程的成本，尤其是能够节约资源、减少污染，那么这种产品就是科技创新产品，同样也是绿色产品。可以说任何一项创新都必须是绿色的，因此，绿色发展和创新发展在逻辑上是一致的。绿色发展代表着生产要素的优化配置，绿色发展能够协调生产要素，通过优化组合来实现创新，实现资源在部门、地区的流动，绿色发展同样也是协调发展。"良好生态环境是最普惠的民生福祉"，这是发展成果人民共享、经济发展以"人民为中心"的体现。我们可以看出，绿色发展与共享发展在本质上也是相通的。高质量发展和供给侧结构性改革中最关键的还是绿色发展。绿色发展有着诸多内涵，它不仅仅是指生态环境和经济增长可持续发展，还代表着创新发展、协调发展、共享发展，甚至更高水平的开放的底色也应该是绿色的。因此，绿色发展是高质量发展的普遍形态。

二、绿色发展要求绿色金融支持

实现绿色发展不只是口号，需要付诸实际行动，但是对于市场主体来说，绿色发展与短期逐利的目标是有冲突的，否则工业革命以来的环境问题也不会越来越严重。工业化势必对资源环境产生破坏，在工业化的起步期，人们并非没有认识到环境的破坏问题，只是在这一阶段，人们认为每生产一单位的产品给人们带来的收益要大于每单位产品的环境成本，或者说人们更希望提高收入而不是首先保护环境。随着工业化阶段的深入和人均收入的提高，人们对美好生活环境的要求也有所提高，这时人们才会愿意从社会财富中拿出一部分来弥补环境破坏的代价。在技术条件不变的情况下，生产者要完全实现绿色生产，就意味着生产者将承担较大的治理成本，从而也会导致产品价格上升，如果是个别产品价格上升，那么会不可避免地出现环境破坏的"免费乘车者"，即有的生产者不用承担治理成本而维持较强的价格竞争优势。如果所有产品的生产过程都是绿色的，那么在现有技术条件下，一定是成本上升从而价格上升，消费者要承担一部分治理成本，这依赖于社会大众的集体意向，即是否愿意承担这部分成本。因此，真正的绿色发展需要的是全社会一致行动，并且克服"搭便车"的现象。

绿色发展的难点就在于生产的外部性，实现绿色发展的生产者具有正的外部性，破坏环境的生产者具有负的外部性，外部性的存在最终导致市场调节的失灵，使得绿色发展在市场的自发调节下面临重重困境。调动企业从事绿色生产的积极性，一方面要提高科技水平，降低环境治理成本；另一方面要创造新的需求，用绿色产业替代非绿色产业，提供至少拥有与非绿色产业相同功能和质量的新产品。降低成本和风险成为绿色发展自我维持的关键。

绿色金融要解决的就是绿色发展中的成本和风险问题，是通过盘活金融资源，引导金融资源向绿色产业倾斜，实现供给侧结构性改革的目标，同时也是贯彻新发展理念的有效措施。首先，绿色金融帮助识别一批环境友好型、资源节约型的产业，并给予资金支持，降低融资成本；其次，在绿色发展中面临着诸多不确定性，绿色金融可以分担市场风险；再次，传统产业转向绿色产业的动力无非是降低成本和获取收益，绿色金融可以引导一批产业转型升级；最后，绿色金融引导金融机构绿色发展，优化资金投向结构，提高金融服务实体经济的精准性。只有合理配置金融资源，引导金融向绿色经济中注入资金，做到绿色资金的优化配置，通过各种金融服务模式的创新，降低实体经济在绿色转型中的经济成本和社会成本，同时防范系统性风险，才能实现绿色发展在市场化条件下可持续发展，才能激发市场主体的内生动力。用熊彼特创新经济学的表述就是通过调整金融要素的不同组合，改变生产函数，实现绿色发展。

三、绿色金融与高质量实体经济的融合

金融的产生源于实体经济的发展，不同经济结构特征伴随着不同特征的金融服务模式，金融不可能离开实体经济而存在，同时金融的创新也促进了实体经济的发展，二者是相辅相成的正向关系。实体经济的发展规律是不断有新产业的出现代替旧产业、新产品的出现代替旧产品、新市场的出现代替旧市场、新技术的出现代替旧技术，从而实现产业不断升级，供

给质量不断提高，满足人们日益增长的需求。在转型升级的过程中，金融不可或缺，每一次创新活动都要有金融的支持，因此金融的发展与实体经济的发展是相同的，也是从低层次走向高质量的过程。

　　绿色金融是高质量金融的重要内容，与创新、协调、共享、开放的发展理念逻辑一致，是实体经济的高质量发展催生了绿色金融服务创新，绿色金融服务创新又进一步实现了实体经济的高质量发展。从本质上讲，绿色金融是一种配置资本要素的方式，创新本身就是要素的重新组合，实体经济要想实现高质量发展，归根结底是改变要素的使用方式。传统要素要实现最优组合，新要素要不断加入，实体经济必须从要素驱动转向创新驱动的深刻原因在于，要素驱动是数量上的积累，并没有实现要素的优化组合，新的经济增长模式要求动力变革、效率变革、质量变革，高质量发展追根溯源还是要在要素配置上下功夫，绿色金融无疑是一种要素优化配置的方式。

第四节　"碳达峰、碳中和"与绿色金融

一、"双碳"是绿色发展的重要目标

　　工业化造成的资源浪费和环境破坏已经影响人类的可持续发展。自可持续发展理念提出后，国际组织和世界各国都在不同领域贯彻和实施可持续发展战略，不断加强合作，统一行动，其中核心议题就是碳排放和全球气候变化问题。在绿色低碳循环经济中，低碳是关键核心。在人类经济活动给自然造成的破坏中最主要的就是二氧化碳的过度排放，大多数工业活动都与碳排放有关，因此节能减排在一定程度上可以代表绿色发展。"碳达峰、碳中和"[①]给出了我国碳排放治理的时间表，到2030年实现"碳达峰"，

---

　　① 2020年9月22日，国家主席习近平在第七十五届联合国大会一般性辩论上宣布，中国力争于2030年前二氧化碳排放达到峰值，努力争取2060年前实现碳中和目标。由此诞生了"碳达峰""碳中和"概念。

之后碳排放量逐年下降，到 2060 年顺利实现"碳中和"。不同国家根据经济发展阶段和特征制定了不同的目标，我国的目标与我国经济发展的实际相一致，既考虑到我国是发展中国家的国情，又考虑到目标实现的可行性。实现"双碳"目标在我国是一项艰巨的任务，面临着保持经济持续增长和资源环境保护双重压力，因此要做到全国统筹、内外畅通，把资源解决放在首位，政府和市场两手发力，注意防范风险。"碳达峰、碳中和"是生态文明建设的重要抓手，是可持续发展在当前一个时段的具体任务，是推进社会经济绿色转型发展的重要措施。未来，我国将在产业结构调整、构建安全清洁高效的能源体系、推进低碳交通运输体系、城乡绿色低碳发展、低碳重大科技攻关和推广应用、巩固提升碳汇能力、提高对外开放绿色低碳水平等工作上做足文章。

二、"双碳"目标的实现对金融的需求

"碳达峰、碳中和"的目标和具体措施基本覆盖了绿色发展的所有内容，为解决工业化对人类环境带来的负面影响，21 世纪的主要任务就是"碳达峰、碳中和"。经市场机构测算，实现"双碳"目标需要的资金投入规模介于 150 万亿元至 300 万亿元，相当于年均投资 3.75 万亿元至 7.5 万亿元，仅"碳达峰"支持的相关行业投资规模就可达 100 万亿元以上。目前，每年资金供给规模仅为 5256 亿元，缺口超过 2.5 万亿元 / 年，其中相当大的一部分需要通过金融市场的融资来满足[1]。面对巨大的资金需求，金融市场将发挥关键作用，围绕"双碳"目标的实现，金融活动必然是绿色的，这意味着绿色金融将成为金融服务"双碳"目标实现的主要内容。

三、绿色金融在"碳达峰、碳中和"中的应用

在"双碳"目标实现过程中，绿色金融有以下主要应用领域，第一，绿色金融在碳交易市场建设中发挥着不可或缺的作用。在实现"碳中和"

---

[1]　赵洋：《健全绿色金融体系 促进实现"双碳"目标》，《金融时报》2021 年 8 月 12 日。

之前，碳排放是不可避免的，控制碳排放量有总量目标，但排放是具有结构性特征的，这就形成了碳交易市场。碳交易市场本质上是金融交易市场，主要功能是对碳排放权进行市场化定价，对碳排放权进行上市交易，对减排进行资金期限转换和风险管理。我国的碳交易市场已经由分散的试点发展过渡到全国统一发展，继续完善和发挥碳排放权交易市场建设，调整碳排放权的结构，有利于逐步减少排放总量。随着全国碳排放权交易市场的启动，企业"碳资产"被赋予了市场价值和流动性。碳排放权质押融资，不仅帮助企业盘活了碳资产，也拓宽了企业低碳融资渠道。金融机构未来可以进一步发掘碳排放权价值，持续加强绿色金融产品创新，在促进自身低碳发展的同时支持投融资客户低碳转型，不断提升绿色金融发展质效。第二，绿色金融在企业信息披露中发挥投资引导作用。绿色金融在企业降低碳排放量过程中发挥着信息披露、资金监管、市场效益评价等作用，这对企业的高排放行为形成约束，逐步增强企业的环保意识。如证券机构可以监督企业进行低碳发展的相关信息披露，规范企业经营，使企业的生产更加生态化；银行作为债权方能够对企业资金流动进行追踪检测，对企业的经营行为进行规范，监督企业将融得的资金进行环境友好生产。绿色金融与实体经济融合发展的重要抓手就是推动 ESG（环境、社会和公司治理）标准。推动企业做好 ESG 信息披露，最终引导金融投资机构将 ESG 信息深度整合到投资决策流程中来，创新绿色金融产品。通过 ESG 的推进，将"双碳"目标的实现变成一种社会责任，在投融资过程中，用社会责任来引导绿色产业项目的实施。第三，绿色金融降低"双碳"目标实现中的风险。在"碳达峰、碳中和"的工作要求中，要逐渐淘汰那些碳排放量大的产业，发展低碳经济，但是任何一个产业的存在都是有市场需求的，如钢铁、电解铝、平板玻璃、水泥等高耗能高排放产业仍有存在的必要，我们不能"一刀切"地用行政命令直接干预市场，而应该积极引导这些高排放产业提高技术水平，实现产业转型升级。在这一过程中，企业需要承担转型成本，这就需要绿色金融更好地为企业转型提供资金支持，降低转型成本。第四，绿色金融直接支持绿色环保产业有科技金融属性，应该与科技金融融合发展。节能减排本质上有两种方式：一种是直接禁止高耗能高排放的产业；另一种是提高技术水平，尤其是通过环保产业本身技术创新进而对高排放产业实行技术升级改造。支持和培育绿色环保产业等同于支持科技型企业，因此，在绿色发展中科技金融与绿色金融的界限也在模糊，需要融合发展。

第五节　人类命运共同体与绿色金融

一、绿色金融是构建人类命运共同体的金融药方

党的十八大首次提出要倡导人类命运共同体意识，在追求本国利益的同时也要兼顾他国合理关切，党的十九大报告又进一步强调了"坚持和平发展道路，推动构建人类命运共同体"。人类命运共同体理念是在新环境下构建世界新发展格局的思想指南和行动要求，是新时代"地球村"概念的重新阐述，也是面对全球治理难题给出的中国方案。人类命运共同体这一全球价值观包含相互依存的国际权力观、共同利益观、可持续发展观和全球治理观。其中，可持续发展观最能体现人类命运共同体理念的内涵。习近平总书记在阐述人类命运共同体理念时强调："坚持绿色低碳，建设一个清洁美丽的世界。人与自然共生共存，伤害自然最终将伤及人类。……我们要倡导绿色、低碳、循环、可持续的生产生活方式，平衡推进二〇三〇年可持续发展议程，不断开拓生产发展、生活富裕、生态良好的文明发展道路。"[①] "十四五"规划和 2035 年远景目标纲要明确提出"推动绿色发展，促进人与自然和谐共生"[②]。我们要着力构建绿色发展理念，秉持人类命运共同体理念，与各国一道共谋全球生态文明建设之路，促进经济社会发展全面绿色转型，推动构建人与自然生命共同体。绿色发展理念是在人类命

---

① 《习近平著作选读》第一卷，人民出版社 2023 年版，第 568 页。
② 《中华人民共和国国民经济和社会发展第十四个五年规划和 2035 年远景目标纲要》，人民出版社 2021 年版，第 110 页。

运共同体的大框架中提出的，奠定了人类命运共同体的生态底蕴，是可持续发展观最直接的体现，旨在以绿色发展引领世界绿色转型，增进人类共同福祉。

绿色金融是绿色发展的重要保障和促进力量，也是构建人类命运共同体的金融药方。绿色金融支持实体经济可持续发展最需要国际合作，这符合人类命运共同体的价值观。改善环境和应对气候变化是人类面临的共同问题，绿色金融发展路径是各国共同的选择。如果世界各国不能通力合作，则会出现"搭便车"的现象，任何一国为绿色发展付出的努力将不能被激励。将绿色金融发展上升到构建人类命运共同体的高度，才能充分认识绿色金融与构建人类命运共同体之间的关系，理解和把握绿色金融内涵，绿色金融概念的提出就是基于"共同命运"的价值取向，不管是从经济学的外部性角度考虑，还是从国际竞争中的国家利益角度考虑，绿色金融都是人类可持续发展的最大公约数。

二、绿色金融服务于人类命运共同体构建的内容

第一，绿色金融不仅要做好自己的事，而且要构建一个统一的标准，不仅是国内投资、融资活动需要遵循绿色金融的基本内涵和要求，对外直接投资、国际贸易、国际融资等领域同样要遵循绿色金融的基本内涵和要求，绿色金融需要在国际上形成广泛共识。绿色金融是开放的，中国到海外投资需要遵循绿色发展理念，国际资本到中国投资也需要遵循绿色发展理念，不能为了吸引外资而采取区别对待态度。第二，绿色金融是通过金融影响国际产业分工体系的转型升级的。在国际分工体系中，一些发达国家掌握着产业链的高端，拥有先进的科学技术和较低的生态环境代价，一些发展中国家则承担了高耗能高污染的产业，对本国可持续发展构成威胁，并可能传导到世界。这种国际分工最终将不利于全球可持续发展。绿色金融要担负起全球产业转型升级的责任，对于发展中国家尤为重要。绿色金融要支持绿色产业项目"走出去"。第三，在学习国际绿色金融先进经验的同时也应加快绿色金融在中国的实践。一方面，学习国际上不同金融业态

在绿色金融领域取得的先进做法，结合我国产业发展的现状和目标，进行消化吸收和二次创新。另一方面，通过金融服务模式创新，增强国内企业效能，提升国际竞争力，进而总结绿色金融支持实体经济转型发展的成功案例，向世界输出中国绿色金融模式、方法，领跑国际绿色金融发展。第四，绿色金融不仅仅是绿色产业的金融，也是金融机构的绿色发展，金融机构应该把更多的资源投入实体经济，严格控制虚拟经济的规模，要做健康投资、安全投资、利于人类共同幸福的投资，而不应该单纯地为了追求金融机构超额利润，过度研发金融衍生产品，催生金融泡沫。当今世界，金融领域的危机已经成为全球经济危机的主要原因，金融危机的传播迅速、危害极大，几乎没有哪一个经济体可以幸免，全世界已经形成密不可分的经济和金融网络，一国金融系统的危机会波及全世界，一国金融系统的弊病引起的后果由全世界承担。因此，绿色金融与人类命运共同体的关系还表现在要用绿色发展理念来防范全球金融风险，实现金融机构的绿色、健康发展。

把握新发展阶段、贯彻新发展理念、构建新发展格局有内在逻辑的一致性，把握新发展阶段明确了我国发展的历史方位，贯彻新发展理念明确了我国现代化建设的指导原则，构建新发展格局明确了我国经济现代化的路径选择，居于中心地位的是新发展理念。构建新发展格局需要从国内和国际两方面出发，构建国内大循环和国内国际双循环，重点是国内大循环，这就要求我们一定要走独立自主、自主创新的道路，完善和提升产业链的韧劲，保证产业链供应链的安全。想要保证国内产业链的完整，就必须坚持市场原则，只有高质量的产品和服务才能有稳定的需求，提高自身实体经济的效能，才能摆脱受制于人的局面。与此同时，新格局要求实体经济有更高水平的开放，通过利用世界资源发展自己，积极参与制定国际市场规则，构建世界经济命运共同体。总之，新发展格局要求实体经济的高质量发展。高质量发展符合新发展理念，是新发展理念指导下的发展。绿色发展理念兼有创新、协调、开放和共享的属性，在新发展理念中居于中心地位，是高质量发展的普遍形态。绿色发展离不开金融的支持，绿色金融所赋能的实体经济一定是高质量的经济，绿色金融支持的领域具有创新发展、协调发展、开放发展和共享发展的属性。绿色发展在当前阶段的主要任务就是实现"碳达峰、碳中和"的目标，这一目标的实现过程涵盖了几乎所有绿色发展的领域，是绿色发展理念的具体化。在以"双碳"目标为主要内容的绿色低碳循环发展中，绿色金融是重要力量。国内国际双循环又要求我们不能搞封闭式发展，绿色金融应该有国际视野，需要国际广泛合作才能发挥作用，才能对国内实体经济有正反馈，最终才能提升国内经济的高质量发展。

　　新发展格局下的绿色金融问题都是围绕如何提升新发展阶段中实体经济的质量，绿色金融发展随着实体经济发展情况的不同而得到不同的发展，绿色金融不能仅仅是各类金融业态自身的发展，而应该是与实体经济的融合发展，绿色金融与实体经济的融合发展是相互配合、相互支持、相互促进的良性互动过程。

第二章　我国绿色金融发展演进与方向

第一节　绿色金融概念的源起

一、可持续发展法律体系的演变

如果说经济思想成为人们呼吁可持续发展的理论武器，那么各国关于环境保护的法律法规则是更直接、更有效的环境治理的现实手段。早在工业革命时期，环境问题就受到各国政府的重视。英国作为工业革命的起源地，制定了最早的环境保护法律体系。1847年，英国议会通过了《河道法令》，规定授权卫生管理机构对没有实施供水防污措施的机构切断供水。1848年颁布了第一部改善工业城镇环境的《公共卫生法》。1956年颁布《大气清洁法》，1963年颁布《水资源法》，1974年颁布《污染控制法》。美国于1899年颁布的《河流与港口法》(亦称《垃圾法》)是美国第一部关于污染防治方面的法律，随后又颁布了《联邦杀虫剂法》(1910年)、《防止河流污染法》(1924年)、《联邦食品、药品和化妆品法》(1938年)等法律。美国环境保护法律体系在奠基时期未能真正保护环境，直到20世纪70年代后，才发生根本转变。目前，美国的环境管理体制已形成联邦政府和各州双层法律体系保障模式。联邦德国于1972年颁布的《垃圾处理法》是德国的第一部环境保护法。德国议会在20世纪90年代初就已经在修订的《基本法》中写入环境保护的内容。目前，德国联邦和各州的环境法律、法规已有8000多部，除此之外，德国还实施了欧盟的约400个相关法规，德国已经建立了世界上最完备、最详细的环境保护法律体系。鉴于篇幅，无法列出世界各国关于环境保护的法律法规，但可以清楚地看到，世界各国制定的环境保护法律体系是基于各国自身利益的可持续发展理念的具体实施，较少考虑到国与国之间的外部性，但各国环境保护法律体系为全世界共同行动提供了基础。

二、可持续发展理念实施的国际合作

可持续发展理念具有很强的世界性，单靠一国力量是不可能实施的，且存在"搭便车"的困境。国际组织在推进可持续发展理念的实施方面作出了巨大的努力。1962 年，蕾切尔·卡森的《寂静的春天》一经出版就引发了公众对环境问题的关注，自此各种环境保护组织纷纷开始成立，从而促成了联合国于 1972 年 6 月 12 日在斯德哥尔摩召开了"人类环境大会"，大会上各国签署了《人类环境宣言》，世界范围内环境保护事业开始。联合国于 1983 年成立了世界环境与发展委员会，1987 年世界环境与发展委员会发表了影响全球的题为《我们共同的未来》的报告，首次提出了"可持续发展"的概念。"持续发展"成为该报告的基本纲领，通过丰富的材料论述了全球环境与发展面临的诸多问题，提出了具体的行动建议，成为各国政策制定的重要参考。1992 年，联合国环境与发展大会通过了《21 世纪议程》《里约环境与发展宣言》《关于森林问题的原则声明》《生物多样性公约》等文件。同年，联合国大会通过了《联合国气候变化框架公约》，旨在将温室气体排放限制在一个稳定水平，根据"共同但有区别的责任"原则，在公约中详细地划定了发达国家和发展中国家在环境保护方面上的义务以及履行义务的程序。

这些都是鼓励发展的同时保护环境的全球可持续发展计划的行动蓝图，但没有法律效力。1997 年 12 月，在日本京都由《联合国气候变化框架公约》参加国三次会议制定的《京都议定书》使温室气体减排成为发达国家的法律义务。2009 年，在哥本哈根召开的缔约方会议第十五届会议将诞生一份新的《哥本哈根议定书》，以取代 2012 年到期的《京都议定书》，但最终未获通过。2015 年 12 月 12 日，在第 21 届联合国气候变化大会（巴黎气

候大会）上通过了《巴黎协定》。2021 年 11 月 13 日，联合国气候变化大会
（COP26）各缔约方最终完成了《巴黎协定》实施细则。国际社会经过长期
努力，制定了大量的公约、协议来鼓励、引导和监督各国参与环境保护及
承担可持续发展的责任。

三、可持续发展理念的困境和微观途径

可持续发展理念的实施面临着种种难题，虽然在经济学理论上已经给
出了较为科学完整的分析，各国的环境保护法律实践也已经运行多年，国
际社会的呼吁一直在加强，但是可持续发展的理念并不能很好地推进和实
施。根本原因在于工业化的外部性问题难以彻底解决。大部分人不会相信
纯粹的经济学模型，即便相信，在面临自身利益选择时，也不太会主动采
取环境保护措施，只有在法律强制约束框架下才有可能约束企业进行绿色
生产。况且各国在面临国内经济发展问题和环境保护问题的取舍上，也难
以真正做到严格执法，且有些领域执法难度大，成本较高。国内法律可以
解决一部分问题，但往往只考虑了本国利益，对其他国家具有一定的负外
部性。国际社会的呼吁对缔约国的约束有限，各国合作与冲突交织，有些
国家如美国在许多问题上并不能完全遵守约定，甚至有些国家直接采取不
合作态度。企业在成本约束和利益驱动下没有内生动力进行清洁生产，消
费者在很多场合也无法通过选票来约束生产行为。一些产业可以通过消费
者选择来约束生产，如具有污染大气、污染水源、损害人体等性质的最终
产品，消费者可以选择拒绝使用，从而倒逼生产者改进生产技术，或者通
过市场选择直接淘汰该产品。但是，现实生活中存在生产过程是污染的，
可最终产品不具污染性质的产业，因此消费者无法采用拒绝使用某产品来
倒逼企业严格做到防污治污。例如，钢铁产业在生产钢铁的过程中排放了
大量温室气体，但钢铁产品却很难说具有污染性质；又如，电力行业，消
费者不可能拒绝使用火力发电产生的电能，其无法也没有动机关注电的生
产是否清洁。消费者只在对自身产生负效用的产品上具有绿色消费的积极
性，生产者只有在强法律约束和强利益驱动下才有绿色生产的积极性。因

此，在具体实施中，可持续发展理念不能有效地激发内生动力，不能顺应市场主体追求利益最大化的动机而变得困难重重，可持续发展理念的真正落实，需要发挥市场作用，让绿色发展理念成为市场自发的行为，这样才能自我维持。通过金融的方式引导绿色发展是具有内生动力的，资金的流向一定程度上决定了企业的生产行为，金融资源的优化配置可以从微观上改变生产者和消费者的选择且能够做到符合供求双方的利益。因此，支持和引导绿色发展的绿色金融逐渐成为可持续发展的微观基础，绿色金融也在这种背景下逐渐成为实现绿色发展的有效途径。

四、绿色金融概念的形成

（一）绿色金融成为实施可持续发展的突破口

如果人均收入增长到一定程度，有大量的资源投入环境保护中，帮助生产者降低成本，提高利润，引导消费者绿色消费，那么可持续发展的难题将得到解决。消费者的收入增加，且愿意为绿色产品支付更高的溢价时，就可以催生出更多的绿色生产，这是一个良性的互动。但是各国难以达成一致，难以严格规范自身的行为，最直接的原因就是缺少资金，资金投入问题是争论的最核心议题。由谁来提供资金、如何提供资金、资金融通过程中如何使所有参与方都能获利，从而解决外部性的问题，最终使个人利益与集体利益实现一致是可持续发展理念实施的关键。如果一国选择承担绿色发展的经济成本，另一国不承担，那么在一些竞争领域，承担经济成本的国家将处于不利地位，从而导致各国的一致行动都不承担成本。如果能够在资金使用上达成一致，通过金融手段更好地激励绿色发展，约束"搭便车"的行为，可持续发展也就容易施行，可以说可持续发展的具体实施，在一定程度上讲是金融问题。因此，在国际社会呼吁中，金融从未缺席，绿色金融概念也随着国际社会对可持续发展认识的深入不断发展和表现出各种形式，这正是从微观角度来贯彻实施可持续发展理念的金融药方。国际社会在绿色金融方面的努力贯穿在各类的国际公约当中。

（二）从环境金融到绿色金融

最早的绿色金融实践是从个别金融机构开始的，20世纪70年代，联邦德国开始了绿色信贷的实践，1977年英法成立环境污染再保险联盟，1988年，联邦德国成立了世界上第一家绿色银行。各国银行机构纷纷成立专门委员会负责绿色项目的发展。

1992年，联合国环境规划署在里约地球峰会期间发出金融倡议，希望金融机构能把环境、社会和公司治理（ESG）因素纳入决策过程，通过金融机构来引导企业参与可持续发展。联合国环境规划署设立的金融自律组织（UNEPFI）发布了《银行界关于环境可持续发展的声明》和《金融业环境暨可持续发展宣言》等重要文件，目的在于呼吁银行业等金融机构认识到自身在可持续发展中的重要作用，形成普遍共识，强调将环境考虑到银行业风险评估标准流程中，这一共识在1995年覆盖到保险和再保险行业。在此之后，可持续金融的概念常常被提及，此时的绿色金融发展仅仅是可持续发展共识中的一小部分。1992年，美国经济学家理查德·L.桑德尔在哥伦比亚大学环境经济学课程上首次提出环境金融的概念，认为金融已经越来越多地涉足环保领域，在保证金融行业财务可持续的同时，也有效引导了环保领域的投融资发展。1994年，里约地球峰会的重要成果是世界银行与全球环境基金进行了分离，该基金进行了重组，成为独立运作的金融机构，为生物多样性、气候变化、国际水域、土地退化、臭氧层和持久性有机污染物等相关的项目提供资金，环境基金主要帮助发展中国家绿色项目的选择和实施。此后，环境金融的概念与可持续金融概念并行。环境金融与可持续金融有一种保守含义，即金融保证生产活动减少或者不对环境造成危害，限制对高污染、高耗能等产业的支持，至于如何进一步改善环境或如何引导污染产业退出、促进绿色产业发展则尝试不够。1994年，德瓦斯首次在文献中使用绿色金融概念，总结了国际绿色金融实践，以及金融机构面临的潜在法律和环境风险。1996年，怀特通过分析环境与金融发展的相互促进、相互制衡的关系，阐述了绿色金融在环境保护中的重要意义，丰富了绿色金融的概念和内容。此时绿色金融则包含的范围更广，并且不是以金融服务对象命名，而是直接凸显目标性，成为一种完备的概念。

（三）气候金融与绿色金融

进入 21 世纪，由于环境中的气候问题成为全世界可持续发展的最重要的问题，围绕气候变化的可持续发展战略受到各国的重视。联合国环境规划署 2006 年发布了《气候变化中的适应性和脆弱性——金融业的作用》，该报告指出全球气候变化导致的极端天气造成的经济损失会不断增加，因此各国必须建立新型的融资和保险服务来应对经济损失。2009 年 12 月，哥本哈根气候变化大会提出到 2020 年发达国家每年筹集 1000 亿美元资金对发展中国家进行气候援助，同时呼吁建立新的绿色气候基金（Green Climate Fund，GCF）。2015 年签署的《巴黎协定》在气候融资方面取得了重大进展，提出"使资金流动符合温室气体低排放和气候适应型发展的路径"的要求；承诺"要让资金流向与减少温室气体排放和增强气候适应性的路径保持一致"。围绕可持续发展中最重要的气候问题，研究中又出现气候金融概念。全球气候问题中碳排放又是重点问题，因此碳金融、能源金融等概念也一直是研究的对象。

在 2016 年二十国集团（G20）峰会上，绿色金融成为《二十国集团领导人杭州峰会公报》中的重要内容，峰会推进了绿色金融发展的全球共识，并成立 G20 绿色金融研究小组（Green Finance Study Group，GFSG），持续推动绿色金融国际合作。在研究小组成员的共同努力下，绿色和可持续金融议题被写入领导人峰会成果文件中，推进了环境风险分析、环境数据可得性、可持续资产证券化、可持续私募股权投资和风险投资、可持续金融科技等领域的发展。绿色金融研究小组的研究推动了多个国家绿色金融政策的制定，并取得了一定成效，峰会后，一些国家开始探索发行主权绿色债券，开展了有益的国际合作。截至目前，各类概念仍然并行使用，如 2020 年欧洲证券和市场管理局发布的《可持续金融战略》仍然使用可持续金融概念。2021 年 G20 峰会上，绿色金融研究小组改为 G20 可持续金融研究小组，并作为峰会专门的一个工作组，由中国和美国任联合主席，主要负责研究由气候变化而导致的金融领域风险和推进影响环境的信息披露工作。

（四）绿色金融标准体系的建设

金融支持环境改善的活动从不同角度和不同时期来看，有着各类不同的提法，如上文提到的可持续金融、生态金融、气候金融、环境金融、碳金融、能源金融、绿色供应链金融、转型金融、生物多样性金融等。这些提法是根据金融在不同领域的应用而提出的，因金融服务关注的可持续发展的问题不同而有不同的概念。同时也有从金融业态的角度来阐述绿色金融的，如绿色信贷、绿色债券、绿色基金、绿色保险等，以及资本市场上的 ESG 实践也与相关金融倡议共同显现。这类概念主要侧重于金融以什么方式来支持绿色发展，更多的是由市场主体提出的专业性较强的操作。2002 年，花旗银行、荷兰银行、巴克莱银行和西德意志州立银行为有效防控和管理环境与社会风险，共同发起了赤道原则，核心内容包括审查与分类、环境和社会评估、适用的环境和社会标准、环境和社会管理系统和赤道原则行为计划、利益相关方参与、投诉机制、独立审查、承诺性条款、独立监测和报告、报告和透明度等。2003 年 6 月，赤道原则正式公布，欧美 7 个国家的 10 家国际领先银行宣布实施赤道原则，2006 年和 2013 年赤道原则 2.0 和 3.0 相继发布，目前赤道原则已更新至 4.0（EP4），于 2020 年 7 月发布。截至 2022 年 7 月，已有 38 个国家的 134 家金融机构加入赤道原则协会。2019 年联合国携手全球领先的 130 家银行发布了《负责任银行原则》，该原则旨在鼓励银行在最重要的领域设定目标，在战略、投资组合和交易层面以及所有业务领域融入可持续发展元素，中国工商银行作为主要核心工作小组成员参与该原则的制定，确保签署银行业务战略和实践符合联合国可持续发展目标（SDGs）和《巴黎协定》，主动且负责任地与利益相关方进行磋商、互动和合作，从而实现社会目标。2020 年欧盟委员会技术专家组发布《可持续金融分类方案》以及《绿色债券标准》，通过明确可持续活动的具体标准形成分类清单，设定技术筛选标准来识别环境目标的绿色经济活动，确保在可持续活动实践中满足最低限度的社会保障标准。

2014 年，绿色债券发行人、投资机构和承销商组成的绿色债券原则执行委员会与国际资本市场协会（ICMA）合作推出了绿色债券原则（Green Bond Principle，GBP），首次明确了绿色债券的定义及分类标准，其目的在于为绿色债券市场的发展提供关于透明度和信息披露的建议，规划了清晰的债券发行流程和信息披露框架。气候债券倡议组织（Climate Bond Initiative，CBI）开发了气候债券标准（Climate Bond Standard，CBS），该标准在 GBP 的基础上进行了细化，旨在给出具体可操作性的指导方案，GBP 和 CBS 是目前国际市场上接受度最高的绿色债券标准，在推动绿色债券市场透明度方面发挥了重要作用。这些国际的原则和标准都是从金融业态、金融产品的角度来使用绿色金融的概念的。由于金融业态的不同，当前还很难制定统一的绿色金融标准体系，但各领域中都出现了绿色金融的操作指引，虽然这些指引性纲领都是非强制性的，但出于对社会、环境和投资者权益的考量，金融机构也逐渐采取了这些世界性的绿色金融原则。

气候金融、环境金融、可持续金融、生态金融等概念也逐渐被绿色金融取代，前者以金融服务自然对象为特征，后者则以目标导向为特征，绿色金融的范围更广、目的性更直接、内涵更加丰富。绿色金融概念的提法正在逐渐形成共识，它包括了所有支持经济社会绿色发展的金融活动，且从金融业态的角度阐述绿色金融的内容也逐渐成为绿色金融研究和实践的标准术语。

第二节　中国绿色金融政策的演进

一、准备阶段（2015 年之前）

（一）金融配合环保工作

在新发展理念提出之前，可持续发展的理念从 20 世纪 90 年代逐渐在中国开始树立。早在 1995 年，中国人民银行就发布了《关于贯彻信贷政策与加强环境保护工作有关问题的通知》，从限制和鼓励两方面发挥金融对环境保护的作用，主要侧重于信贷管理，配合 1986 年环保部颁发的《建设项目环境保护管理办法》相关要求提出的环保配套方案。2004年，银监会发布了《关于认真落实国家宏观调控政策进一步加强贷款风险管理的通知》，要求银行业必须对产能过剩、"两高"行业实行严格的贷款审批，对于不符合国家产业政策方向和市场准入条件的高耗能、高污染企业，银行不得发放贷款，并对已经发放的，要高度关注其生产经营和投资增长动态，并做好风险防范工作，防止信贷过度投放引起的金融风险。2007 年，针对高污染、高排放行业的信贷投放，银监会下达了《节能减排授信工作指导意见》，要求金融机构制定防范"两高"引起的各类风险的工作方案和实施细则，不得新增授信，对节能减排效果显著并得到国家主管部门表彰、推荐、鼓励的企业和项目，在同等条件下，可优先给予授信支持。加强银行在授信过程中的分类管理，对可能对环境造成的影响进行分级评价。

（二）风险防范与分类管理

2007 年 7 月，银监会、环保总局和中国人民银行联合颁布了《关于落实环保政策法规防范信贷风险的意见》，银监会要求银行业金融机构要调整和压缩"两高"行业贷款，继续强化对"两高"行业贷款的贷前调查、贷中审查和贷后检查工作，并依据国家建设项目环境保护管理规定和环保部门通报情况，严格贷款审批、发放和监督管理，对未通过环评审批或者环保设施验收的项目，不得新增任何形式的授信支持，严格限制污染企业的贷款，及时调整信贷管理，防范企业和建设项目因环保要求发生变化带来的信贷风险。金融管理部门要引导和督促商业银行认真落实国家产业政策和环保政策，中国人民银行将个人和企业征信信息与环保信息相结合，重新丰富征信基础数据，防范可能的信贷风险，并指出金融主管部门的行政法规和指导意见在实际操作中有时会面临监督困难，必须从金融机构自身出发，让金融机构认真落实绿色信贷工作，绿色信贷工作从行政命令开始向引导市场机构转变。要求各银行与各金融机构积极配合环保部门，对融资项目进行三级分类，根据项目对环境影响的程度大小进行授信或限制授信。与此同时，环保总局向中国人民银行征信管理局提供了 3 万多条企业环境违法信息，供商业银行据此采取停贷或限贷措施。

（三）绿色信贷制度的建立

2012 年银监会《绿色信贷指引》出台，要求金融机构加强绿色信贷政策制定、优化绿色信贷流程，建立考评机制和信息披露机制。2013 年银监会制定了《绿色信贷统计制度》，要求建立绿色信贷统计制度，要求各家银行对所涉及的环境、安全重大风险企业贷款和节能环保项目及服务贷款的数据进行跟踪统计。2014 年，银监会印发《绿色信贷实施情况关键评价指标》，对银行机构绿色信贷进行自我评级考核，银行机构可以制定评估方法和评分标准，以科学评估企业环保状况和可行性，提高信贷准入门槛，提高绿色信贷的风险控制能力，对存在高环境风险、社会风险的客户进行名单制管理。

（四）绿色保险制度的建立

2007 年，环保总局与保监会联合出台的《关于环境污染责任保险工作的指导意见》标志着我国开始对绿色保险事业的探索。2008 年，全国环境污染责任保险试点工作在江苏、湖北、湖南、重庆、深圳等地积极展开。为了推广企业绿色保险制度，2013 年，保监会发布了《关于开展环境污染强制责任保险试点工作的指导意见》，明确环境污染强制责任保险的试点企业范围，对绿色保险工作进行强制推进。2013 年，环保部会同保监会对该指导意见进行了修订。在政策引导下，市场机构也开始推出各类环境污染类保险产品。

（五）碳金融相关制度的建立

2010 年，国家发改委颁布《关于开展低碳省区和低碳城市试点工作的通知》，开启了我国第一批低碳城市的试点工作，2012 年推进第二批低碳省区和低碳城市建设。2011 年国家发改委办公厅发布《关于开展碳排放权交易试点工作的通知》，批准北京市、上海市、天津市、重庆市、湖北省、广东省、深圳市开展碳排放权交易试点，标志着我国碳金融实践的有序展开。

随后试点省市分别出台了地区性的碳交易管理办法。2014年，国家发改委颁布《碳排放权交易管理暂行办法》，从总体上对碳排放交易进行全面的统筹管理，并且对碳排放权交易市场的建设进行监督和规范指导。

2015年之前，我国绿色金融发展尚处在准备阶段，产业政策和国家宏观调控的色彩还比较浓，绿色金融制度建设主要集中在信贷领域，呈现重点突破的特征，绿色金融业态和产品也比较有限，集中在传统的信贷、保险和碳排放权上。绿色金融体系尚未开始建立。这一时期的相关政策文件见表2—1。

表2—1　我国绿色金融体系准备阶段的主要政策文件

名　称	发布时间	发布机构
《关于贯彻信贷政策与加强环境保护工作有关问题的通知》	1995	中国人民银行
《关于认真落实国家宏观调控政策进一步加强贷款风险管理的通知》	2004	银监会
《节能减排授信工作指导意见》	2007	银监会
《关于落实环保政策法规防范信贷风险的意见》	2007	银监会、环保总局与中国人民银行
《关于环境污染责任保险工作的指导意见》	2007	环保总局与保监会
《关于开展低碳省区和低碳城市试点工作的通知》	2010	国家发改委
《关于开展碳排放权交易试点工作的通知》	2011	国家发改委办公厅
《绿色信贷指引》	2012	银监会
《绿色信贷统计制度》	2013	银监会
《关于开展环境污染强制责任保险试点工作的指导意见》	2013	保监会
《绿色信贷实施情况关键评价指标》	2014	银监会
《碳排放权交易管理暂行办法》	2014	国家发改委

资料来源：根据公开资料整理。以下图表未注出处者均为此情况，不再详注。

二、构建阶段（2015—2020年）

（一）绿色金融体系的顶层设计

"十三五"是我国绿色金融体系构建的关键时期，我国绿色金融开始走上制度化和体系化的道路。2015 年 4 月，中共中央、国务院发布的《关于加快推进生态文明建设的意见》中提出，引导市场主体参与生态文明建设，推广绿色信贷，支持绿色项目的资本市场融资行为，探索排污权抵押等融资模式。深化环境污染责任保险试点，研究建立巨灾保险制度。绿色金融体系构建开始了全面统筹和顶层设计。

2015 年 9 月，中共中央、国务院出台《生态文明体制改革总体方案》，首次提出要建立绿色金融体系。大力推广绿色信贷，加强对金融机构绿色信贷的指导和管理，加强资本市场相关制度建设，研究设立绿色股票指数和发展相关投资产品，研究银行和企业发行绿色债券，鼓励对绿色信贷资产实行证券化。支持设立各类绿色发展基金，实行市场化运作。建立上市公司环保信息强制性披露机制。完善对节能低碳、生态环保项目的各类担保机制，加大风险补偿力度。在环境高风险领域建立环境污染强制责任保险制度。建立绿色评级体系以及公益性的环境成本核算和影响评估体系。积极推动绿色金融领域各类国际合作。该总体方案为绿色金融的新发展指明了方向。

2015 年 10 月 29 日，习近平在党的十八届五中全会第二次全体会议上的讲话明确提出了创新、协调、绿色、开放、共享的新发展理念。在绿色发展理念的指引下，绿色金融概念得到全面发展。2016 年 3 月，全国人大审议通过的《中华人民共和国国民经济和社会发展第十三个五年规划纲要》，要求建立绿色金融体系，发展绿色信贷、绿色债券，设立绿色发展基金。2016 年 8 月，中国人民银行、财政部等七部委出台了《关于构建绿色金融体系的指导意见》，首次从国家政策层面明确绿色金融的官方定义，这是我国第一次全面地提出绿色金融体系建设，在绿色金融的主要领域提出了纲领性的指导意见，为下一步绿色金融不同领域的具体工作指明了方向，奠定了总基调。

2017 年，中国人民银行出台《落实〈关于构建绿色金融体系的指导意见〉的分工方案》，为我国绿色金融体系建设和绿色金融发展制定了具体的时间表和路线图。2017 年 6 月，中国人民银行、银监会、国家标准化管理委员会等部门联合发布了《金融业标准化体系建设发展规划（2016—2020

年）》，将"绿色金融标准化建设"列为了"十三五"时期金融业标准化的重点工程。2019年2月，国家发改委、中国人民银行等七部委联合制定了我国首份《绿色产业指导目录》，明确了绿色产业、绿色项目的界定与分类，成为绿色金融服务绿色产业的指导文件。

（二）绿色金融的国际合作

2016年9月，G20杭州峰会发布的《二十国集团领导人杭州峰会公报》首次将绿色金融写入其中。G20绿色金融研究小组发表的《G20绿色金融综合报告》成为国际绿色金融领域的指导性文件。2018年11月，中英绿色金融工作组发布《"一带一路"绿色投资原则》（GIP），将低碳和可持续发展融入"一带一路"建设。2019年4月，中国支持欧盟牵头成立可持续金融国际平台（IPSF）。

（三）绿色债券标准建设

绿色债券在2015年之后得到了迅速发展。2015年，中国人民银行发布《关于在银行间债券市场发行绿色金融债券有关事宜的公告》，参照中国金融学会绿色金融专业委员会2015年编制的《绿色债券支持项目目录（2015年版）》，开始在银行间试行绿色债券。2015年12月，国家发改委办公厅发布《绿色债券发行指引》，成为我国企业在交易所和银行间市场发行绿色债券认定的主要标准，拉开了我国绿色金融债发行的序幕。2017年，中国证监会出台《关于支持绿色债券发展的指导意见》，继续参照中国金融学会绿色金融专业委员会编制的《绿色债券支持项目目录》，鼓励和引导证券机构积极参与绿色债券市场建设。2018年12月7日，由中国银行间市场交易商会协会发起的绿色债券标准委员会成立，主要研究和制定绿色债券的金融标准。2020年7月8日，中国人民银行、国家发改委、证监会发布了《绿色债券支持项目目录（2020年版）》以取代《绿色债券支持项目目录（2015年版）》，成为国家标准。

（四）绿色信贷与融资标准建设

2015年，银监会再次联合国家发改委印发了《能效信贷指引》，以定量测算信贷对提高企业能源效率的作用。2018年，中国人民银行将绿色信贷情况正式纳入宏观审慎评估框架（MPA），以量化指标引导金融机构合理、高效地支持绿色产业。

（五）碳金融试点建设

2016年1月11日，国家发改委办公厅出台《关于切实做好全国碳排放权交易市场启动重点工作的通知》，确立了首批纳入交易体系的企业名单，对纳入的企业历史数据进行审查，为正式启动碳排放交易市场做了准备。2017年底，我国统一碳排放交易市场正式启动，国家发改委确定由湖北省和上海市分别牵头承建全国碳排放权注册登记系统和交易系统，北京市、天津市、重庆市、广东省、江苏省、福建省和深圳市共同参与系统建设与运营。

（六）地方试点建设

2017年6月，国务院先后在全国六省九地设立绿色金融改革创新试验区，探索中国特色的地方绿色金融实践。各地区开始探索适合区域发展特征的地方绿色金融体系，开始推广试点地区的先进经验。湖州绿色金融改革创新试验区的建设取得了较明显成效，湖州市已经发布了《绿色融资项目评价规范》《绿色融资企业评价规范》《绿色银行评价规范》《绿色金融专营机构建设规范》等多项地方绿色金融标准。第一批试点区域开始区域绿色金融实践探索。

（七）绿色金融市场化建设

市场机构开始研究制定行业绿色金融发展规范，为绿色金融机构提供发展思路。2016年，由气候债券倡议组织（CBI）与中央国债登记结算有限责任公司中债研发中心联合编制《中国绿色债券市场年度报告》，迄今已连续发布六份报告。中国信托业协会自2013年起连续编制发布《中国信托业社会责任报告》，2019年发布《绿色信托指引》，进行了原则性规定，是信托行业的首份绿色信托主题的自律公约。中国证券投资基金业协会于2018年发布了《绿色投资指引（试行）》，为绿色基金发展提供了规范性参考。2016年，中国银行业协会承担组织和实施绿色银行评价工作，并于2017年发布《中国银行业绿色银行评价实施方案（试行）》。中国人民银行自2017

年起会同有关部门和机构每年编写《中国绿色金融发展报告》。绿色金融智库也呈现多点发展态势，各类关于绿色金融的研究报告、著作、论文开始涌现，为绿色金融发展提供决策建议，在政策制定中发挥了较大作用。该时期主要政策文件见表2—2。

表2—2　我国绿色金融体系构建阶段的主要政策文件

名　　称	发布时间	发布机构
《关于加快推进生态文明建设的意见》	2015	中共中央、国务院
《生态文明体制改革总体方案》	2015	中共中央、国务院
《关于在银行间债券市场发行绿色金融债券有关事宜的公告》	2015	中国人民银行
《绿色债券支持项目目录（2015年版）》	2015	中国金融学会绿色金融专业委员会
《绿色债券发行指引》	2015	国家发改委办公厅
《能效信贷指引》	2015	银监会、国家发改委
《中华人民共和国国民经济和社会发展第十三个五年规划纲要》	2016	全国人大
《关于构建绿色金融体系的指导意见》	2016	中国人民银行、财政部等七部委
《G20绿色金融综合报告》	2016	G20绿色金融研究小组
《关于切实做好全国碳排放权交易市场启动重点工作的通知》	2016	国家发改委办公厅
《落实〈关于构建绿色金融体系的指导意见〉的分工方案》	2017	中国人民银行
《金融业标准化体系建设发展规划（2016—2020年）》	2017	中国人民银行、银监会、证监会、保监会、国家标准化管理委员会
《关于支持绿色债券发展的指导意见》	2017	中国证监会
《中国银行业绿色银行评价实施方案（试行）》	2017	中国银行业协会
《"一带一路"绿色投资原则》	2018	中英绿色金融工作组
《绿色产业指导目录》	2019	中国人民银行、国家发改委等七部委

（续表）

名　称	发布时间	发布机构
《绿色贷款专项统计制度（2019）》	2019	中国人民银行
《绿色融资项目评价规范》	2018	湖州市发布的地方标准
《绿色融资企业评价规范》	2018	湖州市发布的地方标准
《绿色银行评价规范》	2018	湖州市发布的地方标准
《绿色金融专营机构建设规范》	2018	湖州市发布的地方标准
《绿色投资指引（试行）》	2018	中国证券投资基金业协会
《绿色信托指引》	2019	中国信托业协会
《中国绿色债券市场年度报告》	系列报告	气候债券倡议组织（CBI）、中央国债登记结算有限责任公司
《中国信托业社会责任报告》	系列报告	中国信托业协会
《中国绿色金融发展报告》	系列报告	中国人民银行

三、提升阶段（2020 年至今）

进入"十四五"时期，在"双碳"目标指引下，中国绿色金融体系逐渐走向规范化，绿色金融指引和国家标准不断完善。

（一）碳交易市场的完善

2020 年 9 月，中国国家主席习近平在第七十五届联合国大会一般性辩论上宣布：中国二氧化碳排放力争于 2030 年前达到峰值，努力争取 2060 年前实现碳中和。2021 年 10 月，中共中央、国务院发布《关于完整准确全面贯彻新发展理念做好碳达峰碳中和工作的意见》和《2030 年前碳达峰行动方案》，构成中国推动"双碳"目标实现的总纲领和顶层设计。2021 年 2 月生态环境部《碳排放权交易管理办法（试行）》正式施行，为碳市场构建了交易规则和整体框架。2021 年 3 月，中国银行间市场交易商协会发布《关于明确碳中和债相关机制的通知》，明确碳中和债标准。2021 年 7 月 16 日，全国碳排放权交易市场正式启动，意味着全国性的碳排放权交易拉开序幕。

（二）绿色债券标准的统一

2021 年 2 月，国务院出台《关于加快建立健全绿色低碳循环发展经济体系的指导意见》，指出要对绿色债券制定统一的标准，同时金融机构还需要对绿色债券建立评级标准。中国人民银行、国家发改委、证监会发布了《绿色债券支持项目目录（2021 年版）》，规范了绿色项目的范围，并为各类绿色项目的界定确定统一标准。2022 年 7 月绿色债券标准委员会参照 GBP 制定了《中国绿色债券原则》。

（三）国家标准的发布

2021 年 8 月，中国人民银行发布首批绿色金融标准。其中，《金融机构环境信息披露指南》提供了金融机构在环境信息披露过程中遵循的原则、披露的形式、内容要素以及各要素的原则要求；《环境权益融资工具》（2021年，中国人民银行在绿色金融改革创新试验区试行绿色金融标准《环境权益融资工具》）则明确了环境权益融资工具的分类、实施主体、融资标的、价值评估、风险控制等总体要求，提出了三类环境权益融资工具的实施流程。2022 年 4 月，由证监会发布的《碳金融产品》成为第三项绿色金融行业标准，对碳市场融资、交易、支持工具标准术语进行规范。

2022 年 6 月 1 日，银保监会印发《银行业保险业绿色金融指引》（以下简称《指引》），《指引》明确了银行业保险业公司治理过程中绿色金融的主体责任，开展绿色金融体制机制创新，同时提出银行业保险业应将环境、社会和公司治理（ESG）要求纳入管理流程和全面风险管理体系，被视为金融机构自身绿色发展的重要里程碑。

我国绿色金融政策体系经历了从主管部门命令式管理到逐渐依靠市场手段进行引导的过程，正在执行或参照的相关指引性文件越来越多地尊重市场主体利益，通过竞争和激励手段引导金融机构和企业参与绿色金融体系建设中，发挥市场在资源配置中的决定性作用，政府直接干预色彩在逐渐褪去。截至目前，金融机构参照遵循的指引性文件和国家标准具有较强可操作性，且主体明确，在具体实践中发挥着较强作用，主要参照的指引和标准如表 2—3 所示。

表 2—3　我国绿色金融正在使用的指导性文件与标准

名　称	发布时间	发布机构	属　性
《绿色信贷指引》	2012	中国银监会	政策指导性文件
《绿色债券发行指引》	2015	国家发改委	政策指导性文件
《绿色投资指引（试行）》	2018	中国证券投资基金业协会	自律公约
《绿色产业指导目录（2019年版）》	2019	中国人民银行、国家发改委等七部委	政策指导性文件
《绿色贷款专项统计制度（2019年修订）》	2019	中国人民银行	政策指导性文件
《绿色信托指引》	2019	中国信托业协会	自律公约
《绿色融资统计制度》	2020	中国银保监会	政策指导性文件
《绿色债券支持项目目录（2021年版）》	2021	中国人民银行、国家发改委、证监会	政策指导性文件
《金融机构环境信息披露指南》（JR/T 0227—2021）	2021	中国人民银行	金融业国家标准
《环境权益融资工具》（JR/T 0228—2021）	2021	中国人民银行	金融业国家标准
《中国绿色债券原则》	2022	绿色债券标准委员会	行业指导性文件
《银行业保险业绿色金融指引》	2022	中国银保监会	政策指导性文件
《碳金融产品》（JR/T 0244—2022）	2022	中国证监会	金融业国家标准

　　我国绿色金融发展最鲜明的特征就是以政府为主导的发展模式，最早是作为一项产业政策而提出的概念，以此为基础逐渐发展成为意义广泛的绿色发展理念的重要内容。除了国家层面的法律、法规、条例以外，社会组织发布的指南、指引、规范也常常带有政府政策性质，在执行中参照执行往往变成政府命令。这种模式既有优势，也存在短板，其优势在于"自上而下"地推进，能够迅速地让绿色金融成为全社会的共识，推进起来更加高效迅速，这也是近些年我国绿色金融迅猛发展的政策背景，其短板在于政策体系的建立与市场化运行之间存在个人利益与社会利益的冲突，容易出现政策要求与实际运行的不一致。因此，近几年，从政府主导向市场

激励转变成为我国绿色金融发展的一项新的特征，可以说，我国的绿色金融政策体系正处于转型当中，但政府主导的色彩依然浓重。

第三节　相关研究的重点与方向

绿色金融作为实践性较强的领域，在理论上主要围绕绿色金融形成的逻辑、绿色金融的内涵界定、绿色金融的经济学解释尤其是外部性的论述、环境经济学理论体系中金融的作用、绿色金融发展中的政府和市场的关系等内容展开，理论论述已经逐渐转换成可操作性较强的指引性文件，目前在理论上阐述绿色金融的研究已经不是重点，重点是如何将绿色理念更好地与市场结合，引导形成高效的绿色金融运转体系。

目前，需要关注的研究方向主要集中在绿色金融政策体系市场化运行、绿色金融标准体系构建、绿色金融与实体经济融合发展等方面。

一、绿色金融政策体系市场化运行

绿色金融政策文件已经初具规模，这些文件中有一些是国家层面的意见、方案、规划，有一些是主管部门主要以中国人民银行、国家发改委、原银保监会和证监会为主导的各类政策指引。政策文件为市场发展提供了方向，有的具有监督和约束功能，但具体执行还需要市场内生动力。许多指引性文件不具有法律效力，市场机构参照执行时难免会出现"伪绿""漂绿""洗绿"风险，引发道德风险。政策体系中禁止性或限制性的条款，可能与地方政府政绩观和企业追求利润最大化行为存在矛盾。一些产业项目是市场的必需品，其融资行为不能符合绿色金融的要求，如果通过限制性的行政命令方式进行干预，只能使产品供给短缺，而不能有效地促进产业绿色转型，要谨防"绿色转型"变"绿色关停"。未来的研究方向应该以市场为导向制定政策，尤其是要发挥金融机构的作用，政策要有负面清单，这样能够引导市场机构进行绿色金融创新。在制度建设方面，要继续发挥市场主体的作用，允许一些金融机构进行绿色金融制度创新，不拘泥于现有的原则、指引、规范、标准等，只要有益于环境保护和生态文明建设的探索都应该得到支持，至少不能限制。另外，全国性绿色金融法律法规尚未出台，目前仅有深圳市出台了《深圳经济特区绿色金融条例》，现有政策体系需要进一步提炼出禁止类条款，对绿色金融发展的原则性条款进行规定。在法律框架下，充分调动市场积极性，研究绿色金融政策体系向市场体系转变的有效途径。

二、绿色金融标准体系构建

目前已经有三项绿色金融标准出台，大部分绿色金融操作规范还是政策或者市场机构的规范性文件。实际上，绿色金融发展的根本问题就是标准的制定，但是制定标准面临着诸多困难。近几年，绿色金融作为新事物发展迅速，各领域都出现了创新成果，绿色金融操作规范是随市场变化和研究深入而不断调整的，制定标准有利于市场机构参照标准、优化流程、迅速识别、提高金融效率，但也使得创新空间受阻。如何协调标准与创新之间的动态关系，成为标准体系构建的重要课题。那些相对稳定的、普遍适用的、程式化的领域如绿色金融标准术语、范畴、全流程信息披露规则等应该确定下来，以免被市场滥用。绿色金融规范性文件的制定也存在主体不清、口径不一的问题。如中国人民银行关于绿色贷款的统计与原银保监会的绿色信贷统计名称与口径就存在不一致；如绿色信贷、绿色债券等指引是参照国家发改委的绿色产业标准制定的，但也存在不一致的地方。尽快以细化的产业目录为基础，统一各类绿色金融业态的标准，是今后的重点工作。当然，标准体系是动态的，绿色金融既要有标准，也要适应经济环境的变化，标准不能阻碍金融创新，好的标准只是规定原则性问题，而不是规定具体实践，如何处理好标准和创新、灵活和规范之间的关系也是一项重要课题。

三、绿色金融与实体经济融合发展

金融存在的前提是实体经济，各类绿色金融产品最终都要服务于产业发展。可以说，如果科学地确定了哪些是绿色产业，金融就可以引导和支持这类产业发展，对于高污染、高耗能产业的转型发展和提高防污治污效率来说，也应该制定相关的金融支持规则，这也应属于绿色金融范畴。政策体系和标准体系的构建，都是建立在实体经济发展之上的，实体经济发生哪些变化，金融服务方式就应该随之而变。与此同时，金融服务模式的转变，也能引导产业的发展方向，金融与实体经济从来都是相生相伴、融合发展的。绿色金融与实体经济融合发展，并不是传统概念上的金融支持实体发展。按照金融业态分类的绿色金融概念如绿色信贷、绿色债券、绿色保险、绿色信托、绿色投资、绿色基金等，是遵照目前分业经营、分业监管的金融法律体系而构建的。按照产业形态都可以提出绿色金融的概念，如能源金融、气候金融等概念，但目前来看遵照前者是有利于降低操作成本的，因此未来继续按照这种业态对绿色金融进行分类是科学的。产业发展中的融资方式提出后，自然就可以识别产业性质或者项目性质，进而参照对应的绿色金融业态的相关指引和标准。消费者和投资者选择在绿色金融与实体经济融合发展中有重要作用，建立完善的环境信息披露制度尤其是全面推进 ESG 在投资中的应用，是绿色金融与实体经济融合的一个有效途径。在这个过程中，金融业态要关注产业发展动态，绿色金融的创新也应该以实体经济发展的困难与绩效为基础。不同的产业特征对金融服务模式的要求可能有所不同，比如有的产业项目可能更适合债券融资，有的可能适合权益融资，有的可能适合信托等，这有赖于正确处理绿色产业发展中风险和收益的关系，以及尊重产业发展的前景、特征、受益人群等有关某产业的特点，因此以绿色金融业态为分类的绿色金融与实体经济的融合发展，更能反映绿色金融的内涵，也能适应产业的发展，是绿色金融领域研究的重要课题。

第三章　国际绿色金融与实体经济
融合发展的经验借鉴

近年来，全球环境问题依然严峻，国际社会对绿色金融的关注不断提升。后疫情时代，可持续金融、气候变化、公共卫生、贸易投资及国际合作成为国际社会共同关注的话题，绿色金融成为备受关注的议题，推动全球经济绿色复苏势在必行①。目前，国际社会对绿色金融的阐释和我国对绿色金融的定义侧重点颇有不同。发达国家对绿色金融的阐释更侧重于"气候金融"和"可持续金融"，侧重于减缓气候变化、节能减排、可再生能源研发等层面。而我国则将清洁能源、污染治理和资源节约与高效利用也纳入绿色金融的外延中。

虽然国内外对绿色金融的概念和定义解读颇有不同，但都已积累了大量相关实践。1972 年，联合国在瑞典召开第一次人类环境会议，会上提出应筹集基金来维护和改善环境。1992 年，联合国在巴西里约热内卢召开环境与发展大会，会上提出《21 世纪议程》，可持续发展理念开始成为国际社会共识。② 同年，联合国环境计划金融行动倡议（UNEP-FI），提出将 ESG 因素纳入金融机构的决策工作中，促进了绿色金融标准的制定和实施。③

1997 年 12 月，联合国气候大会在日本京都通过《京都议定书》，以市

---

① 徐胥、孙昌岳：《如何实现全球经济绿色复苏》，2021 年 6 月 2 日，见 http://www.gov.cn/xinwen/2021-06/02/content_5614871.htm。

② Sitarz D，"Agenda 21：the Earth Summit Strategy to Save Our Planet"，United States：N. p.，1993.

③ UNITED NATIONS ENVIRONMENT PROGRAMME FINANCE INITIATIVE，"China"，2019 年 9 月 22 日，见 https://www.unepfi.org/regions/asia-pacific/china/。

场机制应对温室气体、全球变暖等气候问题，促进了碳交易市场的建立，绿色金融发展方向得到了国际认可[①]。2003 年 6 月，由花旗银行、巴克莱银行、荷兰银行、西德意志州立银行等 10 家国际金融机构共同发布了一项自愿性金融行业准则赤道原则，这一原则并不具备法律条文的效力，目前它已经逐渐成为国际项目融资中的行业标准和国际惯例，它的建立体现了绿色金融在全球范围内的快速发展。[②] 2005 年，《京都议定书》正式生效，全球碳交易市场和碳金融市场逐渐形成。2009 年《联合国气候变化框架公约》缔约方召开哥本哈根气候大会，通过设立一只绿色气候基金来支持发展中国家缓解气候变化的"碳减排"活动。2011 年 12 月 11 日，《京都议定书》第二承诺期开始实施，绿色气候基金正式开始启动。2015 年，世界各国领导人签署《巴黎协定》，为实现《巴黎协定》所提出的气候目标，全球范围内的绿色投融资活动进一步增加，绿色金融进一步发展。后疫情时代，在全球经济衰退与局部地区冲突不断的背景下，ESG 理念更加受到全球重视，全球可持续性基金吸引大量资金流入。

金融发展的使命是助推实体经济高质量发展，绿色金融的发展势必要和实体经济绿色发展转型相融合，而其具体融合路径值得探究。目前，学界研究绿色金融影响实体经济发展的路径探究主要集中于政策制度与绿色金融产品两个角度。

从政策制度角度看，根据波特假说理论，环境保护政策促进企业采取技术创新来节能减排，这在长期能促进企业生产效率与竞争力的提高，从而促进经济高质量发展。而政府在环保创新技术信息的获得上具有天然的优势，在协调环境保护政策的运行与经济增长上能发挥有效作用。基于此理论，许多学者开始探究环境政策与经济发展之间的关系。研究表明，环境污染可能会通过影响城市化进程和人力资本积累来影响中国经济发展质量，而政府环境治理能够有效降低污染从而促进经济发展质量水平的提升，

---

① United Nations，"The Kyoto Protocol"，2002 年 8 月 30 日，见 https://treaties.un.org/doc/Publication/UNTS/Volume%202303/volume-2303-A-30822.pdf.

② Equator Principles Association，"The Equator Principles"，见 https://equator-principles.com/.

政府对雾霾的治理对绿色经济高质量发展具有促进效应，并通过结构效应和技术效应产生作用，绿色信贷可以通过改善产业结构和提升企业的绿色技术进步来促进绿色经济增长。

从绿色金融产品角度看，时任中国人民银行副行长陈雨露于 2019 年在京召开的中国金融学会绿色金融专业委员会年会暨中国绿色金融论坛上指出，为推动绿色金融高质量发展，从而更好地服务经济社会绿色转型与实体经济高质量发展，未来的工作需要进一步深化绿色金融产品和服务创新。许多学者已探讨了绿色金融产品对经济高质量发展的影响作用。主要是：（1）探究了绿色金融对可再生能源投资效率的影响。（2）探讨了绿色信贷通过优化能源消费结构、提升能源消费效率，从而促进中国经济高质量发展。（3）研究了绿色信贷、绿色证券和绿色保险对绿色技术创新与经济高质量发展关系均起显著正向调节作用，且三种类型绿色金融的调节效应问题。

可见，绿色金融与实体经济的融合发展主要是通过制度与产品来优化产业结构并激励企业采取技术创新，从而促进实体经济绿色转型与高质量发展。因此，本章将总结各国目前推行的绿色金融制度与具有特色的绿色金融产品，探索其绿色金融与实体经济融合发展经验。

第一节　国际绿色金融制度体系

与绿色金融相关的国际公约大多属于自愿、非正式的多边指导原则和规范，属于自愿缔约或遵守，对各成员国主要具有指导功能，在具体实行过程中对各国的约束力相对较小。各国国内制定的财税制度与法律规范的约束效力相对较强。下面将对世界各国与绿色金融相关的制度实践进行梳理。

一、与绿色金融相关的国际制度实践

与绿色金融相关的国际制度主要以公约文件的形式体现，表 3-1 展示了绿色金融国际制度相关实践的进程。

表 3-1　绿色金融国际制度相关实践进程

时间	实　践
1992 年	联合国环境规划署发布《银行业、保险业关于环境和可持续发展的声明》，建立 UNEP-BI，将环境因素纳入银行金融业务的活动中
1995 年	联合国环境规划署发布《银行业、保险业关于环境和可持续发展的声明》
1997 年	联合国环境规划署保险倡议（UNEP-III）建立，同年联合国环境规划署银行倡议（UNEP-BI）更名为金融机构倡议（UNEP-FII）
1997 年	联合国气候大会在京都通过《京都议定书》
2003 年	联合国环境规划署金融机构倡议与联合国环境规划署保险倡议合并为联合国环境计划金融行动倡议（UNEP-FI）
2003 年	花旗银行、巴克莱银行、荷兰银行、西德意志州立银行等 10 家国际金融机构宣布实行自愿性的金融行业准则赤道原则
2005 年	《京都议定书》正式生效
2011 年	《京都议定书》第二承诺期开始实施，绿色气候基金正式开始启动
2015 年	第 21 届联合国气候变化大会通过了《巴黎协定》

（一）联合国环境计划金融行动倡议

联合国环境计划金融行动倡议，即 UNEP-FI，是联合国环境规划署下设组织，旨在调动全球金融部门资金促进环境可持续发展。1992 年 5 月，世界银行在纽约由联合国环境规划署发布了《银行业、保险业关于环境和可持续发展的声明》，建立银行倡议（UNEP-BI），将环境因素纳入银行金融业务的活动中来。1995 年，联合国环境规划署发布了《银行业、保险业关于环境和可持续发展的声明》，呼吁保险公司将环境因素考虑纳入其内部和外部业务活动中。1997 年，联合国环境规划署保险倡议（UNEP-III）建立，同年联合国环境规划署银行倡议（UNEP-BI）更名为金融机构倡议（UNEP-FII），将其参与者从银行业拓宽到金融机构行业。2003 年，联合国环境规划署金融机构倡议与联合国环境规划署保险倡议合并为联合国环境计划金融行动倡议。

UNEP-FI 制定的原则框架包括《负责任银行原则》（PRB）、《可持续保险原则》（PSI）和《负责任投资原则》（PRI）。其中，《负责任银行原则》对气候变化、资源高效利用与循环经济、生物多样性等方面设立了目标设定指南，指出银行应建立信息披露机制，对其信贷活动对象的排放情况进行审核；《可持续保险原则》建立了一个与ESG议题相关的实践框架；《负责任投资原则》以将ESG因素融入投资决策为其工作原理，鼓励投资者采用负责任投资的形式来获取回报。这一系列框架文件确立了国际绿色金融的规范与标准。此外，UNEP-FI还发起了净零银行业联盟、净零资产所有者联盟、净零保险业联盟等金融联盟，以金融活动推动碳排放量符合净零排放目标的发展。UNEP-FI的建立加速推进了全球可持续金融的发展[①]。

（二）《京都议定书》

1997年12月，联合国气候大会在京都通过《京都议定书》，以法律约束力的形式为发达国家制定了温室气体排放限制。2005年，《京都议定书》正式生效。为帮助发达国家完成其减排目标，《京都议定书》设立了一系列灵活履约机制，如国际排放贸易机制（IET）、联合履行机制（JI）和清洁发展机制（CDM）。其中，第6条建立起的联合履行机制允许排放成本较低的发达国家通过项目合作的方式以联合履行机制将所实现的温室气体减排单位转让给排放成本较高且投入资金与技术的发达国家；第12条建立起的清洁发展机制允许发达国家投资者以提供资金和技术的方式在发展中国家开展有利于其可持续发展的减排项目，获得该项目所产生的温室气体减排量；第17条建立起的国际排放贸易机制允许工业化国家之间以成本有效的方式相互交易转让其排放配额单位[②]。这些灵活履约机制帮助工业化国家通过贸易等方式在其他国家以较低的成本完成其减排目标，其核心是市场机制优化资源配置，即将减排活动设置在减排成本最低的地区。《京都议定书》的实施促进了全球碳交易市场和碳金融市场逐渐形成。

2011年12月11日，《京都议定书》第二承诺期开始实施，绿色气候基

① UNITED NATIONS ENVIRONMENT PROGRAMME FINANCE INITIATIVE." "China", 2019年9月22日，见 https://www.unepfi.org/regions/asia-pacific/china/。

② United Nations, "The Kyoto Protocol", 2002年8月30日，见 https://treaties.un.org/doc/Publication/UNTS/Volume%202303/volume-2303-A-30822.pdf。

金正式开始启动。绿色气候基金（Green Climate Fund）是目前最大的国际机构融资基金，它将气候风险和机遇纳入投资决策的主流，帮助发展中国家和环境脆弱地区实现其低排放与气候适应性路径，促进金融与可持续发展的协调发展。与其他绿色基金不同，绿色气候基金的特点是除公共部门投资外，还建设了私营部门筹资框架，通过低息和长期项目贷款、优惠债务、股权投资和担保等减让性工具，大规模吸引私营部门管理的资金，向低碳和具备气候适应性可持续发展转变潜力的项目和计划进行投资活动。此外，绿色气候基金还利用其部分资金帮助动员来自私营部门的资金流向气候智能型投资机会。

（三）赤道原则

大型项目可能会对自然环境与全人类社会带来潜在的负面影响。2003年6月，为解决金融机构在项目融资中对社会环境带来的潜在风险问题，花旗银行、巴克莱银行、荷兰银行、西德意志州立银行等10家国际金融机构宣布实行一项自愿性的金融行业准则，即赤道原则。赤道原则是金融机构在进行项目融资时识别、评估和管理环境与社会风险的共同基线和风险管理框架，实行赤道原则的金融机构需确保将环境与社会因素纳入它们资助和提供咨询的项目制定决策时的考虑因素，应尽可能避免或减少所服务的项目对生态系统和社区造成的负面影响。实行赤道原则的金融机构需对拟融资项目的环境和社会风险水平进行风险分类、评估与披露，对符合相应条件的项目提供融资、过桥贷款以及融资咨询等服务[1]。

赤道原则为项目融资制定了明确清晰的环境与社会标准，提升了金融机构的声誉和经营绩效，增强了金融机构的社会责任意识，发挥了金融对环境与社会可持续发展的积极作用。加入赤道原则的金融机构可自行选择将赤道原则应用于赤道原则范围之外的金融产品。截至2023年8月，已经有39个国家的140个金融机构正式自愿采纳了赤道原则。

---

① Equator Principles Association，"The Equator Principles"，2020年7月1日，见 https://equator-principles.com/。

（四）《巴黎协定》

2015 年，在巴黎举行的第 21 届联合国气候变化大会上，197 个缔约方通过了《巴黎协定》，这是一项具有法律约束力的关于气候变化的国际条约，缔约方作出了减少温室气体排放的承诺，并提供气候融资，协助贫穷国家适应并减缓气候变化，完成清洁能源转型。

从市场机制角度，《巴黎协定》向公众和私营部门释放了低碳转型信号，低碳与零碳解决方案在私营部门竞争力提升，碳减排成本较高的行业通过碳交易机制购买碳减排成本较低的行业的碳排放指标来降低自己的碳排放压力。全球各个国家与地区也积极制定碳中和与碳达峰目标，国际碳减排跨境交易机制不断发展，全球碳金融市场蓬勃发展 [1]。

从资金机制角度，减缓气候变化需要大规模筹措和调动资金来完成减排转型。《巴黎协定》设置气候基金与环境基金实体，建立了一个发达国家向发展中国家提供资金技术和能力建设的框架，发达国家承诺在 2020 年之前将每年提供 1000 亿美元共同资金，对发展中国家提供财政援助，并鼓励私营部门的投资，促进资金流向可再生能源、清洁与绿色领域，使资金流动适应全球减排发展路径。

不过，《巴黎协定》在具体落实方面尚存在一些问题。发达国家并没有真正落实对发展中国家作出的资金援助以及行动力度等一系列承诺。截至 2023 年 8 月，全球共有 194 个国家和地区作为缔约方加入了《巴黎协定》。

二、世界各国和地区与绿色金融相关的制度实践

自绿色金融理念在全球风靡以来，世界各国和地区都基于不同的政治制度背景、经济发展水平和自然环境状况展开了侧重点不同的制度实践。欧盟地区经济发展基础水平高，深受环境保护主义思潮影响，非常注重环境保护与社会经济绿色转型，因此大力推动绿色金融制度的建设，从上至

---

① 联合国气候行动：《巴黎协定》，2022 年 11 月，见 https://www.un.org/zh/climatechange/paris-agreement。

下建立了完善的顶层设计，并建立了领先全球的绿色金融标准。英国在绿色金融制度实践上的思路与欧盟地区基本一致，也注重绿色金融的跨国交流与合作。美国的绿色金融制度起步较早，受其环境保护政策的影响较强，联邦政府与地方州政府均采取了各具特色的绿色金融制度实践。日本的绿色金融相关制度实践与其自然环境和社会环境紧密相关，主要采取政策引导的方式而非强制性制度。

（一）欧盟：顶层设计完善，注重建立绿色金融标准与绿色金融披露制度，引领全球绿色金融发展

欧盟在绿色金融方面的探索与发展领先全球，其绿色金融制度实践具有制度建设起步早、覆盖面全、发展成熟完善等特点。早在 20 世纪 70 年代，随着欧洲环境保护主义思潮的壮大，欧洲共同体就开始了早期的绿色金融探索与实践。1973 年，欧洲共同体通过了《第一个环境行动规划》（1973—1976），这份环境行动规划提出了预防优先、考虑环境因素与污染者付费等环境政策的基本原则。1974 年，联邦德国政府拥有的德国复兴信贷银行（KFW）率先开展了绿色金融相关业务[①]。1987 年，欧洲共同体《单一欧洲法案》生效，环境政策被列入了欧洲共同体基本法的范畴。此后，欧盟出台了一系列环境政策与法规，为欧盟绿色金融制度建设奠定了基础。在欧盟的具体制度实践中，其对绿色金融的定义更侧重于可持续金融的角度。根据欧盟委员会的定义，可持续金融即金融部门在作出投资决策的同时需关注环境、社会和公司治理（ESG），在支持经济增长的同时需减轻环境压力并考虑社会和治理方面。

纵观欧盟绿色金融制度建设的历程可见，较全球绿色金融制度实践而言，欧盟非常注重顶层框架制度设计与法律法规的建设。1993 年，欧洲共同体发展为欧盟后，颁布了名为《争取持续和有利于环境的发展》的第五个环境行动规划，推动环境政策与其他行业的协同发展，对能源税和二氧化碳税的征收进行了探讨，并通过财政与经济手段来引导私营部门进行环

[①] 孙彦红：《德国与英国政策性银行的绿色金融实践比较及其启示》，《欧洲研究》2018 年第 1 期。

境改善。2015年，伴随着《巴黎协定》和《2030年可持续发展议程》的签署，欧盟开始探索金融领域对气候目标实现的关键作用。2018年3月，欧盟发布《可持续发展融资行动计划》，这一行动计划对可持续发展融资进行了界定，提出将资本引向更具可持续性发展的经济活动、将可持续性纳入风险管理的主流、鼓励长期行为及透明度的提升三大目标，是欧盟绿色金融发展的指导性顶层文件，欧盟据此建立起绿色金融政策综合体系[①]。2019年12月，欧盟委员会发布了《欧洲绿色协议》，这是欧盟绿色金融发展的框架性文件，从顶层设计角度建立了欧盟未来绿色发展的战略布局，确定了欧盟2030年与2050年的减排目标。《欧洲绿色协议》将绿色金融视为欧盟未来金融体系的核心，引导公共部门和私营部门的投资，充分发挥财政预算的作用，鼓励绿色预算与采购，通过"公正过渡机制"以公平的方式向气候中立型经济过渡[②]。为支持《欧洲绿色协议》，实现欧盟经济绿色转型，2020年1月，欧盟委员会发布《欧洲可持续投资计划》，计划利用欧盟预算及金融工具在未来十年内调动公共与私人部门1万亿欧元的可持续投资来实现其环境目标。2021年4月，欧盟出台可持续融资的一揽子计划来支持2018年《可持续发展融资行动计划》与《欧洲绿色协议》，帮助欧盟投资者将资金投向更具可持续性的项目中来。欧盟委员会完善的顶层设计与框架制度也带动了其下属金融监管机构的制度探索。2019年，欧洲银行管理局发布《可持续金融行动计划》，2020年欧洲证券和市场管理局发布《可持续金融战略》，将可持续金融与ESG投资因素纳入其监管工作中。

欧盟还建立了详细的绿色分类标准与完善的信息披露机制。在2018年发布的《可持续发展融资行动计划》中，欧盟就呼吁建立欧盟可持续金融分类方案，建立可持续性金融产品的标准与标签，并开发可持续性基

---

① Eruopean Commission，"A European Green Deal Striving to be the First Climate-neutral Continent"，2019年12月11日，见 https://eur-lex.europa.eu/legal-content/EN/TXT/?uri=CELEX：52018DC0097。

② European Commission，"Communication From The Commission Action Plan：Financing Sustainable Growth"，2018年3月8日，见 https://commission.europa.eu/strategy-and-policy/priorities-2019-2024/european-green-deal_en。

准。2019 年 6 月，欧盟委员会发布《可持续金融分类方案》和《绿色债券标准》，初步构建起欧盟可持续金融分类标准体系。《可持续金融分类方案》要求相关经济活动切实对一项或多项环境目标有实质性贡献且对其他环境目标没有重大损害，并给出了衡量经济活动的环境绩效的技术方法。《绿色债券标准》则要求债券发行人必须保证债券融资用途是投向相应的环境项目。2020 年 3 月，欧盟发布《可持续金融分类法》，这是一项帮助经济向低碳、绿色与可持续发展方向转型的政策工具，它划定了环境友好型经济活动的范畴，提出衡量经济活动的三项主要标准是对可持续性发展有重大贡献、对环境无重大危害以及遵守最低保障措施。这部法律定义了对环境可持续的经济活动的清单，规定了欧盟可持续经济活动的技术筛选标准[①]。2022 年 1 月 1 日，欧盟《分类气候授权法案》生效，与《可持续金融分类法》类似，也是一个帮助投资者作出可持续投资选择的政策工具，而非强制性的命令手段。

在信息披露方面，欧盟重视对金融活动的非财务信息的披露。2014 年，欧盟发布《非财务报告指令》，关注企业非财务信息的披露，将 ESG 因素列为非财务信息披露重点，对其作出具体要求，并要求强制披露企业对环境可能造成的影响。2019 年欧盟颁布《关于金融行业可持续信息的披露条例》（SFDR），对金融产品的 ESG 因素制定了披露规范，将非财务因素的披露主体扩大到金融市场，要求作为金融市场参与者的金融机构和企业披露相关项目的环境信息并披露金融活动的可持续性风险，此外，还对金融活动的尽职调查作出披露要求[②]。2021 年 3 月，这一条例正式生效。《关于金融行业可持续信息的披露条例》加强了绿色金融的透明度，进一步深化欧盟的绿色金融披露机制。详细的分类标准与完善的信息披露机制有助于欧盟绿

[①] European Commission，"A Framework to Facilitate Sustainable Investment，and Amending Regulation（EU）"，2020 年 6 月 22 日，见 https://eur-lex.europa.eu/legal-content/EN/TXT/?uri=celex：32020R0852。

[②] European Commission，"on sustainability-related disclosures in the financial services sector"，2019 年 12 月 9 日，见 https://eur-lex.europa.eu/legal-content/EN/TXT/?uri=celex：32019R2088。

色金融发展的规范化，减少"漂绿"现象的发生，极大助长了投资者对欧盟绿色金融领域的投资意愿。

欧盟还拥有全球规模最大的碳排放交易市场。2005 年 1 月 1 日，欧盟碳交易所正式运行，欧盟依据"限量—交易"（Cap-and-Trade）基本原理建立起了碳排放交易体系（EU-ETS），这是欧盟实现温室气体减排目标的主要工具，它对各成员国温室气体排放进行限制，并允许交易温室气体排放限额，这一交易体系具有灵活性，可以用最低的总体成本实现气候目标[①]。在目前的欧盟碳排放交易市场上，除对减排指标和项目减排量进行交易外，还衍生出了碳远期、碳期货、碳期权、碳掉期等衍生交易产品；碳质押、碳回购、碳托管等融资工具；碳指数、碳保险等支持工具。此外，欧盟还通过政策性银行欧洲投资银行实施发行绿色债券、低息贷款，绿色担保等金融手段来实现其环境目标。2007 年，欧盟成员国合资经营的政策性金融机构欧洲投资银行向其成员国投资者发行规模为 6 亿欧元的"气候意识债券"，这是全球第一只绿色债券。

欧盟各成员国在绿色金融制度实践方面的表现也可圈可点。德国建立了较为完善的绿色金融法律体系，将环境政策列入国家法律顶层设计，以立法的形式设立了生态环境税。此外，德国还建立了全球第一家政策性环境银行德国复兴银行，为有利于环境的项目提供政策性贷款和担保，辅助国家的绿色金融政策实施[②]。法国注重绿色金融顶层框架的设计，分别于 2015 年和 2018 年提出了《国家低碳战略》和《循环经济路线图》，对本国经济发展设定了碳预算和循环经济发展目标，以顶层文件的形式对法国绿色金融的发展作出了战略部署。同时法国还关注企业绿色金融信息披露，通过《企业警戒责任法》和《企业成长与转型法》，要求企业披露金融活动的 ESG 信息。此外，法国着重关注气候目标的实现与能源绿色转型，于

---

① European Commission，"EU Emissions Trading System"，见 https://climate.ec.europa.eu/eu-action/eu-emissions-trading-system-eu-ets_en。

② 曲洁、杨宁、王佳：《德国复兴信贷银行发展绿色金融的经验与启示》，《中国经贸导刊》2019 年第 11 期。

2015 年颁布了《绿色增长能源转型法案》，对化石燃料征收较高的碳税。荷兰由于其临海且地平面较低的特殊地理环境，对可再生能源和气候问题非常注重。荷兰政府通过能源补贴、能源贷款、税收引导等经济手段促进排放量的减少和可再生能源使用。在 2023 年 4 月 20 日发布的全球绿色金融指数第 11 版（Global Green Finance Index，GGFI 11）中对全球的各大金融中心的绿色金融发展水平进行的新一度排名中，斯德哥尔摩、卢森堡、阿姆斯特丹、哥本哈根等地的绿色金融发展水平位居全球前十，这与欧盟所建立的完备的绿色金融制度体系是相辅相成的[①]。

（二）英国：注重国际交流与合作，建立自上而下的绿色金融制度体系

与欧盟采取类似绿色金融制度，注重国际交流与合作的英国也是全球绿色金融发展中的领军者，其绿色金融探索走在世界前列。在 2023 年 4 月 20 日发布的全球绿色金融指数第 11 版（Global Green Finance Index，GGFI 11）中，伦敦继续保持全球金融中心的绿色金融发展情况排名第一的位置[②]。同欧盟一样，英国也建立了自上而下的绿色金融制度体系。2019 年，英国发布《绿色金融战略》，建立了清晰的绿色金融标准，这一战略成了英国绿色金融制度的顶层指导文件。2020 年，英国政府在《能源白皮书：赋能净零排放未来》中提出了将减少碳排放，以政府投资拉动私人投资，创造绿色就业机会。2021 年，英国发布《绿色金融框架》，为碳排放预算制定了中期目标，提出将绿色金融作为环境可持续发展的重要驱动手段、建立绿色金融市场框架、引入私人资本流入绿色部门以充分发挥绿色投资的社会协同效益、巩固英国在全球绿色金融发展的中心地位等对英国的绿色金融融资战略的补充，并指出英国政府的绿色金融框架的核心内容是绿色资金募集用途、项目评估与选择、绿色项目过程管理和披露报告。绿色资金

---

① Z/Yen，"The Global Green Finance Index 11"，2023 年 4 月 20 日，见 https://www.longfinance. net/media/documents/GGFI_11_Report_2022.04.20_v1.1.pub.pdf。

② 同上。

需要流向符合标准的绿色项目，并对投资人定期作出项目环境影响报告①。同年 9 月，英国政府发行了首只主权绿色债券，为绿色项目与基础设施建设筹资，并提供就业机会以产生社会效益。这只绿色金边债券（Green Gilt）规模达 100 亿英镑，吸引了超千亿英镑的认购②。为了辅助绿色金融制度的实施，为绿色投资设立标准，确保绿色债券募集的资金投向绿色项目，英国出台了绿色金融标准文件《绿色分类法》，来专门应对实践中的"漂绿"问题，促进了英国绿色金融市场的规范化发展。

除制度体系建设外，英国还出台了一系列的税收与补贴政策，以财税手段来引导绿色金融的发展。1988 年英国制定《非化石燃料公约》，征收化石燃料税用以补贴可再生能源的成本，2000 年英国制定了《气候变化计划》，于 2001 年设置气候变化税，成为世界上首个征收气候税的国家。2008 年，英国政府设立了《气候变化法案》，立法确立了减排目标。2020 年，在英国出台的《绿色工业革命十点计划》中明确指出，未来将禁止碳排放污染严重的交通工具，并对造成严重大气污染的化石燃料增加课税。此外，英国政府还建立了绿色金融担保机制。2009 年，英国颁布《贷款担保计划》，对具备绿色环保资质的中小企业提供贷款额度 80% 的担保，促进了企业向绿色环保方向转型。

英国政府还设立了一系列组织机构来推动本国绿色金融的发展。2012 年，英国政府成立了绿色投资银行，它以政策性银行为定位，通过政府投资刺激私人投资，向海上风电、垃圾处理、节能减排等绿色领域进行投资。绿色投资银行是世界上第一个专门的绿色投资机构，对促进绿色基础设施项目建设发挥了巨大作用。不过，2017 年绿色投资银行已被出售给麦格理

---

①　UK Treasury，"UK Government Green Financing Framework"，2021 年 6 月 30 日，见 https://assets.publishing.service.gov.uk/government/uploads/system/uploads/attachment_data/file/1002578/20210630_UK_Government_Green_Financing_Framework.pdf。

②　United Kingdom Debt Management Office，"Green Gilts"，见 https://www.dmo.gov.uk/responsibilities/green-gilts/#:~:text=The%20UK%20Government%E2%80%99s%20Green%20Financing%20Framework%20was%20published，such%20as%20job%20creation%2C%20arising%20from%20these%20expenditures。

集团，并更名为绿色投资集团，实现私营化①。2019 年，英国政府建立了绿色金融研究所，为绿色金融政策的制定和实施提供支持，促进国际绿色金融交流，将金融资本引向绿色实体成果，加速绿色经济转型；目前，该研究所已成功建立了英国建筑能效联盟、道路运输脱碳联盟、绿色金融担保机制等项目。2021 年，英国政府建立绿色金融投资中心（CGFI），鼓励市场经济主体对绿色行业投资，深化金融制度绿色改革，进一步引领国际绿色金融发展。

（三）美国：市场主导—政策引导型绿色金融发展方式，地方政府绿色金融制度创新能力强

美国的绿色金融制度建设得早，且拥有较完备的法律体系。早期，美国主要采取命令—控制的模式，以单一的行政管制手段来推动自然环境的保护，但这种方式带来了财政负担大、经济成本高、社会效率低下等一系列问题。因此，美国开始探究金融手段对环境的保护作用，建设起市场主导—政策引导辅助的绿色金融制度。1980 年，美国出台《超级基金法》，实行"可追溯的、严格的和连带的"责任，要求金融机构对其放款的项目可能造成的环境污染承担连带责任；设立超级基金，通过对污染行业征收专门税、征收环境税以及对污染责任人进行罚款和追偿等方式来拓宽基金来源②。这一法案具有极强的约束作用，促使银行等金融机构将环境风险评估机制纳入决策考量中，被认为是绿色金融法律制度建设的起点。

以《超级基金法》为背景，美国政府开始进行绿色金融制度探索。美国的绿色金融制度主要集中在税收引导、财政补贴和市场导向几个方面。首先，美国已建立比较全面的绿色税收体系。从 20 世纪 80 年代初，美国

---

① Macquarie Asset Management's Green Investment Group，"Our History"，见 https://www.greeninvestmentgroup.com/en/who-we-are/our-mission.html。

② United States Environmental Protection Agency，"Comprehensive Environmental Response, Compensation, and Liability Act（CERCLA）and Federal Facilities"，2023 年 7 月 28 日，见 https://www.epa.gov/enforcement/comprehensive-environmental-response-compensation-and-liability-act-cercla-and-federal。

联邦政府就基于污染者负担原则设置了一系列的环境税种，如二氧化硫税、汽油税、汽车使用税、氟氯烃税、危险化学品生产税、环境收入税等，并且出台了一系列税收优惠和抵免政策，如直接税收减免、投资税收抵免和加速折旧等[①]，通过税收形式对企业行为进行引导。其次，美国政府采取了一系列财政支出和财政补贴来推动绿色金融的发展。1970年，美国联邦政府建立美国国家环境保护局（EPA），对环境保护和污染治理事项提供直接资金投入。2022年美国国家环境保护局提出了112亿美元的预算，其中18亿美元的预算用以应对气候危机问题。美国还采取了一系列财政补贴制度，如绿色农业补贴、新能源汽车补贴等来引导支持绿色金融的发展。最后，美国建立了完善的排污权交易市场，采取排污信用削减和排污许可证交易的形式重新配置资源。美国国会1990年通过的《清洁空气法修正案》中，对二氧化硫的排放限额及交易进行了规定，这标志着美国排污权交易制度的建立，在20世纪末，美国完成了对其排污许可证交易市场的建设，对环境权益进行交易。美国政府同样重视使用政府采购手段来推动环保产业的发展。1999年，美国环保署发布《环境友好型采购指南》，制定了美国政府绿色采购的具体细则，要求采购环境友好型产品与服务。2005年，美国又出台《联邦可持续采购规范》，进一步发展了美国政府的绿色采购制度体系。

此外，美国各地方州政府对绿色金融制度建设也有一系列极富针对性的财税实践，如加利福尼亚州制定了一系列有关于房屋建筑的规划和标准，并采取罚款等行政手段来保证群众对相应法案的遵守，这一系列举措增加了市场对绿色建筑的需求，促使金融机构推出针对绿色建筑的相应产品和服务。宾夕法尼亚州政府为当地一系列清洁能源项目提供财政贴息等政策支持，以财政补贴的方式促进了绿色金融的发展。美国许多地方州政府还采取政府与社会资本合作（PPP模式），积极开展绿色银行建设。美国康涅狄格州绿色银行是美国第一家州立绿色银行，具有准公共机构的地位，其

---

① 陈诗一：《绿色金融概论》，复旦大学出版社2019年版，第113页。

设立目的主要是完成当地能源绿色清洁转型。康涅狄格州绿色银行主要采取公私合营模式，设立了一系列新型的金融投资产品，从公共部门与私营部门两个角度筹措资金，以公共部门为引导，撬动了大量私营部门对清洁能源的投资。随后，2014 年初，纽约州成立美国纽约绿色银行，与康涅狄格州绿色银行不同，纽约绿色银行是美国纽约州能源研究与开发管理署的下属机构，由其直接管理，以公共部门直接投资、信用增级等形式撬动私营部门的资金流入清洁能源投资。

（四）日本：结合国情实际开展绿色金融制度实践，侧重于政策引导，强制性措施较少

日本开展绿色金融的实践较早，其相关制度实践与其自然环境和社会环境息息相关。日本国土面积小，资源匮乏，自然灾害频发。第二次世界大战后，日本的经济高速增长引发了一系列的污染与环境问题，带来了巨大的环境压力，国内环保呼声日益高涨。受民众呼声压力，自 20 世纪 70 年代起，日本环境省开始出台一系列与环境保护相关的法律和政策。20 世纪 90 年代后，日本社会老龄化严重，日本政府采取了大量与可持续金融相关的财税举措，极大地促进了绿色金融的发展。

日本政府首先采取的绿色金融相关制度实践主要集中于法律法规建设方面。受自然与社会情况影响，早期日本的绿色金融法律法规制度建设实践主要基于国情，着眼于污染治理与清洁能源开发角度。1967 年，日本政府出台《公害对策基本法》，建立公害防治政府财政援助制度，提出造成公害的企业要负担政府对治理该项公害所支出的全部或部分费用；政府应采取金融与财税措施鼓励企业修建与改进公害防治措施，对公害治理项目提供低息长期贷款并实行减税，并制定了逐年增加的污染税率。1972 年，日本政府出台《自然环境保全法》，深化了《公害对策基本法》中各方主体在自然环境保全方面的责任。1993 年，日本出台《环境基本法》，运用税率手段和低息贷款等经济手段引导市场经济向绿色可持续方向发展。此外，日本还通过出台《土壤污染对策法》《废弃物处置法》等一系列法律条文，建立起了环境责任保险制度，对土壤污染、废弃物处置等方

面的环境风险进行保险。这一制度并不要求企业强制参保，企业可根据自身对环境污染风险高低的判断自行决定是否参保。近年来，随着日本环境污染状况的好转，日本绿色金融制度侧重点向气候问题与责任投资方向倾斜。自1998年起，日本先后出台了一系列气候变暖对策的相关法律法规，推进了日本碳减排工作，以碳排放限额、地球温暖化对策税等政策手段确定了日本应对气候问题的政策方向。日本还大力建设可持续金融与ESG投资方面的政策制度，2014年，日本出台《尽职管理守则》，次年又出台《公司治理守则》，推动企业与金融项目ESG信息披露制度的建设，鼓励企业向绿色环保方向发展。不过，日本目前的绿色金融相关法律法规设计侧重于指导性文件而非命令性文件，由企业自愿实施，强制性约束力较弱。

此外，日本还通过财政补贴与低息贷款等手段积极推进绿色投融资的发展。1999年，日本政府成立日本政策投资银行，这是以实现政策性业务为目的的国有政策性银行。该行通过绿色投资的方式直接向环境治理项目投入资金，并开发环境评级系统对贷款目标企业进行环境评分，以对环保型企业给予低息贷款的方式，促进社会资本投入环保项目与企业的绿色环保转型。日本环境省通过财政资金直接对其贷款利差实施补贴[1]。2020年12月25日，日本政府出台《2050年碳中和绿色增长战略》，这是日本政府为实现碳中和目标设置的最新顶层框架文件，对14个产业的绿色能源转型提出了具体的发展目标，以税收减免、财政补贴和利息优惠等手段来吸引私营部门资金流入[2]。2021年3月，日本经济产业省创立了2万亿日元的绿色创新基金，对碳中和及企业绿色转型方面的技术研发提供资金支持，推动日本碳中和目标的实现。

除日本外，亚洲其他地区在绿色金融制度建设的实践上也发展迅速。

---

[1]　常抄、杨亮、王世汶：《日本政策投资银行的最新绿色金融实践——促进环境友好经营融资业务》，《环境保护》2008年第10期。

[2]　日本经济产业省，"2050年カーボンニュートラルに伴うグリーン成長戦略"，2021年6月18日，见 https://www.meti.go.jp/press/2021/06/20210618005/20210618005-3.pdf。

如韩国出台"绿色新政",设立一系列环保基金和绿色税率制度,以"低碳的绿色经济"为国家经济发展目标之一;新加坡金融管理局设置绿色金融行动计划,通过发布《绿色分类法》《金融机构气候相关披露》等一系列绿色金融相关文件,建立起绿色金融政策体系。

在后疫情时代,世界各国陆续出台"绿色复苏"计划来刺激经济恢复,推动经济绿色转型。2020年5月,欧盟提出《欧盟复苏计划》,以欧盟委员会为发债主体,募资设立7500亿欧元规模的"下一代欧盟"复苏基金,其中有近三分之一的债券为绿色债券,这一举措具有强烈的欧盟主权债务色彩,其资金体量对国际绿色金融市场有巨大影响,此复苏计划加大了欧盟对绿色项目的投资,推动了欧盟绿色经济转型与数字战略转型[①]。世界各国如德国、法国、美国、日本、韩国、比利时等也通过了一系列一揽子经济复苏计划,投资于绿色能源与减碳发展,制造了大量就业机会,促进了经济的绿色、健康增长。非盟与东盟国家也启动了绿色复苏计划,推动了绿色金融的全球发展进程。

第二节 国际绿色金融产品创新

绿色金融产品是以金融手段为企业、项目乃至社会经济绿色发展与转型升级提供资金支持、风险保障等服务的金融产品。伴随着绿色金融实践的不断发展,在国际金融市场上诞生了多种多样的绿色金融产品,其主要形式涵盖绿色信贷、绿色债券、绿色基金、绿色保险、碳金融产品、天气衍生品等。近年来,新兴国际绿色金融产品种类丰富,具体形式不断创新。

一、绿色信贷

目前,国际上的绿色信贷产品创新主要可以按贷款主体分为面向个人

---

① European Council, "A recovery plan for Europe", 2020年5月27日, 见 https://www.consilium.europa.eu/en/policies/eu-recovery-plan/。

的产品与面向企业与项目的产品。面向个人的绿色信贷产品主要包括绿色信用卡、绿色汽车贷款和绿色住房贷款。面向企业与项目的绿色信贷产品主要包括绿色建筑贷款和绿色项目贷款。

（一）绿色信用卡

绿色信用卡是银行对个人用户推出的具有环境保护要素的信用卡产品，通过优惠费率、收入捐赠或碳足迹记录等方式鼓励用户的绿色消费。瑞典的金融科技公司 Doconomy 与 Mastercard 合作推出 Do black 信用卡，将个人碳排放量以货币形式可视化，通过以技术手段建立奥兰指数对每笔消费的二氧化碳排放量进行核量，以碳足迹为消费额度，这种卡片无塑料且生物可降解，与手机 App 客户端相连，如果个人当月消费行为的二氧化碳排放量超过该国居民人均二氧化碳排放量的限额，信用卡就不能继续使用。英国巴克莱银行（Barclay Bank）推出的巴克莱呼吸信用卡，对持卡人购买环境友好型产品与服务提供折扣和较低的利率；荷兰合作银行（Radobank）的气候信用卡按一定比例将其持卡人购买能源密集型产品或服务的金额捐献给世界野生动物基金会（WWF）。

（二）绿色汽车贷款

绿色汽车贷款是银行为刺激个人用户购买低排量或新能源汽车所发放的贷款，一般会采取较低利率或植树造林的形式来引导个人车主用户的绿色消费。加拿大的温哥华城市银行发放清洁空气汽车贷款，对新能源汽车和低排放车型提供优惠贷款利率。新加坡星展银行推出绿色汽车贷款计划，对新能源汽车提供极低贷款利率，并承诺这项贷款计划每新增一名车贷用户，银行就会捐赠一棵树给国家公园局的"百万树木运动"。澳大利亚本迪戈银行推出绿色汽车贷款，对购买电动汽车（EV）、插电式混合动力电动汽车（PHEV）、混合动力汽车和每公里二氧化碳排放量低于 110 克的 A 型车辆的个人客户提供低利率优惠。澳大利亚的 MECU 银行也推出 Go Green 汽车贷款，对不同排放量的汽车予以不同的贷款利率级别，并要求贷款者植树以冲抵汽车的温室气体排放。

（三）绿色住房贷款

绿色住房贷款是金融机构对购买或建设符合绿色建筑标准的住房的客户发放较低首付比例或较低利率的贷款。荷兰银行对绿色住房抵押贷款给予较低的贷款利率和优惠贷款条件。澳大利亚的本迪戈银行对购买或建设配备绿色设施如太阳能电池板、太阳能热水器、节能白色家电和电动汽车充电桩等设施的房屋的个人用户提供无抵押绿色个人贷款，且该贷款的利率低于同类住房贷款。英国金融联合协会推出了生态家庭贷款，为客户提供免费的绿色环境评估服务和碳排放抵减业务。

（四）绿色建筑贷款

绿色建筑贷款是金融机构对建造或改造符合绿色环保标准的建筑的开发商，或以绿色建筑为抵押担保的贷款人发放的具有优惠费率的贷款。英国汇丰银行开展可持续金融碳减排激励计划，对符合国际标准的绿色房地产发放低费率的绿色节能建筑贷款并实行现金返还。美国富国银行对符合LEED标准的绿色建筑提供优惠利率的绿色信贷。此外，美国多个州积极运用C-PACE商业地产融资工具获得信贷资金，通过这种融资工具商业地产开发商或业主可以获得用于能源效率、清洁能源升级与可再生能源转型的低成本长期融资，实现其建筑的绿色能源转型。新加坡推出绿色建筑认证标志，对符合可持续发展标准的绿色建筑发放绿色贷款，如新加坡的双景坊（DUO tower）就是融入了绿色功能与环保设施的绿色建筑，该建筑获得了绿色信贷的资助。

（五）绿色项目贷款

绿色项目贷款是目前绿色信贷的主要形式，指金融机构对能源、气候、环境保护、污染治理等绿色环保项目或服务所发放的贷款。目前，我国国内绿色贷款统计口径主要指此类贷款。金融机构通过采取对绿色项目提供优惠利率或设置专门审批条件的方式来支持经济社会绿色转型。英国的汇丰银行发放可持续发展商业贷款，对项目进行环境绩效评估，为企业绿色转型或投向绿色项目提供较低贷款利率的绿色融资方案，并通过现金返还贷款额的方式来实现碳减免。爱尔兰银行针对废物处理项目推出专门的贷款支持，并给定较长的贷款年限。加拿大的蒙特利尔银行为节能减排与绿色转型的企业发放可持续性贷款。日本瑞穗银行则对完成可持续发展目标或减排目标的企业发放可持续发展关联贷款，此类贷款较同类贷款有更优惠的贷款利率。值得一提的是，可持续发展关联贷款不只是对某一项目开展贷款业务，而是为实现一个可量化的综合环境绩效目标而提供的融资。借款人获取贷款后只需达到最终设定的绩效目标即可[①]。

二、绿色债券

2007 年，欧洲投资银行发行"气候意识债券"，这是全球第一只绿色债券。国际市场上绿色债券的主要发行主体有主权国家与地区、地方政府、多边国际金融组织、金融机构以及大型跨国企业。目前，国际市场上绿色债券标准主要是国际资本市场协会（ICMA）制定的绿色债券原则（GBP）和气候债券倡议组织（CBI）制定的气候债券标准（CBS），这两种认定标准互为补充，CBS 在具体运用上较 GBP 更为灵活，开发了更详细的行业标准，对第三方认证有强制性要求，建立了合格机构认证机制。目前，社会债券、可持续发展债券、可持续发展挂钩债券（SLB）和转型债券的发展推动国际绿色债券市场不断增长。截至 2022 年 11 月，以气候债券倡议组织的口径统计，全球绿色债券累计发行规模已经达到了 1.644 万亿美元。

（一）绿色市政债券与主权绿色债券

绿色市政债券（Green Municipal Securities）是地方政府凭借自身信用为支持绿色项目募集资金而发行的政府债券，在国内一般又称绿色地方政府债券（Green Local Government Bond）。美国绿色市政债券探索走在世界前沿。2013 年，美国马萨诸塞州发行首只绿色市政债券，以免税政策等手段刺激投资者的认购热情。此后，美国各州（市）政府陆续发行多只绿色市政债券，向可持续水资源利用、绿色建筑以及污染治理等公共绿色项目进行投

---

① 张岳、周应恒：《绿色金融"漂绿"现象的成因与防范：来自日本的经验启示》，《现代日本经济》2021 年第 5 期。

资。纽约州、加利福尼亚州与马萨诸塞州是美国绿色市政债券的前三大发行人。瑞典、加拿大、澳大利亚等国家也纷纷展开绿色市政债券的探索。

区别于绿色市政债券，主权绿色债券是指国家或地区以主权信用背书发行，为绿色、环保、可持续项目募集资金的债券。2016 年，波兰发行总额为 7.5 亿欧元的主权绿色债券。此后，法国、比利时、爱尔兰、荷兰、德国等欧洲国家也相继发行主权绿色债券。英国发行的绿色金边债券是全球期限最长的主权绿色债券。2021 年 1 月，中国香港特区政府发行了亚洲首只主权绿色债券，发行规模为 25 亿美元。对市场上主权绿色债券进行分析，发现其利率稍高于同时期发行的主权债券，这刺激了投资者对于绿色债券的投资意愿。受动荡国际局势影响，低风险偏好投资者与环保偏好投资者对主权绿色债券投资热情上涨。欧盟地区主权绿色债券发行量在全球占据优势地位，2022 年前三季度，欧元区各国政府已通过主权绿色债券筹集了 400 多亿欧元。2021 年 10 月，欧盟宣布在未来五年里将发行共计 2500 亿欧元的"下一代欧盟"主权绿色债券，为后疫情时代成员国绿色转型提供资金援助。

（二）绿色资产证券化产品

根据标的的不同基础资产，绿色资产证券化产品可以分为绿色抵押支持债券（Green Mortgage-Backed Securities，绿色 MBS）、绿色资产支持债券（Green Asset-Backed Securities，绿色 ABS）和绿色资产担保债券（Green Covered Bond）。绿色 MBS 与绿色 ABS 的区别是绿色 MBS 的基础资产是绿色住房抵押贷款，绿色 ABS 的基础资产是除住房抵押贷款外的其他绿色资产。

1. 绿色 MBS

绿色 MBS 与传统抵押支持债券在产品设计角度保持一致，只是其标的基础资产需要是符合绿色标准的建筑，或其募集资金流向需去往绿色产业。房利美① 的绿色 MBS 是绿色 MBS 市场上的龙头产品。2012 年，房利美发行

---

① 房利美，即美国联邦国民贷款抵押协会，是美国政府支持的住房贷款担保机构。

首只绿色 MBS 债券，提供多户绿色 MBS 计划，将符合美国绿色建筑认证标准的抵押建筑作为其 MBS 产品的标的物，并将募集所得资金投向绿色建筑建设与改造领域。随后，房利美又推出了单户绿色 MBS 计划。2021 年，房利美发行总计 134 亿美元的绿色 MBS 债券，位居全球绿债市场主体发行量第三名。欧洲、澳大利亚与日本也推出了类似设计的绿色 MBS 产品。

2. 绿色 ABS

绿色 ABS 的标的基础资产是除绿色住房抵押贷款外的其他绿色资产，其募资用途也应投向绿色产业。目前，国际绿色 ABS 的实践主要集中于光伏发电、太阳能发电与新能源汽车领域。2014 年 3 月，丰田汽车行业发行募集资金，用途为促进混动汽车 Prius 与电动汽车销售与融资租赁的绿色 ABS。2015 年，丰田汽车又为符合低排放量标准、新能源或混动能源的低碳汽车发行了第二只绿色 ABS。2015 年 6 月，花旗银行与 Renew 金融集团为美国能源效率贷款库发行了 12.58 亿美元的绿色 ABS，为能源效率使用筹措资金。美国住宅太阳能供应商 Sunrun 公司发行了 1.1 亿美元的太阳能资产支持绿色 ABS，为住宅太阳能系统组合和相关客户协议产生的现金流提供支持。2016 年，澳大利亚的 Flexi 公司发行 3900 万美元的绿色 ABS 用以投向住宅屋顶太阳能光伏系统建设的再融资，其资产池是 2.6 亿澳元的应收账款。澳大利亚国民银行（NAB）安排了此项绿色 ABS 的发行。

3. 绿色资产担保债券

绿色资产担保债券（Green Covered Bond）区别于绿色资产支持债券，它是金融机构用本机构资产负债表中部分绿色资产项做担保对外发行的债券，其资产依然保留在发行人资产负债表内而非剥离转移至 SPV，债券募集所得资金投向绿色产业。绿色资产担保债券在欧洲较为流行，持有人具有双重优先追索权，若债券发行人破产，债券持有人可优先对担保资产进行处置。德国柏林 HYP 银行在 2016 年发行绿色资产担保债券，以符合国际绿色标准的房地产融资与再融资为担保资产，其发行收益金额全部用于可持续性项目。

三、绿色基金

目前，根据基金是否直接投资绿色实体项目与行业，本章将国际市场上的创新绿色基金产品划分为绿色发展基金与绿色投资基金两大类，前者直接投向实体经济，后者则投向二级市场上与绿色项目相关的金融工具。

（一）绿色发展基金

绿色发展基金是直接投资向环境保护、污染治理、清洁能源、减缓或适应气候变化等绿色实体行业与项目的基金，根据其发起设立目的的不同可以分为公益型绿色基金与投资型绿色基金。公益型绿色基金一般由政府与多边国际组织设立，旨在支援绿色产业、项目的发展，进而实现治理环境污染、减缓气候变化、能源绿色转型等环境目标。联合国设立的绿色气候基金、欧盟设立的全球能效和可再生能源基金与下一代欧盟复苏基金以及日本经济产业省创立的绿色创新基金就属于公益型绿色基金。投资型绿色发展基金则多由私人部门发起或设立，私人部门偏好于绿色项目的可持续发展性，募集资金投资于绿色项目的股权或债权，以期在环境保护的同时获得经济利益。法国信托银行与富通银行成立欧洲碳基金，对碳减排项目进行投资。迪拜的 Ithmar 财富投资基金成立非洲绿色增长基础设施基金，向清洁水资源、能源转型、低碳经济等产业项目进行投资，推动非洲经济绿色转型。欧洲的 Lyxor 资产管理公司推出了世界水基金，对供水设施建设、饮用水净化与污水处理领域的实体项目进行投资。

（二）绿色投资基金

绿色投资基金是指由金融机构发起，直接投向二级市场股票、债券等金融工具的基金。其中，绿色指数基金是绿色投资基金的创新形式。绿色指数关注证券市场上企业在社会责任、污染治理、清洁技术转型与碳排放等方面的表现，关注可持续发展问题。目前，国际市场上主流绿色指数均催生了相应的绿色指数基金，如标准普尔全球清洁能源指数就催生了 BMO 清洁能源 ETF 基金（BMO Clean Energy ETF）、iShares 全球清洁能源 ETF 基金（iShares Global Clean Energy ETF）、KBSTAR 全球清洁能源 ETF 基金

（KBSTAR Global Clean Energy ETF）等。此外，还有第一信托纳斯达克清洁边缘绿色能源指数 ETF 基金追踪纳斯达克清洁指数，景顺全球清洁能源 ETF 基金追踪 WilderHill 新能源全球创新指数等。碳指数也是重要投资对象，如汇丰环球气候变化概念基金追踪汇丰环球气候变化基准指数。

四、绿色保险

目前，国际市场上主流的绿色保险产品形式有环境污染责任保险和绿色商业保险。

（一）环境污染责任保险

环境污染责任保险制度是基于污染者付费原则而衍生的一种保险制度，也是目前海外主流的绿色保险形式，这一保险形式最早起源于美国。美国强制要求开展工程项目的企业参加绿色保险，对可能给环境带来的突发性或渐进性污染责任以及可能产生的潜在清理费用进行保障。瑞典、芬兰等重视环境保护的北欧国家也采取强制性环境污染责任保险制度。英国对核反应堆、海洋油污损害责任设置强制性保险。德国通过《环境责任法》建立绿色保险制度，规定所有工商企业都必须投保环境污染责任保险。对于存在重大环境责任风险设施的经营者还要提供财务保证与担保。日本的环境责任保险制度并不要求企业强制参保，企业可根据自身对环境污染风险高低的判断自行决定是否参保。

（二）绿色商业保险

绿色商业保险主要包括绿色生活保险与绿色产业保险，其中前者的主要形式为绿色车险，后者的主要形式为绿色建筑保险。绿色车险主要有两种形式，第一种为新能源车险，即对新能源汽车采取不同的保险政策与费率。美国 Farmers Insurance 保险公司为新能源汽车提供保险费率优惠。日本、英国等国家为支持对新能源汽车的使用，也推出了一些费率优惠政策。第二种为 UBI 车险，这是一种基于每年机动车辆实际出行次数与里程数来核定保费标准的车险，刺激车主选择低碳出行方式，事实上达到了节能减排的目的。UBI 车险在美国与欧洲已经有较广泛的市场。2021 年 10 月，特斯拉公司推出基于 UBI 设计理念的首款车险产品。绿色建筑保险则主要是对符合绿色认证标准的建筑性能进行保险，如建筑建造或改造竣工后性能未达绿色标准，即可获得赔付。美国消防员基金保险公司自 2006 年开始提供名为"Green"的绿色建筑保险，这被视为国际绿色建筑商业保险的开端。

五、碳金融产品

碳金融产品是指建立在限制温室气体排放基础与碳排放权交易基础上的资金融通工具，其用途是减少温室气体排放并增加碳汇的环境效益。2022 年 4 月 12 日，中国证券监督管理委员会公布了《碳金融产品》金融行业标准，将碳金融产品定义为"建立在碳排放权交易的基础上，服务于减少温室气体排放或者增加碳汇能力的商业活动，以碳配额和碳信用等碳排放权益为媒介或标的的资金融通活动载体"。下面主要介绍国际碳金融的三类表现形式：碳现货、碳衍生与个人碳账户。

（一）碳现货

碳交易市场中可直接进行交易的碳现货交易产品主要有碳排放配额和核证减排量。碳排放配额是依据碳排放总量控制所分配的碳排放权凭证和载体。欧盟碳排放配额（EUA）是碳交易市场上的主流碳排放配额产品。EUA 是指在特定时期内排放一吨二氧化碳当量的配额，该配额可以根据欧盟温室气体排放权交易指令的规定进行转让，排放实体剩余的配额可以在下一年度进行交易。核证减排量是指控制排放的实体按照一定量化核证标准，通过对具有可持续发展意义或温室气体减排效果的项目进行投资或技术支持，产生可核证的排放削减量，用以抵消其限定的碳排放量。目前，国际碳交易市场上的主流核证减排量有清洁发展机制下的核证减排量（CER）与联合履行机制下的减排单位（ERU）。前者在发达国家与发展中国家间进行交易，后者在发达国家间进行交易。

（二）碳衍生

碳衍生即碳交易的衍生产品。随着碳交易市场的不断壮大，碳衍生交易产品应运而生。目前市场上主流的碳衍生交易产品有碳期货、碳期权、碳远期、碳掉期等。碳期货是期货交易场所统一制定的、规定买方有权在将来某一时间以特定价格买入或者卖出碳配额或碳信用（包括碳期货合约）的标准化合约，属于基于套期保值原理的标准化交易工具，购买者以此来规避未来潜在的价格风险。目前，国际市场上主流的碳期货产品是对欧盟碳排放配额与核证减排量的期货交易，如欧洲气候交易所碳金融合约期货、排放指标期货和核证减排量期货。碳期权是在碳期货的基础上发展出来的衍生产品，其概念是期货交易场所统一制定的、规定在将来某一特定的时间和地点交割一定数量的碳配额或碳信用的标准化合约，标的物是碳排放权现权或期货，其持有者可以选择是否在约定时间内行权。如果企业碳排放额不足，可以提前买入看涨期权。碳远期是交易双方约定未来某一时刻以确定的价格买入或者卖出相应的以碳配额或碳信用为标的的远期合约，是碳排放配额与核证减排量的交易双方以合约的形式锁定未来的交易价格来规避现货交易风险的交易方式，国际市场上碳远期是运用十分广泛与成熟的交易方式。碳掉期又称碳互换，是交易双方以碳资产为标的，在未来的一定时期内交换现金流或现金流与碳资产的合约，其实质是基于碳排放配额与核证减排量的价差，交易双方根据减排需要在未来的一定时期内交换碳排放配额和核证减排量以获得价差收益的交易。

（三）个人碳账户

个人碳账户是指依托区块链等金融科技，对个人日常经济行为的碳排放量和碳足迹进行衡量，鼓励消费者自觉进行碳减排行为，践行绿色低碳的生活方式。英国波塞冬基金会使用 Stellar 区块链网络技术对消费者的碳减排行为进行衡量，碳减排行为可以兑换碳信用，用以抵扣日常经济行为所产生的碳排放量。韩国光州银行开展"碳银行"项目，鼓励用户节约资源，个人的碳减排经济行为可以兑换碳积分，碳积分可用于购买积分商城里的生活用品。个人碳账户的发展体现着碳金融业务向消费零售部门的扩张。

六、天气衍生品

天气衍生品是绿色金融在金融衍生品市场上的新发展形式，是规避气候风险的重要金融工具。气候变化可能给企业的生产经营活动以及社会经济发展带来风险和不确定性，除去灾难性自然天气，一段时间内的一般性天气变化也可能给经济实体带来风险。为对冲非灾难性的天气风险（区别于巨灾衍生品），以天气状况（温度、湿度、降水量等）为标的物的天气衍生品应运而生。天气衍生品将天气状况以不同的量化方式设计为天气指数，针对指数开展交易，以对冲天气带来的风险。20 世纪 90 年代，天气衍生品开始进入衍生品交易所，主要形式是天气指数期货和天气期货期权。目前，国际市场上知名的天气衍生品交易所有芝加哥商业交易所、伦敦国际金融期权与期货交易所、东京国际金融期货交易所等。国际市场上主流的天气衍生品是气温指数期货。

　　不同行业的天气暴露风险不同，对天气衍生品的市场需求也有所不同，企业可以通过对天气衍生品的交易来对冲天气变化给企业带来的或有损失。以气温指数期货为例，能源企业、农牧行业与旅游业都关注气温变化对企业经营状况带来的天气风险。美国冬季供暖主要采取天然气与电力的方式。如果面临一个温暖的冬季，居民的供暖需求下降，能源企业的预期收入就会降低。此时，预期将面临暖冬的能源企业可以在期货市场上提前买入气温指数期货，由于冬季实际温度较高，温度指数期货价格上涨，对冲了能源企业因居民功能需求下降而在现货市场上遭受的损失。

第三节　国际绿色金融与实体经济融合发展的经验：绿色制度、绿色产品与实体经济的融合

一、国际绿色金融政策制度的经验

　　我国非常重视金融手段对实体经济绿色转型升级的支持作用，自2015 年以来，我国开始大力推动绿色金融发展，在绿色金融的实践道路

上不断探索。2017年6月，我国开始了绿色金融改革创新试验区的建设工作，在绿色金融支持实体经济发展方面积累了大量的实践经验，主要包括：因地制宜建立绿色金融政策制度和绿色金融标准体系；发挥自主创新能力与金融机构的主体作用，积极开发绿色金融产品；发展金融科技；开发环境权益与收益权产品，建设环境权益交易市场，盘活绿色生态资源；发展绿色金融人才政策；等等。相较我国国际绿色金融实践起步早，积累了大量与实体经济融合的绿色金融发展经验，深入探究其绿色金融实践，总结出具有推广意义的经验，对我国绿色金融实践进一步深化发展具有启发作用。

（一）尽快完善规范健全的绿色金融分类标准体系，与国际绿色金融标准接轨，避免"洗绿"问题，为绿色金融实践进一步发展提供依据

绿色金融的发展首先需要明确绿色金融产品的内涵与实质，这就要求对绿色金融制定规范的分类标准。在绿色金融发展过程中，"漂绿"现象屡见不鲜。漂绿（greenwashing）一词最早出现于20世纪80年代，指企业为达到其利润目标而虚假宣传其环境效益。在绿色金融语境中，"漂绿"是指企业大肆夸大或虚假宣传其项目、产品与服务中的环境保护、能源转型、可持续发展等绿色因素，以绿色转型为噱头诱导消费者或投资人对其进行消费或者投资。要解决"漂绿"问题，就需要制定相应政策文件，对其标准进行明确且科学的界定。欧盟在绿色金融标准制定领域是佼佼者，通过出台《可持续金融分类方案》《绿色债券标准》《可持续金融分类法》《分类气候授权法案》等一系列分类标准文件，引入绿色金融技术标准，建立了详细的绿色金融分类标准体系，为全球绿色金融发展提供了可参考的范例。世界各国也纷纷展开绿色金融标准探索，如英国与新加坡出台《绿色分类法》，制定了可持续投资的环境标准，以技术手段来筛选符合环境目标的项目，来专门应对绿色金融实践中的"漂绿"问题，切实保证可持续投资的环境效益，促进绿色金融市场的标准化规范化发展。

目前，我国制定的绿色金融标准大多是地方性标准，在因地制宜的同时也存在不利于区域外投资者认可，不利于区域外绿色资本流入的问题。促进

我国绿色金融标准与国际接轨，能提升我国在全球绿色金融市场上的竞争力，吸引境外资本流入我国绿色项目。目前，中国和欧盟正在推动建立趋同的绿色金融投资分类标准，这有利于实现绿色金融的跨国交流乃至全球交流。

（二）进一步完善绿色金融顶层制度与绿色金融体系，制度化系统化绿色金融发展战略

综观世界各国绿色金融制度建设，欧盟、英国、法国、德国、日本、澳大利亚等均以文件的形式，从国家或地区层面建立了顶层制度框架设计，如欧盟的《欧洲绿色协议》、英国的《绿色金融战略》、法国的《国家低碳战略》和《循环经济路线图》、澳大利亚的《可持续金融发展路线图》、日本的《2050 年碳中和绿色增长战略》等。

2016 年，中国人民银行、财政部等七部委联合出台《关于构建绿色金融体系的指导意见》，这是我国目前国家层面的绿色金融顶层设计文件，该指导意见阐释了构建绿色金融体系的重大意义，并从发展绿色信贷与绿色保险、推动绿色投资、建立绿色发展基金、完善环境权益交易市场、支持地方发展绿色金融与推动绿色金融国际合作几个角度具体描绘了中国绿色金融未来发展的方向。据此，我国目前已初步建立起自上而下的支持绿色金融发展政策体系。未来，中国可以对现有的绿色金融政策法规进行整合深化，进一步完善顶层制度设计，立足可持续发展角度，健全绿色金融政策体系，在国家层面制度化系统化绿色金融发展战略，在全社会树立绿色金融意识，动员社会资本投入绿色实体项目中，充分发挥绿色金融对实体经济发展的促进作用，推动生态文明建设与中国经济社会整体绿色转型。

（三）合理运用减让性工具和财税手段，发挥政策性银行作用；进一步深化 PPP 模式的发展，引导社会资本投向绿色产业

环境保护与气候目标的实现需要巨大的资金投入，要想切实实现我国 2030 年碳达峰与 2060 年碳中和的"双碳"目标，仅凭公共部门投资是不够的。这就需要吸引、引导和带动私营部门对绿色领域的投资，真正做到绿色金融与实体经济部门相融合。由于绿色项目存在回报能力有限且回报周期较长的特点，所以要提高私营部门的投资兴趣，必须合理运用财税手段，

发挥政策性银行作用，通过减让性工具吸引社会资本的投入；大力发展PPP模式，以公共资本对绿色领域的投资来撬动社会资本。世界各国从此角度出发，相继开展了各种形式的探索。比如美国对绿色农业和清洁能源项目提供财政补贴和财政贴息政策，对新能源汽车购买者提供税收补贴等来刺激居民对新能源汽车的购买，以政府的财政补贴拉动私营部门资金流入绿色领域；荷兰开展SDE++可再生能源激励计划，对可再生能源行业实施能源补贴；日本政策投资银行开发环境评级系统，对绿色项目直接进行投资，并对环保型企业发放低息贷款；英国的绿色投资银行以股权投资的形式，通过政府投资带动私营部门向绿色领域投资；德国复兴银行也长期对绿色项目提供低息贷款。

　　海外各国的探索经验为我国引导社会资本流入绿色领域提供了重要思路。首先，政府可以通过合理运用财政手段，建立直接投向绿色部门的财政专项资金，并合理运用财政补贴、财政贴息等措施，来吸引和带动社会资本进入绿色领域。其次，政府要合理运用税收工具，采取税收减免、税收引导等手段，对企业绿色行为实施税收减免，并根据污染者付费原则对企业污染行为罚税，以此进一步深化我国目前环境税体系的建设。此外，为实现"双碳"目标，中国还可出台碳税制度，参照欧盟碳税的征收经验，以能源税、环境税的形式，从生产端角度对温室气体排放课税。再次，政策性银行在绿色金融发展过程中的作用也不可忽视。我国应积极推动政策性银行对国家财政政策实施的辅助作用，促进政策性银行对绿色金融领域的支撑、弥补和引导，完善绿色信贷制度，推动绿色金融产品创新。此外，参考英国政府建设绿色金融担保机制的相关经验，我国政府还可以进一步推动政府性融资担保机构的建设，对具备绿色环保资质但面临贷款融资难困境的中小企业提供担保。

　　进一步深化PPP模式的发展也是吸引社会资本向绿色产业投入的内在要求。PPP模式，即Public Private Partnership的首字母缩写，即政府与社会资本合作模式。绿色金融体系的建立需要联合发挥公共部门与私营部门的作用，海外各国的PPP项目经验为我国探索深化PPP模式发展的路径提供了参考。英国的绿色投资银行具有丰富的绿色 PPP 项目实践经验，对于缺乏社会资本投入的绿色项目与基础设施，以公共资金的投入撬动私营部门的投资兴趣，从而实现对存在资金缺口的绿色领域引入社会资本。2013 年，绿色投资银行与英杰华保险集团基金以 1:1 的杠杆比例共同投资英国剑桥阿登布鲁克医院的能效改造项目，为医院降低了排放与能耗成本。

目前，我国多地也已相继开展了绿色金融 PPP 模式助推实体经济绿色转型的工作。在 2016 年中国人民银行、财政部等七部委联合发布的《关于构建绿色金融体系的指导意见》中提出，要支持在绿色产业中引入 PPP 模式，动员社会资本进入绿色领域。在进行绿色 PPP 项目建设时，可参照海外经验，切实发挥公共资金对社会资本的撬动作用，合理引导和保障社会资本的良性竞争，以高质量社会资本的活力推动实体经济的绿色发展转型。

（四）充分发挥地方政府制度创新功能，在绿色金融领域实现中央与地方的协同效应

海外国家积极探索地方政府绿色金融制度的创新实践。美国许多地方州政府基于州情做出了不同的绿色金融制度创新，比如加利福尼亚州重视对绿色建筑标准的制定，宾夕法尼亚州对能源项目提供绿色补贴，康涅狄格州设立地方性绿色银行等。荷兰的阿姆斯特丹地方政府制定了《阿姆斯特丹可持续发展规划》，积极打造绿色城市，推动地方政府可持续政策与法规的建设。这些相关经验启发我国在绿色金融相关制度建设上要充分发挥地方政府制度创新功能，实现中央和地方的协同效应。促进生态文明建设，推动绿色金融制度发展，实现经济社会绿色转型，除做好顶层设计与制度框架建设外，还应大力发挥地方政府的创新力，因地制宜，推动区域性绿色金融标准建立、绿色制度创新建设与绿色金融产品创新。

（五）加强绿色金融监管，深化环境相关法律法规与环境信息披露机制的建设，健全绿色金融监管机制

世界各国在绿色金融制度实践中，都注重相关法律与规范的制定，如美国的《超级基金法》和日本的《公害对策基本法》建立起污染者付费的环境税法原则；日本根据《土壤污染对策法》《废弃物处置法》建立了环境

责任保险制度，英国的《气候变化法案》以立法形式确立了其温室气体减排目标等。可见，加强绿色金融监管制度建设是深化绿色金融发展的必然要求。要加强绿色金融监管，首先需要进一步深化环境相关法律法规建设，完善的环境相关法律法规是监管的基础和保障，为绿色金融监管提供了制度依据，有利于推动经济社会绿色转型。目前，我国在绿色金融法律法规的建设上还有不足，需加强相应领域的立法，不但要建立起以"污染者付费"为核心思想的环境责任保护法体系，还需对金融机构出台更具体的监管法律，确保资金有效流向绿色部门。

另外，要吸引社会绿色资本流入项目，就需要保障投资人资金的环境效益得以实现，才能进而推动经济社会绿色发展，这就要求建立完善的环境信息披露机制。信息不对称造成了绿色金融市场上的"漂绿"道德风险，投入项目的绿色资金可能事实上并未起到承诺的环境效力作用，建立环境信息披露机制可以有效提高实体行业的绿色透明度，推动金融机构进行环境责任投资，促进监管部门与公众的外部监督。在建立绿色金融信息披露机制方面有许多可参考的国际经验。比如赤道原则要求其成员金融机构对拟融资项目的环境和社会风险水平进行风险分类、评估与披露；欧盟出台《非财务报告指令》《关于金融行业可持续信息的披露条例》，对金融活动的ESG信息进行披露。此外，日本、法国、新加坡等多个发达国家也重视金融项目的ESG信息披露，通过出台相应法律规范与条例建立起了详细的信息披露机制。

二、国际金融产品创新的经验

（一）加大绿色产品开发力度，推动绿色金融产品形式创新，关注绿色金融产品在个人零售部门、产业供应链、政府大型项目投资和公共基础设施投资等领域的支持作用

近年来，我国绿色金融产品市场不断发展，产品层出不穷，金融机构为我国实体经济绿色转型发展提供了多种形式的绿色金融产品，但依然面临产品自主创新力不足，产品主要集中于中小企业绿色信贷，产品形式较

国际产品形式相对滞后的问题。参考国际绿色产品的创新形式和优秀经验有利于推动我国国内绿色产品的进一步创新，针对不同市场经济领域推出相应的金融产品。

首先，我国目前绿色金融产品创新主要集中于生产端，消费端供给存在不足，个人绿色金融零售产品尚处于起步阶段，仅在绿色信贷产品上有所创新。目前，国际市场在消费零售类金融产品市场上已有许多创新形式，比如从绿色保险角度，运用大数据和区块链技术对车主的车辆使用行为偏好进行画像，据此来衡量车辆真实排放量，根据排放对车辆保险进行绿色智能定价。我国应同时加大生产端与消费端绿色金融产品的开发力度，吸收优秀国际产品经验，拓宽绿色金融应用场景，推动绿色金融产品形式创新与业务结构绿色转型。以绿色信用卡为例，目前我国的绿色信用卡提供的主要绿色服务形式是电子账单与环保卡面、低碳行为获得积分或代币用以兑换优惠服务与权益或银行直接让利将消费者绿色消费产生的部分金额捐赠给绿色项目，而国际市场上的绿色信用卡产品还可对消费者购买的绿色产品给予较优惠的费率，如英国巴克莱银行的巴克莱呼吸信用卡对环境友好型产品与服务提供折扣和优惠费率。

其次，围绕绿色产业供应链发展的绿色供应链金融也是我国未来绿色金融产品的开发方向之一。绿色供应链金融是指金融机构以金融手段支持产业供应链上下游的绿色发展转型，金融机构通过产业链中的核心企业对产业链提供融资支持或风险保障，也要求产业链实现绿色生产，规避环境风险，实现金融机构的环境效益。苹果公司的绿色供应链金融就是典型的案例。花旗银行对苹果公司的供应链上游企业发放贷款，同时要求上游供应企业提供绿色生产的环境信息。绿色供应链金融在苹果公司的案例中不但拓宽了供应链上中小企业的融资渠道，也降低了上游企业的生态环境污染问题对整条供应链生产带来的潜在风险。目前，我国也积极探索绿色供应链金融业务，如湖州银行开发绿色供应链金融产品，打造绿色供应链金融生态圈等。海外经验对我国发展绿色供应链金融有显著的支持作用。

最后，应积极探索商业性金融机构对政府大型项目投资和公共基础设施投资的支持作用。英国的绿色投资银行私营化提供了有价值的参考经验。2017 年，英国政府出售绿色投资银行给麦格理集团并更名为绿色投资集团（Green Investment Group），私营化后的绿色投资集团继续在绿色金融领域发挥巨大影响力，投资海上风电、陆上风电、光伏等一系列支持向净零排放过渡的绿色项目，充分体现了私营部门对英国绿色金融发展的支持。目前，我国社会资本在公共项目和基础设施建设投资的领域发挥的作用还不足，政府大型项目和公共基础设施建设存在投资总量小、投资主体单一的问题。绿色金融产品在此领域应发挥其支持作用，除政策性银行应大力开发政策性、开发性金融工具，吸引社会资金支持政府重大项目和基础设施建设外，商业性金融机构也应该积极开发绿色金融产品，充分发挥私营部门社会资本的力量。

（二）大力发展金融科技，拓宽其运用场景，以金融科技赋能绿色金融

金融科技（Fintech）是以区块链、云计算、大数据、人工智能等高新技术推动的金融行业产品与技术创新。随着绿色金融市场的发展与繁荣，绿色金融与金融科技的融合势在必行，金融科技在绿色金融领域，可以起到数据清洗挖掘、绿色行为监测、项目筛查识别、风险预测管理等作用。

后疫情时代，国际市场纷纷探寻绿色经济与数字转型的发展战略，一系列运用金融科技的绿色金融创新产品应运而生。2014 年，太阳币基金会基于区块链技术发行绿色代币太阳币（Solarcoin），认证授权采用太阳能光伏板进行发电的发电量为太阳币，太阳币可作为支付工具流通，实质上是对使用可再生能源的奖励。欧洲注重绿色金融科技公司的发展，英国的Clim8 绿色金融科技投资公司运用大数据、云计算等手段监测并分析其投资对象的绿色发展状况，制定绿色投资方案，并在顾客的投资软件客户端显示其投资行为的减排量。目前，我国绿色金融领域对智能云计算、大数据分析等金融科技手段运用广泛，但具体运用多集中于利用大数据搭建数据库，进行数据分析和预测角度，如各绿色金融试验区广泛运用金融科技手段建立了绿色项目库和银企对接服务平台。为进一步发挥绿色金融科技对

我国"双碳"目标实现的支持作用，绿色金融科技的运用场景还有待进一步拓宽。例如，我国可以进一步通过大数据技术来追踪评估个人与企业碳足迹，并运用区块链技术建设碳代币体系，以此来建设居民与企业碳信用体系。

（三）加强国际交流，促进绿色金融产品国际化，取得国际绿色标准话语权，提高我国绿色金融产品在国际市场上的竞争力

我国一向重视绿色金融国际交流与合作，2021 年，中国人民银行将深化绿色金融国际合作列为我国绿色金融标准体系的五大支柱之一。但应该看到的是，我国的绿色金融产品目前在国际市场上的竞争力还稍显不足。这主要是由于境外投资者顾虑中国绿色金融标准与国际标准的差异所造成的。绿色债券产品是一个显著的案例，据气候债券倡议组织与中央国债登记结算有限责任公司中债研发中心联合编制的 2021 年中国绿色债券市场报告显示，中国是世界第二大绿色债券发行市场，但其绿色债券发行增量主要来自境内市场。2021 年中国境内市场绿色债券发行量占中国整体绿色债券年度发行总量的 81%，境外市场仅占 19%。2021 年中国发行仅符合国内绿色标准定义的债券占全年发行债券的三分之一。中国在境外绿色债券市场上还有较大的发展空间。

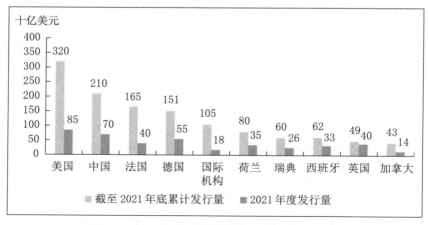

图 3—1 2021 年部分国家和机构绿色债券发行量
数据来源：《中国绿色债券市场年度报告 2021》。

图 3-2　2016—2021 年中国绿色债券发行量
数据来源:《中国绿色债券市场年度报告 2021》。

目前,国际绿色金融市场产品标准话语权主要掌握在欧盟手中。后疫情时代,欧盟推出的"下一代复苏"计划将进一步推动欧盟绿色金融发展,有助于欧盟在国际绿色金融市场中争夺领导者地位。为提高我国绿色金融产品的国际竞争力,需要我国进一步开放资本市场,加大绿色金融国际交流,推动我国绿色金融产品走出国门,贴近现有国际绿色标准,提升国际投资者的认可和参与程度,占领国际绿色金融市场,进而取得国际绿色金融产品标准与定价话语权。

（四）大力发展碳金融市场,提升我国在国际碳市场的议价能力与话语权

2022 年 12 月,欧盟宣布将从 2026 年开始实施碳边境调节机制（CBAM）,起征碳关税,未来将产品出口到欧盟的外国企业需要购买 CBAM 证书,来支付产品碳价格与欧盟碳排放交易体系的碳配额价格之间的差额。该机制事实上形成了绿色贸易壁垒,这一机制得以建立与欧盟在国际碳交易市场的领先地位密不可分。碳交易和碳金融市场是减缓全球气候变化的重要金融手段,自 2005 年《京都议定书》正式生效以来,全球碳交易市场和碳金融市场开始逐渐形成。

纵观全球碳市场的发展进程，我国碳市场发展起步较晚，境内碳金融市场发展存在许多不足，各地方碳现货市场的碳配额分配机制、碳排放权交易定价方式、碳排放技术核算标准都有所不同，导致了我国各地碳现货价格差异大、碳金融产品跨区域认可度和流动性差等问题。此外，我国在国际碳市场上也缺乏碳议价能力。为进一步提升我国在全球绿色金融发展中的地位，我国需要积极发展碳金融市场，主导参与全球气候治理，争取碳定价权，提升我国在国际碳市场的议价能力与话语权，化解国际绿色贸易壁垒。

国际成熟的碳交易市场和碳金融市场具有许多先进经验。欧盟碳排放交易体系（EU-ETS）是目前全球最成熟的碳市场，其正面经验值得我国学习。首先，欧盟碳市场覆盖的行业领域广，参与碳市场交易成员国多，建立了完备的碳排放技术核算标准，区域间认可程度高。其次，为切实发挥碳市场对气候变化的正面效用，欧盟逐年收缩碳配额总量，并建立了行业基准法碳配额分配机制，推动其向"净零排放"目标进一步迈进。最后，欧盟碳金融市场活跃，碳金融产品形式丰富，碳期货是欧盟碳市场最核心和成熟的交易品类，充分激发了碳金融衍生品在资本市场上的活力。反观我国碳金融市场品类尚不够齐全，目前还尚未推出碳期货产品，碳期货市场的建设尚在探索中，资本市场活力不足，亟待汲取国际市场的相关经验，探索发挥碳金融产品的金融属性。

第四章 国内绿色金融与实体经济
融合发展的成功案例

改革开放以来，在中国经济社会持续发展并取得巨大成就的同时，也积累了许多环境问题，生态文明建设被摆在了我国全局工作的突出地位。为进一步推动我国生态文明建设，切实保护生态环境，推动绿色发展，建设美丽中国，应大力发挥金融工具在促进环境保护和生态建设方面的作用。绿色金融的概念逐渐受到社会各界的高度重视。

自 2015 年以来，我国采取了大量政策手段来促进绿色金融的发展。2015 年 4 月 22 日，中国金融学会成立绿色金融专业委员会，发布首份绿色金融工作小组报告。同年 9 月，国务院印发了《生态文明体制改革总体方案》，提出健全环境治理和生态保护市场体系，要培育环境治理和生态保护市场主体，吸引社会资本参与建设与运营；推行用能权、碳排放权、排污权和水权交易制度；首次提出建立绿色金融体系和统一的绿色产品体系[①]，鼓励金融机构加大绿色信贷投放力度。2016 年 1 月，中国倡议推动成立 G20 绿色金融研究小组，中国人民银行与英格兰央行担任共同主席。2016 年 3 月，《中华人民共和国国民经济和社会发展第十三个五年规划纲要》第四十八章中明确提出，要扩大环保产品和服务供给，建立绿色金融体系，发展绿色信贷、绿色债券，设立绿色发展基金[②]。2016 年 9 月，中国人民银

---

① 国务院：《生态文明体制改革总体方案》，2015 年 9 月 21 日，见 http://www.gov.cn/gongbao/content/2015/content_2941157.htm。

② 《中华人民共和国国民经济和社会发展第十三个五年规划纲要》，2016 年 3 月 17 日，见 http://www.china.com.cn/lianghui/news/2016-03/17/content_38053101.htm。

行、财政部等七部委联合出台《关于构建绿色金融体系的指导意见》，指出了构建绿色金融体系的重大意义，并从发展绿色信贷与绿色保险、推动绿色投资、建立绿色发展基金、完善环境权益交易市场、支持地方发展绿色金融与推动绿色金融国际合作几个角度对中国绿色金融未来发展方向进行了规划，我国绿色金融政策体系由此建立起来。在随后召开的 G20 杭州峰会上，G20 绿色金融研究小组发布了《G20 绿色金融综合报告》，定义"绿色金融"为能产生环境效益以支持可持续发展的投融资活动，应该覆盖各种金融机构和金融资产；既要利用公共资金，也要动员私人资本。此外，绿色金融还涉及整个金融体系对环境风险的有效管理。[1] 2017 年 5 月，环境保护部发布《"一带一路"生态环境保护合作规划》，提出加大支撑力度，推动绿色资金融通，促进绿色金融政策制定，探索设立"一带一路"绿色发展基金，引导投资决策绿色化。6 月，国务院常务会议决定，在浙江、江西、广东、贵州、新疆五省（区）选择八地，建设各有侧重、各具特色的绿色金融改革创新试验区，并下发了建设绿色金融改革创新试验区的总体方案。[2] 2017 年 10 月，党的十九大报告指出，要完善绿色金融的制度设计，充分发挥金融系统对经济绿色转型的支持作用。2018 年 9 月，中国人民银行研究局发布《中国绿色金融发展报告（2017）》，对中国绿色金融产品的发展情况、区域性绿色金融改革试点和绿色金融国际合作的状况进行了全面梳理和总结。2018 年 11 月，中国证券投资基金业协会发布了《绿色投资指引（试行）》，对绿色投资的定义、范围、目的、开展方法和环境评估进行了界定和阐释。2020 年 7 月 15 日，财政部、生态环境部和上海市人民政府共同发起设立国家绿色发展基金，这是生态环境保护领域第一个国家级政府投资基金，聚焦引导社会资本投向大气、水、土壤、固体废物污染治

---

① G20 绿色金融研究小组：《G20 绿色金融综合报告》，2016 年 9 月 5 日，见 https://g20sfwg.org/wp-content/uploads/2021/07/2016_Synthesis_Report_Full_CH.pdf。

② 李延霞、吴雨：《我国将建设绿色金融改革创新试验区》，2017 年 6 月 14 日，见 https://www.gov.cn/zhengce/2017-06/14/content_5202609.htm。

理等外部性强的生态环境领域。[1] 2021 年 2 月，国务院发布《关于加快建立健全绿色低碳循环发展经济体系的指导意见》，提出大力发展绿色金融，发展绿色金融产品，推动绿色信贷、绿色直接融资、绿色债券、绿色保险的发展；支持绿色金融国际交流，推动国际绿色金融标准趋同，有序推进绿色金融市场双向开放和气候投融资工作。[2] 2021 年 7 月，中国人民银行发布了《金融机构环境信息披露指南》《环境权益融资工具》两项文件，这成了官方制订的中国绿色金融发展行业标准。同年 11 月，中国人民银行和欧盟委员会相关部门在中国《绿色债券支持项目目录（2021 年版）》和欧盟《可持续金融分类方案——气候授权法案》的基础上编制了《共同分类目录》，这是促进中国绿色金融标准国际化、全球化发展的重大举措。此外，中国人民银行还推出了结构性货币政策工具——碳减排支持工具，向金融机构提供低成本资金以发放符合条件的碳减排贷款，撬动社会资本投向绿色领域。2021 年 12 月，生态环境部等九部门联合印发《气候投融资试点工作方案》，将强化碳核算与信息披露列为重点任务，鼓励试点地方建立环境信息共享平台，探索差异化的气候投融资体制机制，动员我国各类资本更好地响应国家应对气候变化战略目标，引导和促进更多资金投向应对气候变化领域，为金融机构依据相关国家标准开展金融机构碳核算和气候信息披露提供便利。[3] 2022 年 2 月，中国人民银行会同市场监管总局、银保监会、证监会联合印发《金融标准化"十四五"发展规划》，提出要推动绿色金融标准的建立和完善。2022 年 3 月，国家发改委、外交部、生态环境部、商务部联合发布《关于推进共建"一带一路"绿色发展的意见》，提出加强绿色金融合作，有序推进绿色金融市场双向开放。2022 年 5 月，银保监会印发《中国保险业标准化"十四五"规划》，提出要加快完善绿色保险相关

---

　　① 国家绿色发展基金：《公司简介》，见 https://www.ngd-fund.com。

　　② 国务院：《关于加快建立健全绿色低碳循环发展经济体系的指导意见》，2021 年 2 月 22 日，见 http://www.gov.cn/zhengce/content/2021-02/22/content_5588274.htm。

　　③ 《气候投融资试点工作方案》，2021 年 12 月 21 日，见 https://www.gov.cn/zhengce/zhengceku/2021-12/25/5664524/files/10bf58f69f4d40269e07f3b84a47bb78.pdf。

标准建设，以完善的制度标准更好地发挥保险业对实体经济绿色转型的服务作用。[①] 2022 年 6 月，银保监会印发《银行业保险业绿色金融指引》，要求银行保险机构从战略高度推进绿色金融发展，加大对绿色、低碳、循环经济的支持，提升绿色金融管理水平，建立绿色金融考核评价体系，履行绿色金融监管职责，促进经济社会发展全面绿色转型。[②] 2022 年 10 月，党的二十大报告提到，要推动绿色发展，促进人与自然和谐共生，完善支持绿色发展的财税、金融、投资、价格政策和标准体系，发展绿色低碳产业，倡导绿色消费，推动形成绿色低碳的生产方式和生活方式。[③] 2022 年 11 月，银保监会发布《绿色保险业务统计制度的通知》，首次明确提出了绿色保险的定义，并建立绿色保险业务统计制度，明确划定了绿色保险的业务范畴，为我国绿色保险发展写下了新的篇章。

金融是实体经济的血脉。引绿色金融活水流入实体经济，滴灌绿水青山，可以为经济社会绿色转型与高质量发展提供有效助力。

首先，发展绿色金融，可以有效地推动实体经济绿色转型升级。为助力"双碳"目标实现，传统企业需要变革固有的生产方式，向清洁绿色与环境友好方向转型升级，这一转型过程需要强有力的资金支持。绿色金融包括绿色贷款、绿色债券等多种产品形式，为实体企业绿色转型提供了多样化的融资支持，吸引社会资本从非绿色领域流入绿色领域，为绿色产业的发展注入了资金活水，推动了实体经济的绿色转型升级。

其次，绿色金融活水的流入在支持当地绿色项目，带来生态效益的同时，还可以为经济社会创造新的增长点。绿色金融支持的绿色项目可以改善当地的生态环境，提高当地绿色资源生态系统的环境承载力，有利于降低能源消耗，实现资源的可持续利用，带动当地产业的可持续发展。同时，

---

① 国家金融监督管理总局：《中国银保监会关于印发保险业标准化"十四五"规划的通知》，2022 年 5 月 11 日，见 http://www.cbirc.gov.cn/cn/view/pages/ItemDetail.html?docId=1053395&itemId=928&generaltype=0。

② 国家金融监督管理总局：《中国银保监会关于印发银行业保险业绿色金融指引的通知》，2022 年 6 月 1 日，见 http://www.cbirc.gov.cn/cn/view/pages/ItemDetail.html?docId=1054663&itemId=928。

③ 《中国共产党第二十次全国代表大会文件汇编》，人民出版社 2022 年版，第 41—42 页。

绿色金融通过支持绿色产业的发展如可再生能源、清洁技术、可持续农业等，促进了新兴产业领域的壮大，带动了绿色产业链上下游的发展，例如在可再生能源领域，资金投向太阳能光伏发电项目的同时，还会带动光伏电池制造、安装调试、维护运营等相关产业的发展。此外，生态环境的改善也可以推动当地旅游业与旅游相关产业的发展，为经济社会创造新的增长点。

再次，绿色金融产品的风险相对较低，2023 年据银保监会披露，近五年以来，我国绿色贷款不良率一直保持在 0.7% 以下，绿色信贷的不良贷款率显著低于商业银行的整体不良信贷水平。可见，绿色信贷降低了我国银行业的不良贷款风险，对实体经济的稳定发展起到了重要支持作用。绿色贷款主要投向环境风险较低和回报周期较长的绿色项目，此类项目经营状况稳定，风险相对较小，不良率因此较低，有力地保护了金融机构的资金安全，从而鼓励了更多的金融机构发放绿色贷款以支持当地绿色项目，吸引了更多金融活水流入区域和绿色领域，为区域内实体企业提供了更多融资机会，促进了实体经济的全面持续健康发展。

最后，绿色金融自身发展还会进一步为经济社会带来就业机会。绿色金融的发展需要专业人才的支持，如绿色金融产品的设计和销售、环境风险评估和监测及绿色金融政策研究等。对人才的需求创造了一系列就业岗位，为社会提供了更多的就业机会，吸引了人才的流动和创业活力，可以进一步推动经济社会的就业增长。

绿色金融为经济社会的发展带来了新的活力与机遇，促进了实体经济的绿色转型升级，培育了新的行业增长点和大量就业机会。可见，大力发展绿色金融有利于实体经济绿色转型与高质量发展。2020 年 8 月 25 日，中国人民银行研究局局长在国是论坛"能源中国"第二期上提出，绿色金融产品的创新体系是我国绿色金融可持续发展的四大支柱之一。在我国近年来绿色金融发展的探索与实践过程中，国内金融机构创新推出了许多优质金融产品，各绿色金融改革创新试点试验区也作出了许多创新举措，这些相关实践进一步推动了我国绿色金融与实体经济的融合发展，其经验值得分析学习。

第一节　国内金融机构发行的绿色金融优质产品

我国国内金融机构绿色金融产品发行历史由来已久，兴起于 G20 绿色金融研究小组定义绿色金融概念之前。我国最早的绿色金融实践始于绿色信贷和绿色保险。2007 年 7 月，国家环境保护总局联合中国人民银行与银监会发布了《关于落实环保政策法规防范信贷风险的意见》，要求依照环保法律法规的要求，严格新建项目的环境监管和信贷管理。这一般被认为是我国绿色信贷建设的开端。同年 12 月，为开展环境污染责任保险试点工作，国家环境保护总局和保监会联合出台了《关于环境污染责任保险工作的指导意见》，各保险机构随之推出一系列的环境污染责任保险产品，这是我国绿色保险发展的开端。2008 年，环境保护部出台了一部绿色信贷指南文件：《促进绿色信贷的国际经验：赤道原则及 IFC 绩效标准与指南》，该文件完善了行业信贷环保技术体系，为绿色信贷发展奠定了基础。2012 年，银监会印发《绿色信贷指引》，促进银行业金融机构从战略角度支持发展绿色信贷，以绿色信贷为抓手，积极调整信贷结构，服务实体经济[①]。2013 年，环境保护部联合保监会印发了《关于开展环境污染强制责任保险试点工作的指导意见》，进一步加大环境保护力度，明确环境污染强制责任保险的试点企业范围，我国强制性环境污染责任保险制度开始建立。2014 年，银监会印发《绿色信贷实施情况关键评价指标》，从定性和定量两个角度对绿色信贷制定了具体标准。2015 年 9 月，中共中央、国务院印发《生态文明体制改革总体方案》，第四十五条中明确指出，要建立绿色金融体系，推广绿色信贷，研究设立绿色股票指数和发展相关投资产品，发行绿色债券，对绿色信贷资产实行证券化；设立各类绿色发展基金，建立上市公司环保

---

① 银监会：《绿色信贷指引》，2012 年 1 月 29 日，见 http://www.gov.cn/gongbao/content/2012/content_2163593.htm。

信息强制性披露机制，在环境高风险领域建立环境污染强制责任保险制度；建立绿色评级体系以及公益性的环境成本核算和影响评估体系①。自此，我国绿色金融产品市场飞速发展，绿色基金产品开始发展。2015年12月，伴随着中国人民银行《关于在银行间债券市场发行绿色金融债券有关事宜的公告》、中国金融学会绿色金融专业委员会《绿色债券支持项目目录》与国家发改委《绿色债券发行指引》的发布，我国绿色债券市场初步建立。

经过多年的发展，目前我国的绿色金融市场已渐趋成熟。下面就将按绿色金融产品的不同分类形式，对国内金融机构发行的绿色金融优质产品典型进行简单介绍。

一、绿色信贷

目前，学界对绿色信贷还未有公认的定义。据中国人民银行定义，绿色信贷是指金融机构为支持环境改善、应对气候变化和资源节约高效利用等经济活动，发放给企（事）业法人、国家规定可以作为借款人的其他组织或个人，用于投向节能环保、清洁生产、清洁能源、生态环境、基础设施绿色升级和绿色服务等领域的贷款。②中国人民银行与原银保监会对绿色信贷有不同的统计口径，中国人民银行绿色贷款包含的项目条款共12类，按照中国人民银行统计口径，截至2023年第二季度末，我国本外币绿色信贷余额27.05万亿元，投向具有直接和间接碳减排效益项目的贷款分别为9.6万亿元和8.44万亿元，合计占绿色贷款的66.7%，其用途主要是基础设施绿色升级产业、清洁能源产业和节能环保产业贷款③。原银保监会绿色信贷统计口径略大于中国人民银行绿色贷款统计口径，包含项目条款共15类。但两种统计口径均只适用于法人贷款，目前我国尚未将个人消费部门

---

① 中共中央、国务院：《生态文明体制改革总体方案》，2015年9月21日，见 http://www.gov.cn/gongbao/content/2015/content_2941157.htm。

② 中国人民银行：《2022年三季度金融机构贷款投向统计报告》，2022年11月1日，见 http://www.gov.cn/shuju/2022-11/01/content_5723088.htm。

③ 中国人民银行：《2023年二季度金融机构贷款投向统计报告》，2023年7月30日，见 https://www.gov.cn/lianbo/bumen/202307/content_6895461.htm。

列入绿色信贷统计口径。考虑到国际绿色信贷市场发展趋势，下面依然将国内个人零售类创新绿色信贷产品列入其中。

（一）消费端

1. 绿色信用卡

目前，我国各大商业银行已推出多种多样的绿色信用卡产品，其常见的创新形式可分为以下四种。第一种是信用卡卡面使用绿色可降解材料制成或无实体卡，并取消纸质账单以达成节约资源保护环境的效果。这是我国绿色信用卡早期常采用的创新形式，现在已几乎成为绿色信用卡的标配。如光大银行的绿色零碳信用卡采用可降解材质的卡片材料，并且只提供电子账单。第二种是信用卡持卡人的绿色低碳行为可以获得积分或代币，用以兑换相应的商品、服务和权益，这也是我国绿色低碳信用卡目前常采用的创新形式。交通银行的绿色低碳主题信用卡，在绿色消费场景消费如使用云闪付乘坐公共交通、青桔单车小程序骑行，新能源汽车充电等可以累计绿色能量，绿色能量可用以兑换权益或进行抽奖。第三种是对持卡人的绿色低碳消费给予现金优惠或返还消费券。浦发银行对绿色低碳主题信用卡持卡人提供公交出行立减权益，其持卡人每月可获得 10 次使用该卡乘坐公共交通所产生消费的 1 元刷卡金返还。桂林银行推出的绿色低碳信用卡持卡人完成的绿色消费可获得云闪付的消费券和还款金，以此鼓励持卡人的绿色低碳消费。第四种是信用卡发行机构直接让利，将消费者绿色消费产生的部分金额捐赠给绿色项目或绿色基金。兴业银行发行的中国低碳信用卡持卡人每刷卡一笔，就会出资 1 分钱购买"低碳乐活"购碳基金，向环境交易所购买自愿碳减排量。此外，卡主如首年刷卡交易金额满 3 万元，即可获赠由兴业银行出资购买的 1 吨碳减排量，碳减排量由上海环境能源交易所提供。

为提高自身竞争力，目前我国市场上发行的绿色信用卡产品往往结合多种创新形式，以期吸引更多绿色环保消费偏好的客户。中国银联推出"绿色行动""低碳小镇"等活动，鼓励银联绿色低碳主题信用卡用户的绿色消费，并举办环保知识闯关挑战、环保游戏等趣味互动，以此来向持卡人推广绿色理念。中国银行发行绿色低碳主题信用卡，采取数字信用卡的形式，不为卡主发放实体信用卡卡片。持卡人通过绿色消费、环保知识问答、环保趣味游戏三种方式获得的绿色低碳能量可兑换还款红包、商超礼券、互联网平台会员等权益与服务。中国建设银行推出龙卡绿色低碳信用卡，为卡主赠送单车出行卡，并对卡主提供新能源汽车购车贷款利率优惠，在环保节日当天消费还可获得信用卡积分奖励。中国邮政储蓄银行推出绿色低碳主题信用卡，鼓励持卡人日常生活中的绿色减排消费，比如公交地铁出行、新能源车充电等，每次绿色消费可以积攒碳减排量，用以兑换碳减排荣誉证书。

2. 绿色汽车贷款

绿色汽车贷款是金融机构对个人用户发放的，用以购买新能源汽车或小排量汽车的具有优惠政策的贷款。金融机构对此类汽车提供较高的首付比例或较低的费率优惠。建设银行注重绿色车贷产品的建设，与多个新能源汽车品牌达成合作，客户办理建行购车分期业务购买新能源汽车时首付比例只需 15%，并对购车分期手续费实施补贴。农业银行对新能源汽车购车者发放最高金额为 3000 元的消费券，消费券可以在其积分商城中购物。兴业银行对特斯拉、小鹏、高合、蔚来、岚图等主流新能源汽车品牌净车价 10 万元以上的新能源汽车发放低息贷款。汽车金融公司也对本品牌的新能源汽车提供相应的贷款费率和首付优惠政策。浦发银行绿色信用卡持卡人在与浦发银行信用卡中心合作的欧拉汽车经销商门店购买欧拉新能源汽车，可对指定金额享受零手续费分期。值得一提的是，2023 年 7 月 14 日，国家金融监督管理总局发布了《汽车金融公司管理办法》，拓宽了汽车附加品融资的业务范围，明确地将充电桩、电池等新能源汽车的物理附属设备融资划入汽车附加品融资业务中。

3. 光伏贷

光伏发电是将太阳能转换为电能的一种可再生能源技术，光伏贷是金融机构向符合条件的个人或企业发放的用以建设光伏电站设备费用的贷款，其还款方式是贷款人家庭收入、国家财政补贴及余电上网收益。由于光伏设备发电后电量主要用于家庭和企业自用，因此，才将光伏贷列入消费端。

目前，多家商业银行已开展了绿色光伏贷业务。根据借款对象的不同，光伏贷可以分为两类：第一类投向项目或企业，如江苏银行的"光伏贷"贷款投向光伏发电项目建设，一般以项目主体或实力强大的控股股东作为其借款人；第二类投向家庭屋顶光伏发电项目，由于农村家庭具备独立屋顶，因此农户是第二类产品的主要借款人。华夏银行向农民发放光伏贷，资金用以农民向企业购买光伏发电设备，其发电电量除农户自用外，余电所产生的收益也可以出售给国家电网，用以偿还光伏贷款或贴补家用。浙江衢江农商银行的"金屋顶"光伏贷、日照银行的"金屋顶"光伏贷、中国农业银行赣州分行的"金穗光伏贷"、平安银行合肥分行的"光伏贷"等都属于这种产品。光伏贷促进了我国电力行业的能源转型，减轻了传统能源发电给环境带来的负担，拓宽了农户家庭和小微企业的收入渠道，推广了节能与环保的理念，是绿色金融与普惠金融相结合的成果。

不过，目前在光伏贷的具体实践上还存在一些问题。光伏发电收益受日照影响大，在降水量大的南方日照时间不足，预期光伏发电量可能难以实现。此外，目前市场上存在许多乱象，部分中小光伏企业提供的光伏产品质量存在问题，难以达到发电标准；而从个人用户角度，金融机构的光伏贷销售人员也未将产品相关风险对农户阐明，部分农户因此背上难以偿还的贷款，从而出现征信污点；此外，还可能存在对国家专项资金套取的问题。

（二）生产端

1. 绿色能效贷款

绿色能效贷款又可以细分为绿色节能贷款与绿色转型贷款，有时绿色能效贷款项目可以同时涵盖这两种功能。据中国人民银行统计，截至 2023 年第二季度末，金融机构投向清洁能源产业和节能环保产业贷款余额分别为 6.8 万亿元和 3.93 万亿元，同比分别增长 35% 和 49.2%。[①]绿色节能贷款即金融机构发放用于投向节约能源与提高能源使用效率的项目的专项贷款。兴业银行从 2008 年就开始开展绿色能效贷款建设，以金融手段支持企业提

---

① 中国人民银行：《2023 年二季度金融机构贷款投向统计报告》，2023 年 7 月 30 日，见 https://www.gov.cn/lianbo/bumen/202307/content_6895461.htm。

高能源使用效率。中国建设银行对公司与机构客户开发"节能贷"，向节能项目改造的服务公司或用能单位发放用于节能项目建设和运营的贷款，贷款人可以已建成的节能项目收益作为交易类应收账款进行质押，亦可以多个节能项目的应收账款进行组合担保。台州银行推出"绿色节能贷款"产品，以专款专用的形式，对更新节能设备或改进生产工艺流程的企业项目发放贷款。绿色节能贷款的发放除促进企业节约使用能源与提高能源使用效率外，还促进了温室气体排放的减少。据台州银行湖州分行统计，其发放的绿色节能贷款 2022 年预计为企业减少二氧化碳排放近 1300 吨，节约用电 121.6 万度。

绿色转型贷款则主要投向清洁能源项目建设与绿色产业转型升级项目。兴业银行对清洁可再生能源行业提供较高授信额度与较优授权政策，对能源结构转型项目提供大量专项贷款产品，截至 2023 年 6 月末，兴业银行清洁能源产业绿色贷款余额达到 1599 亿元。中国银行北海分行则对清洁能源发电项目投入贷款超 10 亿元，对广西液化天然气项目投入贷款 2.5 亿元，推动了当地绿色能源转型发展。

2. 绿色科技贷款

绿色科技贷款是金融机构支持绿色高科技企业发放的贷款，区别于绿色能效贷款，绿色科技贷款主要投向非能源行业，对专门进行技术研发而非从事项目建设的绿色科技公司进行发放，一般贷款金额较小。泰隆银行杭州分行发放"绿色科技贷"，对经营环保项目软件开发运营的杭州联图科技有限公司发放专门定制的科技贷款，支持该公司的环保软件自主研发。

3. 绿色建设贷款

绿色建设贷款即金融机构发放，主要投向绿色基础设施建设和绿色建筑建设的贷款。据中国人民银行统计，截至 2023 年第二季度末，金融机构投向基础设施绿色升级产业的贷款余额为 11.85 万亿元，同比增长 34.3%[①]。

[①]　中国人民银行：《2023 年二季度金融机构贷款投向统计报告》，2023 年 7 月 30 日，见 https://www.gov.cn/lianbo/bumen/202307/content_6895461.htm。

中国农业银行丽江分行为丽江雪山轨道交通有限公司负责实施的玉龙雪山轨道交通项目发放 2.77 亿元的绿色基础设施建设升级贷款，并为其制作了"绿色信贷 + 智慧景区"的综合金融服务方案。中国邮政储蓄银行上海金山支行为长三角绿色铁路建设项目服务发放 2 亿元贷款。

绿色建设贷款还可投向节能清洁与环境友好的绿色建筑行业。绿色建筑在建成之前，难以判定其是否能符合绿色性能，因此绿色建筑专项贷款在实际发放中可能存在一定的风险。就此问题，兴业银行推出"绿色信贷 + 绿色保险"的创新机制，其成都分行为"天府国际动漫城"项目发放附带"绿色建筑性能责任险"的绿色建筑贷款 1.4 亿元，对建筑物的绿色性能进行了保障，如建筑物落成后其绿色性能不达标，保险公司将负整改或赔偿的责任。此外，绿色建筑的产业链金融也受到了更多关注。厦门国际银行开发"绿色建筑贷"，对建筑垃圾产业、绿色建筑材料制造产业等绿色建筑的产业链相关市场主体加大授信力度，提供贷款支持。

4. 绿色生态贷款

绿色生态贷款是金融机构发放，投向污染治理与生态环境保护项目的贷款。2022 年 5 月，国务院印发《新污染物治理行动方案》，鼓励社会资本进入新污染物治理领域，提出金融机构应加大对新污染物治理的信贷支持力度。2012 年，中国工商银行云南分行发放 7000 万元的"洱海流域村落面源污染治理工程"建设项目专项贷款来支持洱海污染治理，当地的卫生状况、水体生态系统和水质均得到较好提升。江苏银行设立"环保贷"，为企业开展污染治理与生态环境保护修复项目发放专项贷款，支持企业绿色发展。中国农业银行襄阳分行推出"生态修复贷"，对生态修复和生态环境治理项目发放专项贷款，如对"枣阳市滚河流域生态治理与修复项目"发放 1.95 亿元贷款，以助力改善当地生态环境。浦发银行也向上海华谊集团发放专项贷款，用于支持其在广西钦州的新建大型水污染集中治理项目。

5. 排污权抵质押贷款

排污权抵质押贷款是指企业以自身排污权为抵质押物向金融机构申请

获得贷款的融资活动，其贷款用途需投向企业日常生产经营或节能环保项目，未达到一定环保标准的企业将不能成功申请此类贷款。以排污权为抵质押物切实降低了污染物排放，挖掘了企业排污权证的资产价值，盘活了企业生态资源权益资产，增强了企业的环保意识，做到了节能减排与环境保护。2021 年，苏州农商银行向苏州市吴江区永前纺织印染有限公司发放了 1200 万元排污权抵押组合贷款，释放了环境资源的价值。青岛银行于2022 年 3 月为青岛能源热电集团第六热力有限公司发放了 1000 万元的排污权质押贷款，兴业银行青岛分行也为青岛金海热电有限公司发放排污权质押贷款 4000 万元。

二、绿色债券

2022 年 7 月，由中国人民银行和证监会等主管部门指导，中国银行间市场交易商协会会同相关市场自律组织和市场成员组建成立的绿色债券标准委员会发布的《中国绿色债券原则》中将目前我国金融市场上的主要绿色债券品种分为普通绿色债券、碳收益绿色债券、绿色项目收益债券和绿色资产支持债券①。

（一）普通绿色债券

根据《中国绿色债券原则》规定，普通绿色债券是专项用于支持符合规定条件的绿色项目，依照法定程序发行并按约定还本付息的有价证券。普通绿色债券的发行人可以是政府、公共事业单位、金融机构与企业等。2016 年 1 月浦发银行发行的规模为 200 亿元的"2016 年第一期绿色金融债券"与兴业银行发行的规模为 100 亿元的"2016 年第一期绿色金融债券"是我国债券市场首批绿色金融债，开启了我国境内绿色债券市场飞速发展的新篇章（见图 4-1）。非金融机构如企业、公共事业机构等组织的参与也显著推动了我国绿色债券市场的发展。据气候债券倡议组织发布的《中国

---

① 绿色债券标准委员会：《中国绿色债券原则》，2022 年 7 月 29 日，见 https://www.nafmii.org.cn/ztbd/lszqbzwyh/tzgg/202208/P020220823662801433599.pdf。

绿色债券市场报告 2021》显示，2021 年中国绿色债券市场上非金融机构的债券发行量增长至 2011 亿元人民币，占整体中国绿债市场发行量的 46%[①]。非金融机构绿色债券发行的迅猛发展体现了我国绿色金融对实体经济发展的有效支持，这是金融手段推动全社会绿色转型的有力证明。

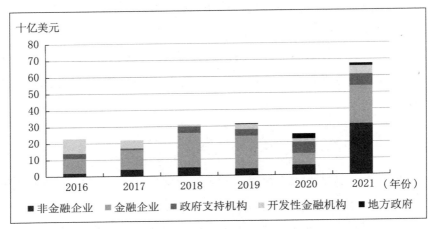

图 4－1　2016—2021 年我国绿色债券市场状况

数据来源：《中国绿色债券市场年度报告 2021》。

　　值得一提的是，投向海洋经济可持续发展的蓝色债券和碳中和债也属于普通绿色债券的子品种，是普通绿色债券近年来发展出的产品创新形式。2020 年青岛水务集团发行规模为 3 亿元的国内首只蓝色债券，这只债券也是全球首只非金融企业发行的蓝色债券，其资金募集用途为海水淡化项目，以解决青岛淡水资源短缺的问题。2021 年 3 月，中国银行间市场交易商协会发布《关于明确碳中和债相关机制的通知》，将资金用于有碳减排效益的绿色项目，由此建立起碳中和债券市场机制。国家开发银行发行的碳中和债券是国内首只绿色碳中和金融债。2021 年中国石化发行的规模为 11 亿元的绿色债券则是国内首只由油气企业发行的碳中和债。其募集资金用于公司绿色能源开发升级转型。

---

　　① 气候债券倡议组织：《中国绿色债券市场报告 2021》，2022 年 7 月 4 日，见 https://www.climatebonds.net/files/reports/cbi_china_sotm_2021_chi_0.pdf。

（二）碳收益绿色债券

碳收益绿色债券又称环境权益相关的绿色债券，是指债券利率与企业所持有的碳资产等环境权益相挂钩的有价证券。中广核风力发电有限公司发行的规模为 10 亿元的中广核风电附加碳收益中期票据就是典型的碳收益绿色债券，其利率为"固定利率 + 浮动利率"，浮动利率部分与其碳资产收益正向关联。

将债券发行人可持续发展目标与债券利率等条款相挂钩的可持续发展挂钩债券可视为一类与环境权益相关的绿色债券。红狮控股集团有限公司发行的 2021 年度第二期中期票据（可持续挂钩）是国内民企发行的首单可持续发展挂钩债券，红狮集团将 2023 年单位水泥生产能耗下降至 77 千克标准煤 / 吨设置为其可持续发展挂钩目标，如其未能实现其节能减排目标，第 3 年债券的票面利率将跳升 20BP。这一可持续发展目标如能实现，企业可节约标准煤 27.35 万吨，减排二氧化碳 60.43 万吨，实现其节能减排的环境效益。

（三）绿色项目收益债券

绿色项目收益债券是募集资金用于绿色项目建设，且以绿色项目产生的经营性现金流为主要偿债来源的有价证券[①]。武汉车都四水共治项目管理有限公司发行规模为 10 亿元的 2020 年非公开发行绿色项目收益专项公司债券（第一期）（疫情防控债），募集资金用途为武汉经济技术开发区防洪水、排涝水、治污水、保供水，信息化平台建设以及支持疫情防控，其项目产生的经营性现金流用于债券的还本付息，该绿色项目收益债券对武汉水域治理和疫情防控起到资金支持作用，产生较大社会效益。2021 年，九江市鄱湖生态建设有限公司发行 2021 年非公开发行绿色项目收益专项公司债券，投向区域污水治理领域，其处理后的污水可实现再利用，在保护生态环境的同时也促进了社会经济的发展。这是江西省发行的首单绿色项目收益专项公司债券。

---

① 绿色债券标准委员会：《中国绿色债券原则》，2022 年 7 月 29 日，见 http://www.nafmii.org.cn/ztbd/lszq-bzwyh/tzgg/202208/P020220823662801433599.pdf。

（四）绿色资产支持债券

绿色资产支持债券是以绿色项目所产生的现金流来支持其收益，并投向绿色项目的结构化融资工具，基础资产池构成和资金投向项目都需要是绿色项目。目前，我国绿色债券市场上主流的绿色资产支持债券产品是绿色 ABS 和绿色 ABN。2016 年 1 月，兴业银行以其发放的 42 笔绿色金融贷款组成绿色基础资产池，发放了国内首单绿色信贷 ABS，所募得的资金投向严格符合行业绿色标准的绿色产业项目，有效地支持了社会环境与经济效益的提升。2017 年 4 月，北控水务（中国）投资有限公司发行了规模为 21 亿元的 2017 年度第一期绿色资产支持票据，这是我国绿色债券市场上首单绿色 ABN，北控水务以其优质水务项目设立绿色基础资产信托，所募得资金也投向绿色水务项目如污水治理等。2022 年 9 月，比亚迪发行规模为 50 亿元的盛世融迪 2022 年第四期绿色车贷 ABS，以其新能源汽车个人贷款构成绿色基础资产池，其基础资产池中的项目大概可实现二氧化碳减排 6.90 万吨，节约标准煤 4.63 万吨的节能减排目标。

三、绿色保险

2022 年 11 月，银保监会制定《绿色保险业务统计制度》，定义绿色保险为保险业在环境资源保护与社会治理、绿色产业运行和绿色生活消费等方面提供风险保障和资金支持等经济行为的统称，其负债端包括保险机构围绕绿色低碳、可持续发展提供的保险产品和服务；资产端包括保险资金在绿色产业进行的投资[1]。这一绿色保险业务统计制度明确划定了绿色保险的三大业务类型，即环境、社会和公司治理风险保险业务，绿色产业保险业务和绿色生活保险业务。目前，我国绿色保险市场上的主要保险类型有环境污染责任险、灾害保险、绿色建筑保险、绿色车险等保险类型。

---

[1] 国家金融监督管理总局：《绿色保险业务统计制度》，2022 年 11 月 10 日，见 http://birc.gov.cn/cn/view/pages/ItemDetail.html?docId=1081027&itemId=925&generaltype=0。

（一）环境污染责任险

环境污染责任险是我国绿色保险的最基础形式与最早发展形式。我国环境污染责任保险最早的探索始于 1991 年，在大连、长春、沈阳、吉林等市开展试点工作，但投保企业极少，赔付率也很低，其效果很不理想。2006 年，国务院出台《关于保险业改革发展的若干意见》，提出要充分发挥保险作用，大力发展环境污染责任保险业务。2007 年 12 月，国家环保总局和保监会联合出台的《关于环境污染责任保险工作的指导意见》是我国绿色保险制度的开端，10 个试点省市开始启动环境污染责任保险工作，这一文件的出台推动了试点地区保险机构创新推出环境污染责任保险产品。2013 年，环境保护部与保监会发布《关于开展环境污染强制责任保险试点工作的指导意见》，明确环境污染强制责任保险的试点企业范围为涉重金属污染物产生和排放的企业及按地方有关规定已被纳入投保范围的企业，并鼓励其他高环境风险企业投保环境污染责任保险。2015 年 1 月，《中华人民共和国环境保护法》将环境污染责任保险制度纳入其中，同年 9 月印发的《生态文明体制改革总体方案》中提出建立绿色金融体系，在环境高风险领域建立环境污染强制责任保险制度；12 月，又开始试点生态环境损害赔偿制度，这大大推动了环境污染责任保险业务的发展。2018 年 5 月，生态环境部审议并原则通过《环境污染强制责任保险管理办法（草案）》[1]，对生产、经营、开采等高污染物的各类企业以及对 2005 年以来发生过重大污染事件的企业实施强制保险制度，我国环境污染责任保险制度得到进一步发展。

据环境保护部公开信息，2008 年平安保险公司对农药生产企业株洲昊华公司发生的氯化氢气体泄漏污染村民菜田事件所进行的污染事故赔付是我国第一例获赔的生态环境污染责任险[2]。目前，我国许多地方已出台相应的地方性法规，在重点领域建立强制环境污染责任保险制度。各大保险公

---

[1]　生态环境部：《生态环境部召开部务会议　审议并原则通过〈环境污染强制责任保险管理办法（草案）〉》，2018 年 5 月 8 日，见 http://www.gov.cn/xinwen/2018–05/08/content_5289087.htm。

[2]　环境保护部：《全国首例环境污染责任险获赔》，2008 年 12 月 1 日，见 https://www.mee.gov.cn/gkml/sthjbgw/qt/200910/t20091023_179591.htm。

司也积极推出相关保险创新产品，并为企业提供风险管控、应急处置、环保知识宣讲等一系列增值服务。

（二）灾害保险

灾害保险包括巨灾保险、农业保险、森林保险等一系列险种，主要就灾害性天气、人为或自然灾害事故对生产生活带来的风险进行保障。

1.巨灾保险

巨灾保险是分散地震、洪水、泥石流、飓风、海啸、森林火灾、核事故等可能造成重大人员伤亡及财产损失的重大灾害风险的保险制度。我国作为自然灾害频发的国家，巨灾保险制度建设势在必行。2014年8月，国务院印发《关于加快发展现代保险服务业的若干意见》，提出要依托商业保险平台建立起巨灾保险制度。2015年5月，中共中央、国务院发布的《关于加快推进生态文明建设的意见》提出要完善经济政策，研究建立巨灾保险制度。2016年5月，财政部联合保监会出台《建立城乡居民住宅地震巨灾保险制度实施方案》，以城乡居民住宅作为财产保障对象，提出按照政府推动、市场运作、保障民生的原则，积极开发城乡居民住宅地震巨灾保险产品，在经济层面为受灾地区提供保障。基于该方案，银保监会指导40多家保险公司组建地震巨灾保险共同体。2020年，银保监会、财政部与生态环境部联合发布《关于印发核保险巨灾责任准备金管理办法的通知》，设立核保险巨灾责任准备金以保障核设施发生事故对被保险人和第三者可能造成的风险。

目前，我国的巨灾保险投保人可以是政府也可以是个人。2020年4月，中国人民保险集团推出可由个人投保的城乡居民住宅台风洪水巨灾保险，对住宅及室内附属设施、家庭室内财产提供全面保障，对城镇住宅提供最低5万元的保险金额，对农村住宅提供最低2万元的保险金额。在我国各地的巨灾保险试点工作中，可保障灾种逐渐增多，保障额度与理赔效率也日益提高。

2.农业保险

农业保险是为农林牧畜渔产业的生产经营者遭受约定的自然灾害、

植物病虫草害、意外事故、动物疫病害等造成的财产损失风险提供保障的险种，可分为政策性农业保险与商业性农业保险，政府以财政补贴的方式对政策性农业保险的保费提供支持。农业保险的形式多种多样，但都属于财产险的范畴，如中国大地财产保险股份有限公司推出温室大棚保险、种鸡养殖保险、农作物种植雹灾保险等险种，国元农业保险股份有限公司推出奶牛养殖、玉米种植、棉花种植、大豆种植、附加烟叶种植虫害等保险品种。

农业指数保险是农业保险的创新形式，是对投保人的保险标的由于一段时间内目标区域的天气指数、价格指数、产量指数等与实际目标不符的状况所造成的财产损失风险提供保障的保险产品。国元农业保险股份有限公司基于降水量和高温差开发了水稻种植天气指数保险，给每亩水稻提供300元的保险金额。中国人寿财险公司基于福建省的农业发展情况，为其开发了养殖业气象指数保险、种植业气象指数保险等农业指数保险。

3. 森林保险

森林保险区别于农业保险，其保险标的物是生态公益林与商品林，是绿色经济与绿色金融的重要表现形式。传统的森林保险一般是为火灾风险提供保障，伴随着政策性森林综合保险制度的出台，森林保险的发展得到了极大推进，目前一般森林保险所保障的风险类型从单一的森林火灾拓展到包含虫灾、干旱、地震、暴雨、雪灾、洪水、台风、泥石流、霜冻等的森林综合险。中国人保、中华财险、燕赵财险等多家保险公司都基于其所在区域的具体林业情况有针对性地推出了森林保险产品。

（三）绿色建筑保险

绿色建筑保险是针对日益增长的绿色建筑行业推出的创新型保险产品。由于绿色建筑在建成前难以确定其性能是否能达到预期的绿色标准，绿色建筑保险应运而生。具有保险需求的投保人如开发商在建筑建成前购买绿色建筑保险，如果建筑落成后未能达到预期的绿色标准，或未能实现其绿色能效，保险公司需对建筑进行绿色整改或货币赔偿。绿色建筑保险的发展也有利于规避绿色信贷风险，为绿色建筑信贷的发展保驾护航。2019年3月，北京市朝阳区落地了全国首单绿色建筑性能责任险，人保财险对崔各庄奶东村的升级改造项目的绿色建筑性能以绿色保险的形式提供风险保障，如果其绿色性能未实现，人保财险将提供整改并提供货币补偿。2020 年 4 月，中国建筑节能协会发布了《绿色建筑质量性能保险试点方案》，将"建筑能耗 + 建筑内环境装修污染"设计为保险标的物，对绿色建筑的质量性能进行保障，同时还设计了超低能耗建筑保险、建筑火灾保险和可再生能源利用保险（太阳能光伏发电量保险）等附加险种，以具体的承保内容完善了对绿色建筑性能实现的风险保障。2022 年 10 月，平安财险为武汉新城国际博览中心有限公司提供的绿色建筑保险促成了该公司在建项目向兴业银行申请的绿色信贷的成功落地，这也是湖北省首笔附带"绿色建筑性能责任险"的绿色贷款。

（四）绿色车险

绿色车险包括新能源车险与绿色 UBI 车险。2021 年 12 月，中国保险行业协会出台《新能源汽车商业保险专属条款（试行）》，将新能源汽车的相关车外设备如外部电网、自用充电桩等也纳入其保险范围，在扩大了服务范围的同时，其保费也有一定提升。

绿色 UBI 车险则是基于车辆实际行驶里程来衡定其保险费额的新型车险，实际行驶里程越少的用户，其碳减排量就越高，因此对应较低的保费。2022 年 1 月，伴随着双碳绿色车险课题战略合作签约仪式在上海的举行，上海、宁夏、合肥三地开始试点推广"双碳绿色车险"产品，车主根据实际出行次数与里程来支付相应的车险，这款产品推动传统燃油汽车减少出行次数与出行里程，从而达到节能减排的效果。

四、绿色基金

目前，国内市场上的绿色基金可以分为公益型绿色基金、绿色股权型投资基金和绿色证券型投资基金。公益型绿色基金主要指由政府、公益组织等发起设立筹措的，不以营利为主要目的，投向绿色领域的基金。2020 年由财政部、生态环境部和上海市人民政府共同发起设立的国家绿色发展基金（NGDF），就是典型的公益型绿色基金，它以服务国家战略、实行市场化运作、发挥财政资金引导作用、充分调动地方积极性为设立原则，聚焦引导社会资本投向大气、水、土壤、固体废物污染治理等外部性强的生态环境领域；致力于引导企业生产注重绿色环保，引导消费者形成绿色消费理念，促进环保和经济社会的可持续发展。[①] 在下文中所探讨的绿色基金产品主要是以获得投资收益为目的的绿色股权投资基金和绿色证券投资基金。

（一）绿色股权投资基金

绿色股权投资基金是以股权投资的形式，对清洁能源、环境保护、节能减排等绿色产业或项目进行资金支持的基金，其资金主要投向高新技术企业或节能环保企业。2022 年 12 月，中国证券投资基金业协会发布了《基金管理人绿色投资自评估报告（2022）》，这份自评估报告从绿色投资战略管理、绿色投资制度建设和绿色投资产品运作三个角度重点调查了基金管理行业的绿色投资情况，在其对 327 家样本私募股权机构进行的调查中显示，有 44 家样本机构共发行过 70 只以绿色投资为目标的产品，较公募基金和私募证券投资基金，私募股权投资基金的绿色投资策略主要为配置绿色低碳产业，在合同中约定清洁能源、新能源、节能环保、新材料、生态环境治理等投向领域，且其在投后绿色绩效管理方面独具优势，近半数绿色投资产品会采取主动措施促进被投企业提升绿色绩效[②]。

由中美双方共同牵头设立的市场化运营的中美绿色基金是我国绿色基金市场上设立较早的纯市场化的绿色股权投资基金，它是中美民间绿色金融交流平台，其旗舰基金投资方向是新能源与能源结构调整、生态环境修复与循环经济、绿色健康产业、绿色制造交通与物流、绿色农业与养殖，自 2016 年以来，该基金对上海东方低碳科技产业股份有限公司、深圳基本半导体有限公司、广东高景太阳能科技有限公司等一系列公司的绿色产业项目进行战略投资，实现了社会资本向绿色产业的流动。2020 年 4 月，光

---

① 国家绿色发展基金：《公司简介》，见 https://www.ngd-fund.com/about。

② 中国证券投资基金业协会：《基金管理人绿色投资自评估报告（2022）》，2022 年 12 月 13 日，见 https://static.ltdcdn.com/uploadfilev2/file/0/467/309/2022-12/16722795025473.pdf。

大集团发起设立"光大'一带一路'绿色股权投资基金",这是国内首只完整采用ESG投资标准的百亿级绿色私募股权投资基金,其首期规模为100亿元人民币,资金聚焦国内"一带一路"重要节点地区,投向绿色环境、绿色能源、绿色制造和绿色生活四大领域。

（二）绿色证券投资基金

绿色证券投资基金是投资于流动性较强的绿色有价证券的一种间接投资形式,其资金一般投向从事绿色产业的上市公司股票、绿色项目发行债券等。农银新能源主题A、汇丰晋信低碳先锋股票A、兴全绿色投资混合等都是典型的绿色证券投资基金产品。绿色指数基金是绿色证券投资基金的创新形式,它锁定特定绿色指数为标的指数,按其指数成分设立投资组合。目前,我国广泛采用的绿色指数有上证环保产业指数（000158）、中证环保产业指数（000827）、中证绿色生态主题指数（931800）、中证ECPI ESG可持续发展40指数（000970）、沪深300 ESG债券指数（931577）、上证绿色债券指数（950117）等。新华中证环保产业指数基金、申万菱信中证环保产业指数（LOF）基金、广发中证环保产业指数基金是跟踪中证环保产业指数的绿色基金,国泰中证环保产业50ETF基金是跟踪中证环保产业50指数（930614）的绿色指数基金。

值得一提的是,开展绿色投资实践的私募证券机构数量也明显增加,据《基金管理人绿色投资自评估报告（2022）》显示,将"绿色投资"明文纳入公司战略的私募证券投资基金管理人共55家,数量占样本私募证券机构比重17.2%。基金管理人主要关注绿色低碳、气候变化等投资领域或议题,积极布局绿色产业,或在投研中应用绿色投资策略[①]。

五、绿色信托

绿色信托是信托行业未来转型升级的发展方向。2019年12月,中国

---

① 中国证券投资基金业协会:《基金管理人绿色投资自评估报告（2022）》,2022年12月13日,见 https://static.ltdcdn.com/uploadfilev2/file/0/467/309/2022-12/16722795025473.pdf。

信托业协会发布《绿色信托指引》，定义绿色信托为信托公司为支持环境改善、应对气候变化和资源节约高效利用等经济活动，通过绿色信托贷款、绿色股权投资、绿色债券投资、绿色资产证券化、绿色产业基金、绿色公益（慈善）信托等方式提供的信托产品及受托服务[①]。据中国信托业协会 2022 年 11 月 23 日发布的《中国信托业社会责任报告（2021—2022）》显示，截至 2021 年末，信托业存续绿色信托项目 665 个，规模 3318 亿元，信托业资金对绿色项目的投入主要集中在清洁能源、基础设施绿色升级和节能环保三大领域，对其资金投入占绿色信托总规模的 80.17%。绿色信托的资金投入深入服务实体经济，推动了实体经济的绿色发展，在后疫情时代为经济绿色复苏提供新势能。绿色信托除带来了经济效益外还产生了许多环境效益，据中国信托业协会统计，截至 2021 年末，绿色信托项目累计实现节水 1.46 亿吨，碳减排 1706.34 万吨[②]。

各大信托公司在实践中推出了许多绿色信托创新业务模式与产品，其中绿色资产证券化项目发展尤为迅速，主要通过基础资产的创新来进行创新。2020 年，平安信托发行的新苏环保产业集团有限公司 2020 年度第一期绿色资产支持票据是全国首单以工业污水收费收益权为基础资产的绿色 ABN。2021 年 12 月，平安信托又发行了深圳德远商业保理有限公司 2021 年度中建一局 1 号供应链绿色定向资产支持商业票据信托，这是全国首单供应链绿色定向资产支持商业票据（ABCP），其入池基础资产对应项目属于如"轨道交通""危险废弃物无害化处理""污水处理""水环境综合治理""海绵城市""供水改造""生活垃圾焚烧发电""绿色建筑"绿色产业项目，有助于满足供应链上绿色小微企业的资金需求。2021 年中海信托推出的"中海蔚蓝 CCER 碳中和服务信托"是全国首单以中国核证减排量（CCER）为基础资产的碳中和服务信托，是典型的绿色信托。

---

① 中国信托业协会：《绿色信托指引》，2019 年 12 月 30 日，见 http://www.xtxh.net/xtxh/disciplineconvent/45758.htm。

② 中国信托业协会：《中国信托业社会责任报告（2021—2022）》，2022 年 11 月 23 日，见 http://www.xtxh.net/xtxh/u/cms/www/202211/23091447pjrt.pdf。

中海信托以中海油能源发展股份有限公司安全环保分公司所持有的低流动性 CCER 为信托基础资产设立财产权信托，为中海油能源发展公司提供信托受益权以募集高流动性的资金投向废物无害化处置和余热再利用等绿色项目。

六、碳金融

2022 年 4 月 12 日，证监会出台了《碳金融产品》这一金融行业推荐性标准，定义碳金融产品为建立在碳排放权交易的基础上，服务于减少温室气体排放或者增加碳汇能力的商业活动，以碳配额和碳信用等碳排放权益为媒介或标的的资金融通活动载体[①]。碳金融产品形式多样，按照证监会的分类标准，我国目前主要的碳金融产品按照分类可以分为融资工具、交易工具和支持工具，包括但不限于：碳债券、碳资产抵质押融资、碳资产回购、碳资产托管、碳远期、碳期货、碳期权、碳掉期、碳借贷、碳指数、碳保险、碳基金等[②]。目前，每个碳交易市场都有自己的主打碳金融产品。此外，关注小微企业、社区家庭和个人减排行为领域的碳普惠产品的发展也日新月异。目前我国广东、青岛、浙江、南京、成都、深圳、北京、上海、苏州等地均开展了不同形式的碳普惠活动。碳普惠符合绿色低碳全民行动理念，从消费端促进了全民减排，是我国碳金融的重要表现形式和碳市场的重要补充形式。

（一）碳市场融资工具

根据《碳金融产品》的定义，碳市场融资工具是以碳资产为标的进行各类资金融通的碳金融产品，可以帮助拥有碳资产的企业进行筹资，其主要形式包括碳债券、碳资产抵质押融资、碳资产回购、碳资产托管等。碳市场融资工具具有融资成本低、不占用企业授信、不限制资金流通的优

---

① 中国证券监督管理委员会：《碳金融产品》，2022 年 4 月 12 日，见 http://www.csrc.gov.cn/csrc/c101954/c2334725/2334725/files/%E9%99%84%E4%BB%B62%EF%BC%9A%E7%A2%B3%E9%87%91%E8%9E%8D%E4%BA%A7%E5%93%81.pdf。

② 同上。

势，是有效发挥企业碳资产价值，实现节能减排目标的金融工具。碳债券是将有价证券利率与碳资产收益相挂钩的债券，是绿色债券的一种形式，上文在绿色债券部分中所提到的中广核风电附加碳收益中期票据是国内发行的首单碳债券。碳资产抵质押融资是企业将自身持有的碳资产抵押或质押来获得担保融资的融资方式，其抵质押物一般是碳配额或核证减排量，国内第一笔碳资产抵质押融资业务始于 2014 年，湖北宜化集团以自身碳配额为质押，向兴业银行武汉分行融得 4000 万元碳配额质押贷款。碳资产回购是碳资产持有人为获得短期资金融通，将自己所持有的碳资产短期出售，并在约定期限回购碳资产的融资方式。2014 年 12 月，中信证券股份有限公司为北京华远意通热力科技股份有限公司办理了国内首笔碳排放配额回购融资业务，融资规模为 1330 万元。2022 年 4 月，国泰君安证券股份有限公司为鞍钢集团办理碳排放配额回购业务，融资规模为 2630 万元，融资成本利率仅 4%。碳资产托管是碳市场的资产管理业务，企业将自身碳资产委托给托管机构集中管理并代为交易，实现碳资产价值的升值，碳资产托管机构必须具有一定的经验与资质。2014 年，我国首单碳托管业务在湖北武汉落地，这是一单碳排放配额资产托管，武汉钢实中新碳资源管理有限公司和武汉中新绿碳投资管理有限公司的托管机构为湖北兴发化工集团，托管 100 万吨的碳排放配额。此次托管成功盘活了湖北兴发化工集团的存量碳资产，提升了企业碳资产的转化效率。2021 年 7 月，交通银行为新加坡金鹰集团开设专用账户，为其托管集团在中国境内所有碳排放权交易结算资金，这是我国首单金融机构与跨国企业合作的碳资产托管业务。

（二）碳市场交易工具

碳市场交易工具又称为碳金融衍生品，是在碳现货交易基础上衍生出的以碳资产为标的的金融合约，其主要形式包括但不限于：碳远期、碳期货、碳期权、碳掉期、碳借贷等[①]。碳市场交易工具是碳现货市场的重要补

[①]　中国证券监督管理委员会：《碳金融产品》，2022 年 4 月 12 日，见 http://www.csrc.gov.cn/csrc/c101954/c2334725/2334725/files/%E9%99%84%E4%BB%B62%EF%BC%9A%E7%A2%B3%E9%87%91%E8%9E%8D%E4%BA%A7%E5%93%81.pdf。

充，能有效减轻碳资产的价格非合理性波动风险，实现套期保值。全国首个碳排放权现货远期交易产品于 2016 年 4 月由湖北碳排放权交易中心推出，产品推出当日，成交量即达 680 万吨，成交额达 1.5 亿元，上海、广州也陆续推出了碳配额远期交易产品。北京绿色交易所碳交易中心推出碳配额场外掉期交易和碳配额场外期权交易，前者是以现金结算碳配额标的物即期与远期差价的场外交易活动。2015 年 6 月国内首笔碳配额场外掉期合约在北京环境交易所签署，其交易碳配额量为 1 万吨。后者是以碳排放权配额为标的物进行的期权交易，期权买方在行权期内作出是否行权的决定。2016 年 6 月国内首笔碳配额场外期权合约在北京环境交易所签署，其交易碳配额量为 2 万吨。碳借贷又称借碳交易，与融券交易相类似，是碳资产持有方向另一方借出碳资产并收取一定的借贷费用的交易，碳资产的所有权不发生转移，到期借碳方需偿还出借方碳资产。上海环境能源交易所于 2015 年 6 月推出借碳交易业务，碳资产借入方存入一定数额的初始保证金后，向碳资产出借方借得碳配额，在市场上进行交易。碳期货是国际市场上交易量最大、流动性最强的碳资产交易工具，但目前我国碳期货产品尚未推出，碳期货市场还在建设中。

（三）碳市场支持工具

碳市场支持工具是为碳资产的开发管理和市场交易等活动提供量化服务、风险管理及产品开发的金融产品，主要包括碳指数、碳保险、碳基金等。根据《碳金融产品》定义，碳指数可以反映整体碳市场、某类碳资产的价格变动及走势，属于绿色指数的范畴，基于碳指数可以开发指数型碳排放权交易产品[①]。2021 年开始建设的复旦碳价指数体系是目前市场上较为典型的碳指数。需要注意区分的是，证券市场上的一些与低碳经济相关的指数如衡量上市公司碳足迹与碳效率的上证 180 碳效率指数（950081）、关注低碳领域与高碳减排节能产业的中证碳中和 60 指数（931772）等指数并

[①] 中国证券监督管理委员会：《碳金融产品》，2022 年 4 月 12 日，见 http://www.csrc.gov.cn/csrc/c101954/c2334725/2334725/files/%E9%99%84%E4%BB%B62%EF%BC%9A%E7%A2%B3%E9%87%91%E8%9E%8D%E4%BA%A7%E5%93%81.pdf。

不属于碳指数的范畴。作为碳金融产品的碳指数的标的物只是碳资产。碳保险是在碳资产开发或交易过程中，为违约风险提供保障的保险产品。中国人民财产保险股份有限公司在南京为华电集团下属发电企业提供"碳捕集保险"产品，为企业碳捕集、封存与利用项目中所捕集的二氧化碳排放量未达标造成的碳资产损失风险提供保障，这是我国首单碳捕集项目碳资产损失保险。2022 年中国太平洋财产保险股份有限公司落地全国首笔碳资产回购履约保证保险业务，这是一笔碳交易保险服务。碳基金是投资于碳资产的资产管理产品。目前，我国直接投资于碳资产的典型碳基金产品有深圳嘉碳资本管理有限公司设立的投资于中国核证减排量的嘉碳开元投资基金和投资于碳配额的嘉碳开元平衡基金、海通证券资产管理公司与上海宝碳新能源环保科技有限公司联合设立的投资中国核证减排量的海通宝碳基金、华能集团与诺安基金联合设立的投资于碳排放配额的华能碳基金和全国首只碳排放信托基金招金盈碳一号碳排放投资基金。

（四）碳普惠

碳普惠是利用互联网、区块链、大数据等手段，将小微企业、社区家庭和个人在消费端进行碳交易与节能减碳的行为进行量化并赋予一定价值的碳金融创新形式。生态环境部在 2022 年 10 月发布的《中国应对气候变化的政策与行动 2022 年度报告》中提出，要探索开展创新性自愿减排机制——碳普惠，激励全社会参与碳减排[1]。2015 年，广东省开始试点碳普惠制建设，2016 年，广东省发改委建立广东碳普惠创新发展中心，搭建碳普惠平台，开始了碳普惠制度的探索。注册了碳普惠平台的公众与小微企业可以通过低碳出行、节约用水用电、安装家庭光伏、可再回收资源分类回收等低碳行为与活动来累计碳减排量，这些碳减排量可以兑换虚拟货币"碳币"，碳币又可用来兑换碳普惠平台的消费优惠及服务，从而起到激励居民自觉实施减碳绿色行为的作用。碳普惠目前已推广到全国多个城市和地区。南京市实施"碳积分"机制，通过"我的南京"App 建立低碳出行

---

[1]　生态环境部：《中国应对气候变化的政策与行动 2022 年度报告》，2022 年 10 月，见 https://www.mee.gov.cn/ywgz/ydqhbh/syqhbh/202210/W020221027551216559294.pdf。

服务平台，以大数据收集市民绿色出行数据，量化为可在绿色商城兑换优惠的积分，并联合北京环境交易所对参与者出具碳减排量交易证明，以此激励市民的减排行为。成都于 2020 年 3 月出台《关于构建"碳惠天府"机制的实施意见》，在国内首创提出"公众碳减排积分奖励、项目碳减排量开发运营"双路径碳普惠建设思路建立"碳惠天府"碳普惠机制，于 2021 年5 月上线"碳惠天府"绿色公益平台，上线多个碳积分场景，居民的大件垃圾回收、垃圾分类、绿色出行、光盘行动等减碳行为打卡可以获得相应的碳积分，在普惠商城里兑换绿色产品。截至 2023 年 7 月 12 日，碳惠天府平台已累计推出线上线下碳积分场景 62 个，用户数超过 200 万人，约 9 万吨碳减排量实现价值变现，[①] 切实从居民消费端达到了减少碳排放的作用。深圳出台国内首个居民低碳用电应用"碳普惠"，将居民家庭用电量换算为碳减排量，其累计减排量可兑换相应权益。

　　建立可衡量个人碳资产的个人碳金融账户是碳普惠发展的重要形式。2018 年，衢州江山农商银行在全国率先开展"个人碳账户"项目，采集个人用户支付数据来衡量个人的绿色消费、绿色出行、绿色生活等信息，形成个人碳账户绿色积分，以此兑换服务与权益。2022 年 8 月，武汉开展个人碳账户·绿色信用卡试点工作，由汉口银行和武汉城市一卡通公司共同推出个人碳账户体系，将个人的绿色出行减排行为及线上缴费行为量化折算为可兑换服务与权益的碳币积分，如将步数、公共交通出行次数量化为减排克数，再将减排克数兑换为碳币。后期，武汉将把个人碳账户与借记卡、信用卡及个人绿色金融相对接，激励居民采取绿色消费行为方式。2022 年 9 月，山西推出"三晋绿色生活"小程序暨个人碳账本，使用"绿普惠云—碳减排数字账本"通过大数据的形式将用户在不同平台上的绿色行为量化为相应的减排量，并兑换为碳积分，碳积分可用以兑换消费券或优惠券。碳普惠在消费端推动了全社会的绿色减碳行为，促进了我国生态文明的建设和双碳目标的实现。

---

① 吕佳羽：《用低碳点亮大运　看成都如何书写这张绿色低碳国际答卷》，2023 年 7 月 12日，见 http://expo.ce.cn/gd/202307/12/t20230712_38627479.shtml。

第二节　绿色金融改革创新试验区的改革创新

为进一步推进我国绿色金融的深化发展与生态文明的建设，实现碳达峰和碳中和的"双碳"目标，2017年6月14日，国务院常务会议决定，在浙江衢州、浙江湖州、广州市花都区、贵州贵安新区、江西赣江新区、新疆哈密市、新疆昌吉回族自治州、新疆克拉玛依市五省八地因地制宜建设不同侧重与特色的绿色金融改革创新试验区，从体制角度探索可复制推广的实践经验。2019年11月，国务院批准甘肃兰州新区建设绿色金融改革创新试验区，印发《甘肃省兰州新区建设绿色金融改革创新试验区总体方案》，绿色金融改革创新试验区首次扩容；2022年8月，中国人民银行、国家发改委、财政部、生态环境部、银保监会、证监会六部门联合印发《重庆市建设绿色金融改革创新试验区总体方案》，重庆市全域被设为绿色金融改革创新试验区，这是我国国家级绿色金融改革创新试验区的再一次扩容。目前，我国绿色金融改革创新试验区已有一系列成果。在绿色金融改革创新试验区建设的带动下，各地区也纷纷展开绿色金融改革试点工作。

我国现有的十大国家级绿色金融改革创新试验区区域选择具有空间差异性和层次性，且在经济发展水平、产业结构与生态环境水平上均具显著代表性。第一类是浙江省湖州市、衢州市与广东省广州市花都区，这类区域位于东部沿海地区，经济社会发展水平与对外开放交流程度高，生态环境基础优良，有利于实现绿色金融制度创新。第二类是位于丝绸之路经济带核心与重点区域的新疆哈密市、新疆昌吉回族自治州、新疆克拉玛依市。新疆位于陆上丝绸之路重点区域，能源禀赋丰富，但其地处内陆，降水量稀少，其传统工业化发展主要依靠煤炭资源。新疆的绿色金融实践主要基于其自然环境和产业结构特点，推动民族地区绿色发展，充分探索绿色金融对现代农业发展和清洁能源转型的支持作用。第三类是位于中西部内陆地区的贵州贵安新区、江西赣江新区，此类地区绿色资源丰富，生态环境优势突出，可集中利用其生态优势促进绿色金融实践，推动经济社会实现绿色转型。第四类是甘肃兰州新区与重庆市全域，兰州与重庆分别位于黄河流域生态防护带与长江经济带成渝城市群，两地重工业基础好，流域生态环境脆弱，利用绿色金融工具加强流域生态环境保护并提高经济发展水平是兰州与重庆区域发展的内在要求。在产能向中西部地区转移过程中，如何发挥绿色金融的支持作用，避免对中西部地区生态环境造成污染破坏是重要议题。基于各试点区不同的经济发展水平与生态环境特点，各试点区都开展了具有地方特色的绿色金融实践，并从中总结出可供推广的成功经验。

（一）湖州市与衢州市：依托生态环境优势，以绿色金融创新推动传统产业转型升级

浙江省湖州市与衢州市属于我国东部沿海城市，其位于长三角，受邻近大型城市的虹吸效应影响严重，在浙江省省内属于经济体量较小的地级市，但其生态环境具有较大优势。湖州市是习近平总书记"绿水青山就是金山银山"重要论断的发源地，具有自然环境优美，历史文化资源丰富的特点，具有丰富的森林、湿地、动植物与水资源，是国家生态县区全覆盖的地级市；同时湖州传统产业结构比重大，高耗能产业占比高，对生态环境存在潜在威胁。衢州市生态环境优美，生物资源与水资源丰富，2018年被联合国评为"国际花园城市"；同时衢州还是浙江省传统重化工业基地，当地生态环境与经济发展之间存在尖锐矛盾。基于试验区的具体经济与生态情况，湖州和衢州开展了一系列绿色实践。首先，湖州、衢州经济体量较小，受经济总量限制，当地中小微企业多，需要较多信贷力量支持其绿色发展转型，但受信息不对称影响，企业存在融资难的问题，银行放贷也存在一系列风险问题。湖州、衢州搭建绿色信贷平台，为银企之间沟通搭建起桥梁，同时积极利用大数据、云计算等金融科技，汇总企业信用信息，并及时预警企业信用风险。其次，湖州与衢州注重依据本地不同产业结构基础推动产业绿色创新转型升级。湖州实业基础好，制造业水平高，因此

其绿色金融实践侧重金融推动绿色产业转型升级，积极探索绿色产品认证体系，是全国首个绿色产品认证城市，并开创性使用"绿色＋智造"体系，建立新型产业体系，大力发展高新技术产业，推进工业转型升级；衢州市矿产资源禀赋丰富，产业结构以重化工业为主，因此衢州的工作侧重金融推动传统产业绿色改造转型，大力发展绿色制造，推动花园城市建设。其部分具体实践措施如下。

1. 区域性绿色金融政策制度体系

湖州与衢州的生态环境优势突出，绿色是其发展底色，当地绿色金融发展需要建立在对当地生态环境质量充分保护且提升的基础之上，因此，两地均出台区域性绿色金融政策制度，建立起地方性绿色金融制度体系。首先，湖州出台环境保护相关法律文件，如《湖州市生态文明先行示范区建设条例》《环境从严执法九项铁规》等，以法律文件的形式加大对当地生态环境的保护力度。其次，湖州市出台一系列绿色金融设计文件，如《湖州市人民政府办公室关于湖州市建设国家绿色金融改革创新试验区的若干意见》《湖州绿色金融改革创新试验区建设总体方案》《湖州市绿色金融促进条例》《湖州市绿色金融发展"十三五"规划》《湖州市绿色金融发展"十四五"规划》等，从经济社会发展的各个角度对湖州绿色金融发展进行规划，并设立规模为每年10亿元的绿色金融改革创新试验区建设专项资金，加大对绿色金融的政策扶持力度，发挥财政政策引导作用。

衢州的绿色金融制度实践经验与湖州相类似，也出台了一系列的政策文件来完善当地地方性绿色金融政策制度，为衢州绿色金融整体发展方向制定规划蓝图。典型的政策文件有《衢州市绿色金融发展"十三五"规划》《关于加快推进国家绿色金融改革创新试验区建设的若干政策意见（试行）》《关于推进创新驱动加快绿色发展的若干政策意见（试行）》《衢州市绿色金融改革创新试验区建设若干政策意见（试行）实施细则》等。

2. 绿色金融标准体系

在绿色标准制定方面，湖州出台《湖州市绿色金融标准体系建设工作方案》以推动地方性绿色标准体系的建设，目前湖州已出台《区域绿色金融发展指数评价规范》《绿色融资项目评价规范》《绿色融资企业评价规范》《绿色银行评价规范》《绿色金融专营机构建设规范》，并发布了《绿色金融标准体系编制指南》，建立起湖州绿色金融发展评价指标体系。湖州还出台了《关于环境污染责任保险工作的实施意见》及《环境污染责任保险风险评估技术规范》，对环境污染责任险建立市级地方标准，推动全市范围内的环境污染责任险全覆盖，为当地生态环境污染风险添加保障。衢州也深入创新地方性绿色金融标准体系，如绿色企业标准、绿色项目标准、绿色信贷统计标准和地方法人机构绿色银行体系标准等。衢州还出台《绿色金融产品评价标准》，推动了衢州绿色金融产品的创新研发。

3. 地方性绿色银行

湖州、衢州大力推动地方绿色银行的建设。湖州市内多家银行建立了专门的绿色金融部门，湖州银行更是在 2019 年成为我国境内第三家赤道银行。衢州对绿色银行提供优惠政策支持，对设立符合赤道原则的市级分行或新引进的银行，提供最高不超过 5000 万元的财政性资金存放支持。

4. "绿贷通"平台与"绿贷险"

湖州市基于大数据、云计算等金融科技，搭建湖州"绿贷通"绿色金融银企对接服务平台，以解决绿色信贷市场上银企信息不对称问题。绿贷通平台汇集湖州所有银行的绿色贷款产品信息，企业可通过信贷超市根据自己的融资需求寻找符合的绿色信贷产品。金融机构也可通过"绿贷通"平台对企业绿色信息画像，并通过大数据预测企业金融风险，建立风险预警机制。截至 2022 年 11 月底，已有 48181 家企业注册绿贷通平台，其中 35000 余家企业获得授信，帮助中小微企业完成绿色融资超 3600 亿元。绿贷险是绿色小额贷款保证保险试点的重要创新形式，对达到一定绿色标准的小微企业和个人可以自身向保险公司投保的保证保险保单作为担保方式申请经营性信用贷款，保险公司为贷款风险提供保障。

5. "衢融通"

"衢融通"是衢州市绿色金融综合性网络服务信用信息平台，可提供信用查询、银企对接、资金融通等一系列服务。其中的碳账户金融是"衢融通"的特色功能。碳账户金融分为企业版和个人版，企业版提供碳征信 e 报告、碳政策 e 发布、碳金融 e 超市、碳效益 e 评估四项服务，以金融语言为企业出具碳排放情况征信报告，公示政府相关减碳政策、提供减碳相关绿色信贷汇总并公示企业的环境信息披露；个人版提供碳金融 e 超市、碳账户 e 报告、碳政策 e 发布、碳减排 e 评价四项服务，其碳账户 e 报告以大数据形式汇总个人在日常生活中的碳排放情况，并在碳减排 e 评价中以对应的减排量发放减碳大使、减碳先锋、减碳能手的勋章。截至 2023 年 8 月，该平台提供的碳账户贷款次数已达 13475 次，碳账户贷款额为 778 亿元。

6. 绿色建筑

湖州是全国首个绿色建筑与绿色金融协同发展试点城市，对绿色建筑企业提供重点信贷支持，金融机构推出"绿地贷""绿色购建贷""绿色建筑企业按揭贷"等多款绿色建筑专项信贷支持产品，并创新推动绿色建筑性能保险，为绿色建筑项目提供事前增信、事中风控服务、事后损失补偿的全方位保障。截至 2022 年 9 月，湖州市共落地 11 单绿色建筑性能保险，提供风险保障 1.19 亿元。此外，政府还采取财政补助的方式给予绿色建筑购买者契税补助和公积金贷款额度①。

（二）广州市花都区：深化绿色金融市场建设，依托粤港澳大湾区推动绿色金融创新，深入加强国内外绿色金融交流

广州市花都区是华南地区唯一绿色金融改革创新试验区，拥有广州白云国际机场、广州北站、花都港等交通枢纽，南北与东西走向的高速公路网也贯穿全境，便利的水陆空交通条件为花都区与其他区域间绿色金融交流提供了优良的客观条件。广州绿色金融街位于花都区，设立绿色金融创新、服务与研究中心，吸引了国内外的绿色金融机构进驻，加强了绿色金融创新对其他地区的辐射。广州碳排放权交易所位于花都区，带动全国碳排放权交易工作的开展。此外，背靠粤港澳大湾区，花都区的绿色金融发展与大湾区的发展产生协同效应，粤港澳大湾区为花都区的绿色金融实践

—————————
① 中国人民银行杭州中心支行：《湖州绿色建筑与绿色金融协同发展成效明显》，2022 年 9 月 2 日，见 http://huhehaote.pbc.gov.cn/hangzhou/125264/4649907/index.html。

提供平台，花都的绿色金融创新也推动支持粤港澳大湾区的绿色建设与发展。综观花都的绿色金融改革创新，有如下实践。

1. 区域性绿色金融政策

为支持绿色金融与绿色产业发展，花都区出台"1+4"绿色金融与绿色产业扶持政策，出台《广州市花都区支持绿色金融和绿色产业创新发展若干措施》《广州市花都区支持绿色金融创新发展实施细则》《广州市花都区支持绿色产业创新发展实施细则》《广州市花都区支持绿色企业上市发展实施细则》《广州市花都区支持绿色金融和绿色产业发展专项资金管理办法》等一系列政策文件，每年提供不低于10亿元的支持绿色金融和绿色产业发展专项资金，对绿色产业项目和绿色金融产品提供财政补贴，对绿色企业落户、绿色企业上市、绿色企业对地方的经济贡献给予现金奖励。积极创新绿色金融产品，鼓励市场资金流入绿色产业，并引导市场力量发起设立花都绿色发展基金，政府力量与市场力量相结合共同推动绿色产业发展。此外，花都区注重绿色发展人才的引进政策，对重点绿色金融企业与机构的管理人员提供绿色发展人才奖励资金和购房补贴，并配发人才服务卡，对绿色人才的落户、子女教育与健康体检等提供优惠服务政策。据2022年发布的《花都区绿色金融"十四五"发展规划》，截至2020年末，花都区已共发放绿色金融相关奖励和补贴1.47亿元，惠及1200多家企业和机构[①]。此外，花都区还发布《广东省广州市绿色金融改革创新试验区绿色企业认定方法》和《广东省广州市绿色金融改革创新试验区绿色项目认定方法》，设置相应的绿色标准。

2. 碳金融市场

2012年9月，广州碳排放权交易所挂牌成立，开始积极探索碳金融业务创新。广州碳排放权配额实行部分免费发放和部分有偿发放，是我国首个采用碳排放配额有偿分配的试点。目前，广州碳排放交易所除碳现货外，也积极推动碳金融衍生品的交易，拥有碳配额抵押融资、碳回购、碳

---

① 花都区金融工作局：《花都区绿色金融"十四五"发展规划》，2022年2月，见 https://www.huadu.gov.cn/gzhdjr/attachment/7/7063/7063736/8117062.pdf。

远期、碳托管等产品。广州碳排放权交易所还推出了创新碳金融业务，如林业碳汇生态补偿机制、广东省首单碳汇价值保险和碳汇价格保险等。截至 2022 年 11 月底，广州碳排放权交易所累计成交配额 2.13 亿吨，总成交金额 55.14 亿元，其碳配额累计成交量与累计成交金额均居全国第一；累计成交国家核证自愿减排量（CCER）7255.99 万吨；累计成交广东省碳普惠制核证减排量（PHCER）538.07 万吨；累计成交生态补偿核证自愿减排量（STCER）2220 吨；累计成交碳配额抵押融资 23 笔，累计融资金额 7617 万元；碳配额回购融资 44 笔，累计成交金额 20083 万元，碳配额远期交易 134 笔，累计成交金额 17048 万元，CCER 远期 5 笔，累计成交金额 252 万元。广州碳交所允许个人碳交易。此外，广东省还创新性推出了地方性碳普惠制核证减排量（PHCER）机制，核定企业与个人自愿参与的低碳减排行为或碳汇行为所产生的碳减排量，用以抵消实际碳排放，这是碳交易市场的重要补充。广州碳交易市场的良好发展有利于盘活企业碳资产，拓宽企业融资渠道，降低企业排放，推动企业绿色发展升级转型。

3. "粤信融"和"广碳绿金"

"粤信融"和"广碳绿金"是花都区搭建的绿色金融银企融资服务对接平台。"粤信融"是广东省中小微企业信用信息和融资对接平台，在其特色金融服务中有绿色金融专区与蓝色海洋金融专区，汇集金融机构推出的绿色信贷产品信息并在平台发布，有融资需求的金融企业可以在线实现银企对接，选择适合的贷款产品并提出贷款申请，金融机构对申请企业的资质和信用进行评定，决定是否发放贷款。此外，"粤信融"还有环境信息披露专区，对大湾区金融机构环境信息进行披露，带动更多的金融机构自愿开展环境信息披露工作。截至 2023 年 8 月，已有 233781 家企业在"粤信融"获得融资，融资笔数达 559871 笔，总融资金额达 22487 亿元。

"广碳绿金"则是广州碳排放权交易所于 2016 年上线的绿色金融服务平台，为银企之间提供沟通途径，平台提供碳金融、债券融资和股权融资服务，企业可根据自己的融资金额或碳排放量发布融资需求，在平台与金融机构对接，寻找符合自己融资需求的绿色金融产品。

4. 区域交流与合作

花都区地处粤港澳大湾区，其绿色金融发展与大湾区建设形成协同效应。首先，香港是粤港澳大湾区的绿色金融中心，在国际市场上采取如发行绿色债券等一系列绿色金融实践，通过债券通等工具为境外投资者提供绿色投资渠道，港澳地区与国际资本市场的密切交流促进了国际资本流入大湾区绿色金融领域与绿色项目建设，助推我国绿色金融境外市场发展。其次，大湾区的科技创新水平较高，金融科技也为花都区的绿色金融发展提供了支持。而花都区建立的绿色金融改革创新试验区也为大湾区输送了许多绿色金融创新形式，助力建设粤港澳大湾区合作服务新平台。2020年5月，中国人民银行、银保监会、证监会、外汇局联合发布《关于金融支持粤港澳大湾区建设的意见》，提出要依托广州花都绿色金融改革创新试验区的实践经验来建立完善粤港澳大湾区绿色金融合作工作机制，发挥广州碳排放交易所平台功能，促进跨境碳市场合作，搭建粤港澳大湾区环境权益交易与金融服务平台，提高粤港澳大湾区绿色金融服务水平。

此外，位于花都区的广州绿色金融街也吸引了多家绿色金融机构如广东绿色金融投资集团、广州国发资本管理有限公司、粤科母基金的进驻与集聚，推动了绿色金融向广东全域进而向全国的辐射，促进了区域间绿色金融的交流和发展。

5. 绿色保险产品创新

花都区在绿色保险方面也推出了许多创新型产品。2018年，花都区试点一系列政策性农业保险，如蔬菜降雨气象指数保险、水产养殖保险等，其中蔬菜降雨气象指数保险产品将影响蔬菜种植生长的降雨气象指数设为保险理赔因素，为暴雨引起的农作物损失提供风险保障。该产品的成功试点经验推向广州全域。2019年4月，广州印发《广州市政策性蔬菜种植气象指数保险实施方案》，将暴雨、大风气象指数设置为保险理赔触发条件，对造成的蔬菜种植业损失提供保障，政府财政补贴80%的保费。此外，2021年1月，全国首单绿色金融支持生猪"保险+期货+信贷"项目在广州花都落地，保险标的价格与生猪期货价格直接挂钩，有利于稳定生猪价格，拓宽了农业养殖企业融资渠道，是绿色保险的创新形式。

（三）新疆：充分发挥自然禀赋优势，推动现代农业发展和清洁能源转型

新疆位于陆上丝绸之路经济带核心区域，依托"一带一路"倡议，新疆的区域间交流增强，具备核心枢纽区位优势。从新疆自然条件看，新疆自然资源禀赋丰富，风光热能充足，地广人稀，特色农业发展优良。但同时新疆也存在降水较少、生态环境脆弱、区域发展水平不均衡的问题。近年来，新疆大力推动环境治理与生态文明建设，取得显著效果的同时也对当地的财政造成了较大压力，迫切需要通过金融工具引入社会资本支持新疆绿色发展。2017 年 6 月，中国人民银行、财政部、国家发改委等七部委联合印发《新疆维吾尔自治区哈密市、昌吉州和克拉玛依市建设绿色金融改革创新试验区总体方案》，在新疆三个典型市（州）建立绿色金融改革创新试验区，探索绿色金融发展经验，为中西部地区与民族地区绿色发展设立示范样本。针对新疆三地的不同发展特点，各个绿色试验区的工作侧重点各有不同。哈密市侧重于绿色金融产品创新和清洁能源转型；昌吉州推出大量绿色金融创新产品，重点支持生态农业；克拉玛依市作为传统石油城市存在能源结构单一与污染问题，绿色金融助推其由单一能源型城市向综合性城市实现绿色转型。目前，新疆已建立起"一个核心""双轮驱动""三大布局"的绿色发展框架，大力发展绿色低碳技术，对传统产业实施绿色改造并培育新型绿色产业，对疆内城市地区、农产品产区及生态功能区进行绿色发展转型。新疆的绿色金融实践主要是结合其特殊的自然条件和产业结构开展的，其核心目标依然是生态环境保护和能源绿色转型。

1. 绿色项目库和绿色金融同业自律机制

绿色项目库是基于一定的环境效益标准，将符合的绿色项目信息汇总集合而形成的项目数据库。金融机构和社会公众可通过项目库了解绿色项目信息，做出投资决策。新疆三大绿色金融试验区在全国率先开展绿色项目库建设的实践。有融资需求的企业可自愿申报绿色项目，由试验区绿金办对企业申报项目进行评估，将具有显著环境正面效益或符合环境保护标

准的项目收入绿色项目库，绿色项目库会定期发布项目信息，促成金融机构与企业的项目对接，搭建金融机构与企业间的融资桥梁。金融机构应当优先对绿色项目库中的项目发放贷款，提供优惠政策，并对绿色融资资金的用途进行跟踪监管，严禁将绿色资金挪为他用。试验区绿金办也要对将入库项目进行跟踪，评估该项目是否达到预期的绿色效应，如未达到，将停止该绿色项目的优惠政策，并将项目移出项目库。此外，企业需对自己绿色项目的环境信息做出披露。

绿色项目库的建立为金融机构筛选绿色项目降低了成本，拓宽了绿色项目融资渠道，促进了资金流向绿色项目，是绿色金融服务实体经济的重要形式。据《新疆维吾尔自治区金融运行报告（2022）》显示，截至 2021 年末，新疆绿色项目库已有 2129 个在库项目，总投资 11813.7 亿元、融资需求 7907.1 亿元。[①] 目前，新疆地区的绿色项目库覆盖已从三大绿色金融试验区拓展到全疆，充分发挥了试验区的试点和示范作用。

此外，新疆还在全国率先建立绿色金融同业自律机制，通过制定《绿色金融同业自律机制工作指引》和《绿色金融同业自律机制公约》，引导其成员金融机构主动将资金投向绿色项目，建立绿色业务只升不降，非绿业务只降不升的同业规范，加大了金融手段对绿色实体经济的支持力度。

2. 能源特色绿色信贷

新疆能源与矿产资源得天独厚，兼备传统化石能源与新能源禀赋，其绿色金融实践与当地能源特点密不可分。首先，金融机构利用绿色信贷工具对碳减排、煤炭节能利用和清洁能源转型项目大力投入支持。试验区金融机构对绿色信贷提供利率、额度和审批的支持，其绿色贷款业务可不受存贷比、风险资产、所在区域的限制，并对部分项目给予内部转移价格价差返还，这些支持手段都促进了绿色信贷的飞速发展。据《新疆维吾尔自治区金融运行报告（2022）》显示，2021 年末新疆三地试验区绿色信贷余额

---

① 中国人民银行乌鲁木齐中心支行货币政策分析小组：《新疆维吾尔自治区金融运行报告（2022）》，2022 年 7 月 8 日，见 http://wulumuqi.pbc.gov.cn/wulumuqi/2927327/4600079/20220708150546
14527.pdf。

为 549.5 亿元，同比增长 17.5%。新疆全疆投向清洁能源产业贷款为 1580.7 亿元，占绿色贷款余额的 54.5%[①]。

其次，金融机构大力开发创新绿色信贷产品。中国工商银行哈密市分行发放区域内首笔可再生能源补贴确权贷款，以可再生能源企业已确权应收未到账的财政补贴资金为依据，对企业授信融资。交通银行哈密市分行开展融资租赁业务，为资金压力大的风电项目提供融资渠道。兴业银行乌鲁木齐分行在昌吉州发放了 5000 万元的"碳足迹"挂钩差别化贷款，将企业碳排放与贷款利率相挂钩，当企业碳排放减少时，贷款利率也随之下降。如企业达到"碳足迹"贷款的减排目标，可每年节约 25 万元的融资成本。中国邮政储蓄银行昌吉州分行创新推出"电费收费权 + 垃圾处理收费权质押"方式，为生活垃圾焚烧发电项目发放绿色信贷 2.36 亿元。

最后，中国人民银行也积极运用货币政策工具引导金融机构支持绿色领域。中国人民银行推出再贷款再贴现等政策工具，推动当地金融机构发放绿色支农再贷款、绿色信贷资产质押再贷款和绿色再贴现。中国人民银行克拉玛依中心支行为辖区内多家石油石化产业链绿色中小微企业、具有碳减排效应的中小微企业办理绿色再贴现，降低相关企业的融资成本。2021 年，中国人民银行推出碳减排支持工具，金融机构向重点领域发放碳减排贷款后，可通过质押的形式向中国人民银行申请资金支持。为保持金融对绿色发展、能源保供等领域的支持，碳减排支持工具将延续实施至 2024 年末，支持煤炭清洁高效利用专项再贷款将延续实施至 2023 年末。[②] 截至 2022 年 5 月末，新疆累计发放再贷款再贴现 304.9 亿元，碳减排支持工具支持碳减排贷款 180.7 亿元，煤炭清洁高效利用领域 20.1 亿元。

[①]　中国人民银行乌鲁木齐中心支行货币政策分析小组：《新疆维吾尔自治区金融运行报告（2022）》，2022 年 7 月 8 日，见 http://wulumuqi.pbc.gov.cn/wulumuqi/2927327/4600079/2022070815054614527.pdf。

[②]　中国人民银行：《人民银行延续实施碳减排支持工具等三项结构性货币政策工具》，2023 年 1 月 29 日，见 https://www.gov.cn/xinwen/2023-01/29/content_5739092.htm。

3. 碳账户

新疆三大绿色金融试验区还分别开展了各具特色的碳账户体系建设。昌吉州出台《昌吉州工业企业碳账户建设方案》，建设工业企业碳账户，对高耗能企业的碳排放进行核算，评定企业碳排放等级，从而实施差异化政策，以推动企业节能减排绿色生产。昌吉州还根据碳账户开展碳排放权配额质押融资，对碳账户试点企业发放碳排放权质押贷款，实现了企业碳资产的价值。克拉玛依昆仑银行推出个人碳账户，以个人日常低碳消费行为积攒碳减排量，产生相应的碳积分。据昆仑银行预测，每年克拉玛依个人碳账户将累计减少约 400 吨以上的碳排放。哈密制定《哈密市金融支持碳减排账户建设试点方案》，为碳减排领域的重点企业设立碳减排账户，企业碳减排量可形成碳信用，凭借碳信用享受金融机构提供的利率优惠等信贷优惠政策。

4. 生态农业

生态农业发展是新疆绿色金融试验区的工作方向之一，昌吉州创新推出多种绿色金融产品以支持绿色农业。昌吉国民村镇银行推出"苗木价值＋应收账款增信可循环中长期贷"，解决无担保农户融资难问题，为呼图壁县的农户提供融资渠道；中国农业发展银行新疆昌吉州分行推出"农村土地经营权抵押＋政府增信"模式发放绿色贷款支持打造小麦种植基地，并以"知识产权抵押＋不动产抵押"担保模式发放农业科技贷款，充分发挥了政策性银行的融资融智作用；中国农业银行昌吉分行创新推出"植物新品种权"质押贷款，为九圣禾种业股份有限公司授信 5000 万元建立"存货质押＋驻厂监管"以及"种养循环＋绿色信贷"模式支持农牧产业发展。昌吉农商银行还创新推出了农业绿色供应链金融，以新疆首禾农业发展有限公司为核心企业，对其供应链上下游提供融资服务，首禾农业对上下游融资主体提供担保。此外，昌吉农商银行还创新推出了绿色农户小额信贷管理系统，农户可在系统申请较低利率贷款以购买农资，且小额信贷资金附带密码，农户只能将资金投向农资购买，保证了信贷资金的用途。同时，该系统记录了农户的购买信息，以便于后期的绿色农产品认证。

5.水资源利用

绿色金融对水资源利用的支持也是新疆绿色金融实践的重点内容。新疆的水资源具有降水量少，降水地域分布不均匀，用水时空供需矛盾尖锐，农业用水占可用水资源总量多，污水处理能力差的特点。因此，迫切需要运用绿色金融对水资源整治进行支持。昆仑银行克拉玛依分行对新疆宝莫环境工程有限公司在中石化春风油田开发的高温高盐稠油采出水资源化利用项目发放绿色贷款，该项目促进了水资源循环利用，降低了环境风险，每年约能节约130万立方米的水资源。中国农业发展银行新疆昌吉州分行为昌吉市清源水务有限责任公司的供水管网盘活和智慧水务项目发放34亿元的水利贷款，推动玛纳斯河、塔西河水利提升改造水利工程建设，盘活存量水资源。昌吉州还搭建了农业水权交易中心，制定了农业初始水权节余水量交易管理办法，释放了水资源价值，增加了农民收入，推动了水资源的节约利用。

6.绿色保险

新疆三地试验区结合当地产业结构和自然条件，创新性地推出了许多绿色保险产品。新疆生态环境脆弱，为避免工业生产对生态环境的破坏，新疆推出环境污染责任保险制度，对重点区域内的排污企业，以及易发生污染事故的重化工业等高环境污染风险防范企业开展环境污染责任保险试点，并对少数重金属污染防控的重点企业开展环境污染强制责任保险试点。克拉玛依立足自身石油城市的特点，推出石油石化环境污染责任险和区域性污染防控环境责任险。人保财险新疆分公司对属于风电装备制造业的新疆金风科技股份有限公司提供规模为2.4亿元的重大技术装备保险，这是新疆推出的首个重大技术装备保险产品。平安财险新疆分公司推出碳汇指数保险，为投保的人工造林企业的潜在碳汇损失提供保障。此外，新疆在绿色农业保险、风电保险、光伏保险方面也有自己的特色产品。比如，新疆推出的棉花"价格期货＋保险"就是绿色农业保险的重要品种。

（四）赣江新区与贵安新区：立足生态优势，盘活绿色资产，借助新技术与产业集聚效应探索经济增长新途径

赣江新区和贵安新区分属于我国中部和西南地区，森林资源、水资源

等绿色资源丰富，生态环境良好，生态资产充足，但经济发展水平相对欠发达，如何在区域经济发展的同时保护生态环境，合理发挥生态资产的价值并实现绿色增长是赣江新区和贵安新区绿色金融工作的重点。赣江新区位于江西省南昌与九江境内，具备丰富的森林、湿地与淡水资源，当地生态系统承载能力较强，是美丽中国"江西样板"先行区，其绿色金融实践主要围绕生态经济开展。贵州省贵安新区位于黔中经济区核心地带，生态环境优美，是唯一被赋予建设生态文明示范区战略使命的国家级新区，但当地经济相对欠发达，贵安采用大数据产业与绿色金融相结合的方式，实现了新兴产业助力经济后发赶超的重大任务。此外，结合当地生态环境和产业结构，还开展了绿色扶贫与生态补偿相结合的绿色农业。具体来说，赣江新区和贵安新区采取了以下绿色金融实践。

1. 绿色市政债

绿色市政债又可称为绿色地方政府债券，是地方政府凭借自身信用为支持绿色项目募集资金而发行的政府债券。赣江新区发行的"2019年江西省赣江新区绿色市政专项债券（一期）"是我国首单绿色市政专项债券，此项债券为赣江新区儒乐湖新城综合管廊项目建设募集资金，发行规模为3亿元，债券期限为30年，其期限显著长于一般地方政府专项债券，体现了绿色项目建设时间长与回收投资期限长的特点。这项绿色市政债券的主要还款来源是项目收入，较城投债而言风险更低，吸引了社会投资者的投资兴趣，促进社会资本流入绿色项目，为我国的绿色市政债建设提供了可参考的经验。

2. 绿色金融港、绿色金融示范街与共青城基金小镇

金融机构的集聚可以产生集聚效应和扩散效应，改善区域内金融生态环境，提升金融业创新动力，提升区域经济发展水平，因此，贵安新区和赣江新区都在区域内建设金融业集聚区域。贵安新区建设贵安国际绿色金融港，这是多功能分区的绿色金融发展物理载体，其优良的设计理念与优惠的政策支持可吸引大量金融机构入驻，大力推动绿色金融产业集聚、吸引金融生产要素流入，从而形成具有辐射效应的西部金融中心。同时，绿色金融港的建设采用了海绵城市和智慧城市的理念，属于典型的绿色建筑，

其建设不但带动了社会资本向绿色项目流入，还实现了绿色项目对经济发展的助推作用。赣江新区建设了绿色金融示范街，通过财税补助、房租补助和高管奖励的优惠政策吸引金融机构入驻，目前示范街已引入30多家各类金融机构，带动区域绿色金融水平不断提升。此外，赣江新区还设立了共青城基金小镇，小镇按照绿色金融改革创新试验区的标准建立起严格的入驻审批制度和持续的风险防控体系，吸引了大量基金机构入驻，推动资金投向江西省实体经济。据赣江新区管委会2022年统计，共青城基金小镇入驻基金已突破6000家，管理基金总规模超1万亿元，投入江西省实体经济超100亿元，投资绿色领域达33亿元[①]。

3. 海绵城市绿色 PPP 融资

海绵城市又称水弹性城市，城市对雨水带来的或有灾害具有较高的弹性，对雨水资源有良好的储存和净化能力，避免了雨水对城市可能带来的内涝等灾害性影响，并可在需要时释放，实现了雨水的可循环性利用。赣江新区和贵安新区区域降水丰富，雨季易形成城市内涝，海绵城市的建设具有必要性。在《江西省赣江新区建设绿色金融改革创新试验区总体方案》和《贵州省贵安新区建设绿色金融改革创新试验区总体方案》中，都提到了设立海绵城市建设政府和社会资本合作（PPP）项目收益权。贵安新区海绵城市试点两湖一河PPP项目就是绿色金融在海绵城市建设中发挥支持作用的典型案例。贵安新区海绵城市项目属于典型的PPP项目，政府以海绵城市建设专项资金启动项目，以租赁形式每年支付工程建设运营费用，撬动社会资本流入项目，并委托社会力量建设和运营项目，政府则确保项目的绿色属性和环保性能。

4. 森林资源盘活

赣江新区与贵安新区森林覆盖率高，森林资源丰富，如何在保护森林资源的基础上实现林业资源的价值释放也是这两地的工作重点。林业碳汇项目将森林吸收并固定二氧化碳所形成的温室气体减排量进行交易，实现

---

① 江西省人民政府：《赣江新区推进绿色金融改革创新培育绿色发展新动能》，2022年2月16日，见 http://www.jiangxi.gov.cn/art/2022/2/16/art_12816_3848957.html。

了以市场机制盘活森林资源价值，并促进了森林资源的保护和增长，这本质上是一种对绿色生态资源的盘活。贵安新区开展森林碳票交易，森林碳票是森林碳减排量收益权的凭证，属于绿色权证的一种，破坏森林环境的或造成污染排放的工程单位以购买森林碳票的方式来履行环境修复与减排义务。此外，贵安还依托大数据平台开展单株碳汇精准扶贫项目，衡定单株苗木碳汇价值，将社会购买碳汇的资金打入苗木所属的贫困户账户。目前，赣江新区在林业碳汇方面还没有较典型的案例，但江西省已推出一些创新性的绿色信贷产品以推动绿色资产盘活，如林业碳汇创新抵质押贷款和森林赎买项目授信贷款。

5.农业与绿色金融

绿色金融试验区积极开发促进农业发展的创新产品形式，赣江新区提供了许多的优质经验。首先，赣江新区开发了畜禽"洁养贷"绿色信贷产品，以畜禽养殖经营权为抵押，对养殖户发放长期限低利率的养殖废弃物资源化利用与无害化处理专项贷款，推动养殖户对畜禽废物进行无害化处理和资源再利用，促进循环经济建设和养殖业绿色发展。目前畜禽"洁养贷"已在江西省内多地推广，并列入国家生态文明试验区经验做法推广清单。其次，赣江新区对柑橘、茶叶等特色农产品创新推出"气象＋价格"收益综合保险。柑橘和茶叶等农产品种植对气候要求较高，天气变动对产量影响大，其市场价格也不稳定。创新开发的柑橘、茶叶"气象＋价格"收益综合保险可以为气象变动和价格波动给农产品综合收益带来的风险提供保障，切实保护种植户的利益，财政对保险的保费也提供了补贴。最后，赣江新区还创新推出了养殖饲料"保险＋期货"成本价格保险，保险公司为养殖户猪饲料价格上涨风险投保，然后买入期货公司的看跌期权产品以转移风险，期货公司再在期货市场上进行风险对冲操作。"保险＋期货"产品为养殖户饲料成本上涨提供了风险保障，保障了养殖户的收益，以金融手段助力农户脱贫。

6.大数据与绿色金融

绿色金融的发展需要大数据等新技术的助力。贵安新区具备较好的大数据发展基础，当地能源丰富，人力与能源成本价格低，生态环境与自然条件好，所在地区安全稳定，从区位等战略角度而言适合大数据产业的发展。2015年贵安新区建立国家级大数据产业发展集聚区，2016年贵州又获批国家大数据综合试验区，这些都推动了贵安新区大数据产业的迅猛发展。目前，中国人民银行贵安数据中心、移动、联通、电信、华为、腾讯、苹果等数据中心均已入驻贵安新区。贵安新区的绿色金融实践与其大数据产业优势密不可分，是较好地将大数据与绿色金融结合运用的试验区。一方面，大数据产业优势为绿色金融发展提供了技术支持。贵安新区上线贵阳贵安绿色金融服务平台，以大数据手段建立数据库，汇集企业绿色与低碳信息，以"浅绿、中绿、深绿"三个等级评定企业和项目的绿色级别，建立企业库和项目库并发布绿色融资需求供投资方筛选。平台还建立绿色信贷超市，发布金融机构绿色信贷产品信息，促进银企间绿色融资的发展。目前平台促成的绿色项目已在贵州多地产生运行成果。截至2023年8月，贵阳贵安绿色金融服务平台已评定64家绿色企业和363个绿色项目，14家低碳企业和242个低碳项目。此外，贵安新区建立起单株碳汇精准扶贫大数据平台，录入贫困户与其拥有的树木信息，对树木碳汇价值与贫困户信息建立数据库，引导社会力量购买碳汇价值。另一方面，大数据产业的发展也为绿色金融提供了投资方向。大数据产业集聚化建设要求绿色发展，数据中心的规划与建设都要求绿色性能，同时大数据对能源的需求也助推了绿色能源的进一步发展与利用，因此大数据产业本身具备绿色属性，产业的建设与发展吸引了资金流向绿色项目。

赣江新区也利用大数据技术建立起普惠金融综合服务平台，平台的绿色金融专区汇集了绿色金融产品、绿色金融政策资讯与绿色项目库，有效地加强了政银企之间的联系与沟通，为银企融资搭建了桥梁，发挥了普惠金融对中小微企业的支持作用，有效引导社会资金流入绿色项目。

（五）兰州新区与重庆市全域：金融科技赋能绿色金融，注重环境效益实现

我国绿色金融改革创新试验区试点分别于2019年和2022年再次扩容，增添了甘肃省兰州新区与重庆市全域。兰州新区位于丝绸之路经济带与黄

河流域生态防护带连接处，区位可辐射甘肃及西北地区，具有重要战略使命。但其经济体量较小，属于经济欠发达地区，是以重工业闻名的老牌工业基地，且其生态环境相对脆弱，其环境水平对整个黄河流域具有巨大影响，以金融工具推动兰州生态文明建设至关重要。重庆地处长江上游，属长江经济带成渝城市群，其城市发展对长江流域与川渝地区具有辐射作用。重庆经济发展水平高，与成都共建西部金融中心，其绿色金融发展深受成渝地区双城经济圈市场一体化建设的影响。此外，重庆城市重工业发展基础好，同时其生态环境优良，具有生态资源丰富与流域生态环境脆弱的特点，维护生态环境也是重庆经济社会发展的工作重点，因此重庆早在绿色金融改革创新试验区试点之前，就开展了绿色金融的探索与实践。2022年8月，重庆开始了高位推动与部门协同相结合的绿色金融改革创新试验区试点工作，建立起以碳绩效为核心的绿色项目标准，各区县也制定了相应的财政支持策略和风险分担机制。

值得注意的是，兰州新区和重庆市都非常注重金融科技在绿色金融发展中的运用，基于需求导向，积极运用大数据、云计算、区块链、人工智能等数字技术，以科技手段赋能绿色金融的发展。

1."绿金通"与"长江绿融通"

"绿金通"是兰州新区设立的绿色金融综合服务平台，该平台为银企融资提供对接桥梁，引导绿色金融资源向绿色产业加速聚集。平台发布金融机构推出的绿色信贷产品，方便有融资需求的企业对产品进行了解，企业注册平台后发布融资需求，平台以大数据形式对融资企业的资信状况与绿色信息进行搜集整合，形成"企业数字画像报告"，金融机构根据报告可以便捷了解企业情况并识别绿色项目，重点扶持绿色企业和绿色项目，对绿色项目抢单关注，提高其贷审效率和中小企业贷款成功的概率，为实体经济提供绿色金融支撑。政府部门也可以通过"绿金通"平台发布政策信息，并对绿色金融运行进行监管。值得一提的是，"绿金通"在绿色项目识别上运用了人工智能技术（如NLP、ML），支持多套绿色业务标准，实现了绿色贷款在线"秒识别"，降低了绿色信贷的专业门槛。此外，这一技术还可精准量化项目的环境效益，提供环境效益测算服务，帮助金融机构按照银保监会《绿色信贷统计制度》的相关要求，准确测算绿色项目的环境效益，切实促进政策对接。截至 2023 年 8 月，"绿金通"平台注册企业数达 2400 余家，绿色项目数 31 个，发放绿色贷款总额 58.44 亿元，进一步发挥了金融服务实体经济发展的作用。

"长江绿融通"是中国人民银行重庆营管部搭建的绿色金融大数据综合服务系统，是重庆采用科技赋能绿色金融发展的重要创新，自 2019 年以来已超过 100 次迭代。绿色金融的发展区别于传统金融发展的模式，属于需求导向，这就需要建立金融综合服务平台以精准对接实体经济中的需求。"长江绿融通"系统为精准对接市场需求，运用大数据、云计算等金融科技，智能识别绿色属性，颗粒化数据统计。此平台与金融机构相连接，政府按照一定的绿色标准对系统推荐企业报送的绿色项目融资需求，系统再依据绿色金融标准对项目进行识别，将符合标准的项目推送给金融机构筛选，金融机构再自主联系企业，实现银企对接。除此之外，"长江绿融通"还有环境效益测算功能，金融机构可以使用此功能估算绿色项目贷款发放所带来的减排效果。

2. 环境权益交易

环境权益交易市场的建设是兰州新区与重庆在绿色金融具体实践工作中采取的重点举措。早在 2014 年，兰州市就建立了兰州环境能源交易中心，这是环境权益交易的公共服务平台，对排污权、水权、碳排放权、节能量等环境权益开展交易试点工作，推动了环境权益资本化，充分发挥了环境资源的价值。2021 年，兰州新区开始开展环境权益交易市场建设试点工作，推出排污权、水权、用能权、碳普惠和土地占补平衡指标等交易机制，在环境权益交易层面深入探索创新，率先在全国开展清水增量责任指标水权交易，推动了可再生水资源的跨行业循环利用，对黄河流域重点区域水资源保护具有重要生态意义。2021 年，全国首单清水增量责任指标水权交易在兰州环境能源交易中心成功落地。土地占补平衡指标交易机制及平台的建立也是兰州新区基于当地生态环境而创新推出的环境权益交易品种，区域内通过生态修复和改良所产生的新增土地指标可在省域范围内流转，拓宽了当地的融资渠道。

重庆也积极推动区域性环境权益交易市场的建立，其环境权益交易主要依托成渝地区双城经济圈市场建设优势，集中于碳排放权交易市场的建设与排污权交易的建设。2009年，重庆就建立了重庆市排污权交易管理中心，探索排污权的有偿使用和交易。2015年，重庆成立了重庆资源与环境交易中心，对排污权交易、储备、核查与核算等一系列相关工作提供服务。重庆还建立了排污权交易信息平台，工业企业可以通过网络平台进入排污权管理与交易系统，在网上参与排污权竞价交易。此外，2014年，重庆建立了地方碳排放权交易试点市场，积极推动地方碳市场建设，积累了丰富的环境权益交易经验。2023年2月20日，重庆市人民政府办公厅与四川省人民政府办公厅共同发布了《推动成渝地区双城经济圈市场一体化建设行动方案》，该方案指出，两地要协同培育区域生态环境市场。统筹排污权、用水权、碳排放权等环境权益类市场，深化跨省市环境权益交易合作；协同开展森林、湿地等碳汇本底调查和碳汇潜力评估；探索建立跨流域跨区域横向生态保护补偿机制，加强流域水资源统一管理和联合调度；共建绿色城市标准化技术支撑平台，协同建设成渝地区双城经济圈"无废城市"[①]。截至2023年4月底，重庆碳排放权交易市场所有产品交易量4019万吨、交易额8.43亿元[②]。

3. 碳普惠机制下的"丝路碳汇"绿色融资形式创新与"碳惠通"生态产品价值实现平台

为贯彻落实党中央关于碳达峰、碳中和的决策部署，兰州新区和重庆市创新性推出了一系列相关产品来助力"双碳"目标的实现。兰州新区推出了"丝路碳票交易 + 碳资产抵质押 + 绿色保险""远期林业碳汇交易 + 碳

[①] 重庆市人民政府办公厅、四川省人民政府办公厅：《推动成渝地区双城经济圈市场一体化建设行动方案》，2023年2月20日，见 https://www.cq.gov.cn/zwgk/zfxxgkml/szfwj/qtgw/202302/t20230220_11624828.html。

[②] 林楠：《截至今年4月底重庆碳排放权交易市场交易额8.43亿元》，2023年6月2日，见 https://new.qq.com/rain/a/20230602A05AEV00。

汇质押＋碳汇价格和指数保险"等由多重绿色金融产品相结合的"丝路碳汇"绿色融资形式。这些创新绿色融资机制基于碳普惠机制，对项目的碳普惠核证减排量进行核定，以此为依据发放丝路碳票，企业可对所持有的丝路碳票进行交易转让，受让方可将其所获得的丝路碳票作为碳资产进行抵质押。同时保险公司与丝路碳票交易双方签订碳汇指数和碳汇价格保险合同，保证碳汇资产价值的稳定，为碳资产的抵质押实现增信。为保证碳普惠机制的顺利推行，兰州新区建设了碳核算碳账户体系，推动重点行业企业与金融机构碳排放核算技术的发展，鼓励金融机构对企业实施"碳画像"，对企业的碳排放水平进行衡量。

"碳惠通"则是一款由重庆市生态环境局主管，重庆征信公司建设运营的生态产品价值实现平台，该平台秉承"以碳代偿"的思想，涵盖碳履约、碳中和、碳普惠，开发重庆市域内自愿减排项目（如林业碳汇、垃圾焚烧、可再生能源等）、建立个人广泛参与，促进减少温室气体排放的行为所产生的量化减排量及获益的"碳普惠"机制，结合数字化与绿色低碳生活，探寻生态产品价值实现路径[1]。此外，该平台提出碳中和先导计划以促进重庆市金融机构有序开展碳中和，实现自身零碳化。"碳惠通"平台通过大数据等科学算法对平台个人用户的日常绿色行为所带来的减排量进行统计和计算，生成个人的渝碳信用，而碳中和先导计划支持重庆市的金融机构购买平台个人端的"渝碳信用"，以抵消机构的碳排放量，促进生态产品价值的实现[2]。截至 2023 年 4 月底，"碳惠通"平台注册人数已达 117 万，重庆核证自愿减排量交易累计达 343 万吨、交易金额达 8579 万元。

4. 环境信息披露

环境信息披露也是兰州新区与重庆在绿色金融实践中采取的重要手段。兰州新区在全国率先开展区域性环境信息披露，对区域内政府、金融机构、

---

[1]　重庆市生态环境局：《重庆市"碳惠通"生态产品价值实现平台管理办法（试行）》，2021年 9 月 22 日，见 https://www.cq.gov.cn/zwgk/zfxxgkml/wlzcxx/hmlm/whszfbm/202109/t20210922_9741590.html。

[2]　《"碳惠通"平台》，2023 年 8 月 14 日，见 https://bcs.tanhuit.com/。

重点企业的整体环境信息进行披露，其中金融机构的环境信息披露涉及 11 个方面，如环境因素对金融机构的影响以及金融机构活动对环境带来的影响等。重庆市建立了金融行业自律组织，其成员金融机构按统一披露标准对气候与环境信息进行披露，在相关网站或"长江绿融通"上发布，并生成绿色绩效评价表，切实落实金融机构的绿色环保责任。2022 年全市已有 75 家金融机构披露了上一年度的气候与环境信息。2022 年初重庆市又印发《重庆市环境信息依法披露制度改革工作方案》，要求重点企业披露污染物排放及治理、碳排放等一系列重点环境信息。此外，重庆金融机构还积极开展环境压力测试对环境风险进行分析。在重庆开展环境信息披露的金融机构中，超过 90% 的机构通过开展环境信息披露、环境压力测试，全面提高金融机构管理环境、气候变化相关风险的能力。截至 2022 年末，重庆全市绿色贷款不良率 0.81%，低于同期全市各项贷款平均不良率 0.61 个百分点[①]。

第三节　可供推广的国内绿色金融成功案例经验总结

我国七省（区、市）十地建立的绿色金融改革创新试验区在绿色金融创新角度的先行先试及金融机构推出的一系列绿色创新金融产品，均为我国绿色金融发展提供了许多具有推广价值的经验，这些经验可总结为以下几点。

（一）因地制宜建立区域性绿色金融政策制度和区域性绿色金融标准体系，切实保护生态环境

我国幅员辽阔，不同区域内的自然生态条件与经济发展水平显著不同，面临的生态环境问题大相径庭，因此所建立的绿色金融制度也应有所不同。因地制宜建立具有地方特色的绿色金融制度，才能真正解决我国不同区域经济绿色转型所面临的问题，发挥绿色金融对实体经济的支持作用。因此，

---

① 重庆市金融监管局：《2022 年末全市绿色贷款余额 5227.59 亿元 同比增长 36.0%》，2023 年 4 月 19 日，见 https://jrjgj.cq.gov.cn/zwxx_208/bmdt/sjdt/202304/t20230423_11904806.html。

我国选取具备代表性的七省（区、市）十地建立绿色金融改革创新试验区，在区域性绿色金融政策制度的建立上充分发挥了先行先试作用。在各试验区中，湖州、衢州生态环境基础好，如何在保护当地生态环境水平的情况下促进当地经济发展，实现产业结构转型升级是当地绿色金融工作的重点。因此，湖州、衢州以"绿水青山就是金山银山"的"两山"重要论断为指导思想，出台环境保护相关政策文件，以立法的形式对生态环境保护力度进行硬性要求，并出台绿色金融制度文件与地方性绿色金融标准，建立起区域性特征明显的绿色金融制度体系。广州花都新区经济发展水平高，地理区位优越，区域间交流便利，因此其绿色金融制度建设以开放交流与协作为基调，背靠粤港澳大湾区实现区域间协同效应。新疆维吾尔自治区哈密市、昌吉州和克拉玛依市三地位于陆上丝绸之路经济带核心区域，自然资源与能源禀赋丰富，生态环境脆弱，如何充分发挥当地资源优势，在保护生态环境的同时实现能源绿色转型是重中之重，当地绿色金融制度实践与能源结构升级转型密不可分，克拉玛依更是基于其石油立市的发展情况在金融领域建立了石油石化绿色标准和一系列特色产品。赣江新区和贵安新区具备较好的生态优势，但经济发展水平相对较差，其绿色金融制度建设同时注重区域经济发展与生态环境保护两个角度。兰州新区与重庆位于流域上游，既处于重要生态环境带也处于有战略意义的区域经济带，因此发展区域内经济，充分发挥绿色金融区域间辐射效应，以点带面拉动区域经济绿色转型，并实现区域内生态环境保护是此两地的工作重点。

据各试验区的不同实践重点可见，区域性绿色金融制度的建设需综合考虑当地的生态环境水平、区域资源禀赋、区域所在位置、区域经济发展水平等要素，在国家绿色金融政策的顶层设计之下，积极结合不同的区域特点，建立绿色金融标准体系，并进行政策制度的设计。

（二）充分发挥自主创新能力与金融机构的主体作用，积极开发绿色金融产品，引导金融机构绿色转型，提升绿色金融产品多样性，建立多种产品相互嵌套的创新机制

绿色金融的发展离不开金融机构的支持。充分发挥金融机构的主体作

用，助力金融机构开发创新性绿色金融产品是推动地方经济绿色转型的重要手段。中小企业是中国实体经济发展的毛细血管和重要组成元素，但其受限于规模、资金成本和科技水平等因素，常面临项目融资难、企业污染重等问题。金融机构在经济绿色转型过程中为中小微企业提供了多种形式的绿色金融产品支持，如绿色信贷对中小企业的融资支持、绿色保险对企业和项目的风险保障、绿色基金对实体项目的资金支持等。这些支持不但解决了中小企业的资金问题，为中小企业提供了风险保障，还增强了中小企业的环境意识，推动其升级技术手段并减少污染排放，规避环境风险，促进资金流入绿色项目，从而推动实体经济产业结构绿色升级转型。近年来，我国大力创新绿色金融产品形式，推出了碳配额质押贷款、绿色供应链金融、生态补偿价值实现、可持续挂钩贷款、绿色资产证券化、绿色建筑保险、英大碳账户等多种创新产品，对实体经济的绿色发展起到了巨大的支持作用。

推动建立多种绿色金融产品相结合的创新机制也是有效推动绿色金融产品市场进一步发展的举措。当前，许多金融机构已经联合推出了多种产品形式相嵌套的绿色金融创新产品机制，如兴业银行与保险公司以银保协同的方式在成都和武汉等地推出了"绿色信贷+绿色保险"的创新机制，其成都分行为"天府国际动漫城"项目发放附带"绿色建筑性能责任险"的绿色建筑贷款 1.4 亿元，中国人民财产保险成都分公司对建筑物的绿色性能达标风险进行保障；平安财险湖北分公司为兴业银行武汉分行向汉阳国博地块项目发放的绿色建筑贷款提供风险保障。中国人保财险广州市分公司、建设银行广州分行与建信期货为广州市天生卫康食品有限公司联合提供的生猪价格"保险+期货+信贷"综合金融服务项目也是典型的多种产品相互嵌套的绿色金融产品创新机制，企业在保险公司投保生猪价格期货保险，银行根据其保单增信为企业发放经营贷款，保险公司购入期货公司的期权产品以转移风险，期货公司再在期货市场上进行对冲操作。这种多种产品相结合的创新机制以个性化的形式创新地解决企业和金融机构等市场主体在绿色金融实践中遇到的问题，有效地保障了金融对实体经济绿色转型发展的服务力度。如生猪价格"保险＋期货＋信贷"综合金融服务项目就为有融资需求的企业提供了便利的一揽子服务，解决了企业的融资难问题，同时分散了金融机构的风险，为金融机构提供风险保障。

各大绿色金融改革创新试验区也大力推动金融机构发挥主体作用，推出创新性绿色金融产品。湖州、衢州大力推动地方绿色银行的建设，积极引导地方金融机构开发绿色产品，实现绿色转型，以此发挥金融机构的主体作用，为当地中小微企业的产业绿色转型提供支持。湖州银行创新推出"低碳先锋贷""绿能贷"，吴兴农商银行推出"绿地贷"和"绿色丰收贷"等绿色信贷产品，针对性地对小微主体和绿色项目提供资金支持。兴业银行乌鲁木齐分行在昌吉州发放"碳足迹"挂钩差别化贷款，当企业减少碳排放到一定量时，其贷款利率也会随之下降。人保财险赣江新区分公司对柑橘和茶叶农产品推出"气象＋价格"综合收益保险，为农产品企业提供风险保障。这些创新绿色金融产品为中小企业的发展提供了个性化帮助，推动了实体经济的绿色发展。

（三）大力发展金融科技，赋能绿色金融，利用大数据、云计算、人工智能、区块链等技术建立银企对接平台与绿色项目库，精准识别绿色项目，助力绿色金融服务实体经济

以数字技术为代表的金融科技是绿色金融的未来发展方向，各绿色金融改革创新试验区都在积极推动科技赋能绿色金融发展的进程。金融科技推动了绿色金融的创新，为绿色金融的实践与发展提供了更广阔的空间，为绿色金融注入新动能，以金融手段为绿色项目的可持续发展提供了技术支撑，提升了金融手段服务实体经济的效率。大数据、云计算、人工智能与区块链是目前较为主流的金融科技，其中大数据在绿色金融的运用场景最为广泛，大数据技术为绿色金融收集了海量信息并建立数据库，对数据进行分析测算从而建立风险预警机制。各绿色金融改革创新试验区在绿色金融实践中积极运用金融科技手段，取得了一系列成果，如建立绿色项目库、推出银企对接服务平台、设立个人碳账户等。

受数字化趋势影响，目前，各地都在推动以数字科技为支柱的绿色

金融综合服务平台的搭建和运营，绿色金融试验区积极试点先行。湖州的"绿贷通"绿色金融银企对接服务平台汇集湖州所有绿色信贷产品信息，并以大数据对企业进行绿色画像，预估企业金融风险；衢州的"衢融通"绿色金融综合性网络服务信用信息平台依托大数据、物联网等技术，对企业和个人建立碳账户金融；花都新区的"粤信融"绿色金融银企融资服务对接平台具有环境信息披露功能，对大湾区金融机构环境信息进行披露；新疆三大绿色金融试验区分别开展了工业企业碳账户、个人碳账户和碳减排账户三大不同的碳账户体系建设；贵安新区借助当地大数据产业优势建立数据库，积极推动贵阳贵安绿色金融服务平台建设，并建立单株碳汇精准扶贫大数据平台，对树木碳汇价值与贫困户信息建立数据库；兰州新区的"绿金通"以大数据形式对融资企业形成"企业数字画像报告"，并采用人工智能技术识别绿色贷款；重庆的"长江绿融通"是绿色金融大数据综合服务系统，其附带的环境效益测算功能可以估算绿色项目贷款的减排效果。

值得一提的是，金融科技在对绿色项目的识别上，起到了巨大作用。实体企业项目繁多，如以传统方式对照绿色金融标准进行逐一识别，工作量巨大，无法及时地实现企业的融资需求。人工智能、大数据等技术在绿色金融银企综合服务平台上就可以高效地对企业项目进行识别，并检索匹配金融机构提供相应贷款项目，为银企及时搭建对接沟通桥梁，也有效地避免了"漂绿""洗绿"现象的发生。

（四）开发环境权益与收益权产品，建设环境权益交易市场，盘活绿色生态资源，充分发挥生态资源价值，以绿色环境助推经济发展

环境保护问题是典型的外部性问题，作为其衍生的绿色金融因此也具备典型的正外部性，其运行会给社会带来较大的环境效益，这一特质可能会产生"搭便车"现象，影响绿色金融实践的推行，可采取将绿色金融外部性内部化的手段来解决这一问题。开发环境权益与收益权产品并将环境效益产权化就是有效地将正外部性内部化的手段之一，环境效益被计量后开发为环境权益与收益权产品并在市场上交易，不但可以盘活当地绿色生

态资源、充分发挥生态资源的价值并助力当地经济发展，而且由于其最终收益由环境权益所有者获得，刺激了企业等市场主体乃至全社会自觉保护生态环境。

目前，许多绿色金融试验区已积极开发环境权益产品，并建设环境权益交易市场。传统的环境权益产品主要是排污权产品，随着我国"双碳"目标的建立，我国碳市场不断发展，碳排放权金融产品也不断涌现，是目前环境权益产品的重要形式，碳汇产品也是一种典型的与碳金融相关的环境权益产品。此外，环境权益产品的形式也不断创新，兰州环境能源交易中心落地全国首单清水增量责任指标水权交易，推动了水权产品的创新。目前，各试验区都积极推动区域性环境权益交易市场的建设，如兰州新区的兰州环境能源交易中心、广州花都区的碳排放权交易市场等。

（五）进一步深化碳普惠机制，注重绿色信贷消费端产品的开发，提升个人、家庭与小微企业等市场主体对绿色金融的参与度，为绿色金融发展注入新动能

近年来，我国绿色信贷市场不断扩张，其资金主要流向基础设施绿色升级、清洁能源和节能环保领域，同时，在消费领域也涌现出了多种形式的绿色金融产品。消费部门是碳排放量的重要来源，在碳普惠机制下，小微企业、社区家庭和个人的节碳减排行为价值得以释放，个人的减排行为可以直接参与碳市场，激励了全社会的绿色低碳行为。以金融手段促进消费端的节能减排不但在消费部门具有环保意义，还刺激了供给端自觉节能减排，实现产业的绿色转型升级。

目前，我国对消费端绿色金融重视尚显不足，绿色信贷统计口径尚未涵盖个人消费部门，但消费端已推出多种绿色信贷产品，如绿色信用卡、绿色车贷、光伏贷、绿色住房贷款等。绿色信贷消费端产品市场的迅猛发展为绿色信贷市场注入了活力和新鲜血液，体现了绿色金融和普惠金融的结合，使绿色金融的参与主体从生产端拓展到消费端，从政府、企业与金融机构拓宽到了千家万户，大大扩展了绿色金融实践的全社会覆盖面积，促进了社会经济的绿色转型升级。

（六）加强开展绿色金融人才政策，培育与引进绿色金融专业人才，充分发挥智库对绿色金融发展的支持作用

目前，我国绿色金融市场不断发展，实体经济与金融领域对绿色金融专业人才的需求日益提升，大力推动绿色金融人才引进与培育，发展绿色金融专业人才是促进绿色金融发展的重要途径。基于此，各绿色金融试验区均采取了不同的绿色金融人才政策。首先，绿色金融试验区积极建立绿色金融研究院并开设绿色金融人才培训班，如湖州市成立的南太湖绿色金融与发展研究院，衢州市成立的绿色金融研究院和绿色金融培训中心等，这些机构除对绿色金融实践发展提供智力支持外，也对绿色金融专业人才培养起到了重要作用。其次，绿色金融试验区积极建设人才引进政策措施，大力吸引绿色金融人才流入区域。广州花都区对重点绿色金融企业与机构的管理人员提供绿色发展人才奖励资金和购房补贴，并配发人才服务卡，对绿色人才的落户、子女教育与健康体检等提供优惠服务政策。赣江新区对引进的绿色金融高级人才制定个税奖励、考核奖励、安家费补贴等一系列配套奖励政策。贵安新区以绿色金融人才所缴纳的个人所得税新区留存部分为基数，对其连续 10 年给予 50% 的等额奖励。这些人才政策的实施不但吸引了绿色金融人才流入区域，也为相关人才的培育提供了动力。

第五章 绿色信贷与实体经济的融合发展

第一节 绿色信贷的概念与特征

一、绿色信贷的概念

绿色信贷是指金融机构为环保型和可再生能源型企业提供的信用支持，并将环保的概念贯穿其中。绿色信贷既能够帮助这些企业获得更多的收益，也能够为环境保护提供更多的支持。新古典主义的观点认为，资本回报率与投资者的投入成本有关。而绿色金融服务的核心目的不仅局限于此，它还追求投资者的长期回报，并且把投资者的投资回报率与企业的长期发展目标相结合。绿色信贷旨在实施社会责任，以提高授信客户的生活质量，并以更加全面、客观、公正的态度来评估授信客户的能力。它不仅局限于当前，而且考虑到未来，以确保授信客户能够获得更多更好的服务，同时也能够更好地实现资源循环利用，以减少传统发展方式带来的环境污染。

作为一种全新的金融服务形式，绿色信贷在金融体系的建立、实施以及运用方面取得了巨大的突破，它既可以为满足国家产业政策的企业提供信贷支持，也可以为那些违反环保法律法规的企业制定信贷限额，以此来激励金融机构更加积极地参与到绿色社会建设当中，为实现社会可持续发展作出贡献。1974 年，联邦德国建立的生态银行开启了绿色信贷的先河，而赤道原则的出台和众多金融机构的参与，使这一领域的发展愈发迅猛，不仅为推动和落实一系列环保政策、制度和金融措施提供了有力支持，而且为改善环境提供了有力保障。

近二十多年，我国的环境政策措施和环境管理工作为绿色信贷的发展提供了重要推动力。1995 年，中国人民银行发布了《关于贯彻信贷政策与加强环境保护工作有关问题的通知》。2007 年 7 月，国家环境保护总局、中国人民银行、银监会共同发布了《关于落实环保政策法规防范信贷风险的意见》，为环境优惠政策的实施提供了有力支持。2007 年 11 月，银监会公布了《节能减排授信工作指导意见》，明确了放贷的环境友好性，并且强调了进行污染控制的重要性。2012 年银监会又公布了《绿色信贷指引》，并制定了相应的统计制度、实施情况评估制度和能效信贷标准。2013 年，29 家银行共同签署了《中国银行业绿色信贷共同承诺》，一系列措施表明我国绿色信贷政策体系正在逐步建立。2017 年 6 月，国务院常务会议明确指示，为推动绿色金融业的发展，将建立一系列的绿色金融改革创新试验区，以激励和推动当地绿色金融业务的发展，并且不断推行有利于当地环保和可持续发展的金融政策。在环境事故日益引起社会关注和环保标准不断提高的背景下，政府部门正积极推动商业银行绿色信贷发展，支持绿色信贷与实体经济融合发展。

二、绿色信贷的理论基础

（一）企业社会责任理论

绿色信贷责任的核心思想在于：企业不仅要为自己的股东、员工、客户、合作伙伴等创造良好的效益，而且要减少污染，改善资源配置，提升经济效率，获得可持续的增长。企业社会责任最初源于经济学，它既涉及公司在运行时对社会的贡献，也涉及公司对员工的贡献；既包括公司的内部行动，也包括员工的行动；既关注公司的发展，也关注员工的福祉。

商业银行的社会责任意味着它们必须将保护人们的财产、尊重他人的权益放在首位。作为一家具有重要社会价值的银行，不仅要努力实现自身的盈利目标，还要对所有参与者，包括股东、存款人、贷款人以及整个社会的发展负起自身的责任，为实现公平正义、推进公益环保作出贡献。

　　从我国绿色信贷体系构建来看，银行业金融机构的社会责任性属于企业社会责任理论的延伸。随着赤道原则的出台，越来越多的国家开始认同银行业的责任，并将赤道原则作为其执行的指导原则。企业社会责任理论框架下，银行业必须认真贯彻落实赤道原则。

　　（二）人类命运共同体理论

　　2013 年 3 月，习近平总书记首次向世界阐述"人类命运共同体"这一具有中国特色的重大理念。它不但涉及国内的政策、法律、经济等多个领域，还涵盖国与国之间的政策、经济、文化等多个方面；它不但构建起一个更加紧密的国际合作网络，也成为当今国际环境中一个重要的政策框架，有助于推动国内外经济、文化、政策等多方面的协调与交流。我国政府提出"构建人类命运共同体"，旨在应对当今世界日趋激烈的矛盾冲突和发展不平衡，进而实现协同共享，即通过协作共赢、健康发展来重塑共同发展效益，并以共商、共建、共治、共享的世界治理观来重新定义各方的责任。当今时代，全球社会已成为一个紧密相连的大家庭，每个成员都被自己的切身利益牵制，彼此依存，不可分割。无论是经济抑或环境，都是全球社会的组成部分，每个成员都应该为自己的未来负责。最近几年里，人类经历了一系列重大的变化，包括竞争、冲突、合作、分享、承诺、互助等。这些变化都反映出我们对于人类社会的总体认识，也反映出我们对于人的内在价值的深刻认识。基于这些变化，我们建立起一种新的、更加有效的机制来实现我们的目标。实现全球合作，增进世界人民福祉是每个国家的共同目标，这就需要每个国家都承担起自己的责任。我们在推进绿色金融时，也要始终将保护全球环境和促进可持续发展当作首要目标。

　　将"人类命运共同体"的概念应用于绿色信贷行为，我们可以更好地识别出行为的目的，并确保行为有利于人们的总体和长远发展。"人类命运共同体"不仅是一个抽象的概念，人们越来越意识到，要想让世界更加繁荣昌盛，就必须保持经济的全球性增长，并且加强对环境的保护，从而推动可持续的社会进步。因此，将"人类命运共同体"的理念应用于绿色信贷，有助于减少经济增长对世界的不利影响。"绿色信贷"旨在帮助金融机构实施有利于环境保护、实现可持续发展的措施，推动实现更加强劲、绿色、健康的全球发展。它不仅能够满足"坚持绿色低碳，建设一个清洁美丽的世界"的要求，还能够为全球提供更丰富、更安全、更有效率的服务。随着时代的发展，人与自然的关系成了推动绿色信贷的重要思想根据。

三、绿色信贷与实体经济融合发展的内涵

一方面，通过推广绿色信贷，我们可以帮助实体经济实现增长。绿色信贷借鉴了生态现代化的核心思想，强调了生态系统的可持续利用，从而推动经济的持续健康发展。它采取融资、定价、税务等金融政策，对传统的经济发展方式进行改变，减少对自然的不利影响，促进企业高质量、高效率地投入，从而实现对自然的持续利好。改革开放以来，中国粗放式经济增长模式带来高速增长的同时，也产生了严重的污染问题，人们赖以生存的空气、土壤、水等均受到了不同程度的污染。要实现从"边增长边污染"向"边增长零污染"的经济发展模式的转变，离不开绿色信贷的支持和良好政策与制度环境的保障。

另一方面，实体经济的高质量发展也为构建绿色信贷发展格局提供了巨大空间。绿色资金一旦被引入服务实体经济的渠道，就会产生巨大的经济效益和社会效益。实体经济高质量转型将不断调节虚拟经济体系，构建现代企业融资平台，减小金融风险，改善金融环境。伴随着经济高质量发展的不断推进，将产生一批设施齐全、业态多样的新兴经济业态，传统粗放发展格局将会发生根本性转变，集约发展的新兴经济将会占据主导。绿色工程的落地必然刺激大量绿色金融市场需求，必然促进社会分配模式的优化。另外，数字化改造可以推进5G科技、智慧手机以及其他移动终端的普及，打破金融机构网络点位与客户管理人员数量局限，并推进支付系统、信用系统等数字基础设施建设，破解金融基础设施薄弱难题，使绿色金融业务扩展到小微企业、农民、低保人员群体中，是普惠性绿色信贷发展的关键手段。

第二节　绿色信贷与实体经济融合
发展的现状与不足

一、绿色信贷与实体经济融合发展的现状

（一）绿色信贷制度建设情况

我国的绿色信贷政策十分丰富，可以从全国、各部门两个层次进行分类概括。

1. 国家层面的宏观政策

早期的政府部门文件，如《国务院关于落实科学发展观加强环境保护的决定》《国务院关于发布实施〈促进产业结构调整暂行规定〉的决定》及相应的《产业结构调整指导目录》《国务院关于加快推进产能过剩行业结构调整的通知》《国务院关于印发节能减排综合性工作方案的通知》等，都是为了推动环保和能源节约而制定的重大举措，意在推动国民经济和社会的可持续发展。其中"严控新增高耗能、高污染项目"更是强调了增加对循环经济、节能减排技术改造项目的财税支持，以实现经济可持续发展。2015年5月5日，中共中央、国务院出台了《关于加快推进生态文明建设的意见》。同年9月，中共中央、国务院发布《生态文明体制改革总体方案》，首次明确提出构建一套完善的、可持续的、可循环的生态制度体制。通过出台相关政策，我们可以更好地推动绿色信贷的健康快速发展。

2. 环境保护部门和金融监管部门的政策措施

许多政府机构、监督机构以及大多数金融机构已经采取措施来支持绿色信贷的发展，并且在政策执行过程中，还加入了更多的创新措施，以提高政策的实效性，促进经济的发展。（如表5-1所示）

表 5-1　绿色信贷政策汇总

时间	政策法规	发文部门	主要内容
1995 年 2 月	《关于贯彻信贷政策与加强环境保护工作有关问题的通知》	中国人民银行	第一次要求银行机构在新建、扩建和改建项目发放固定资产贷款时，对环境有影响的项目，必须审查项目的环境影响报告书（表），对没有执行建设项目环境影响报告书（表）审批制度或环境保护部门不予批准的项目，一律不准贷款
2007 年 7 月	《关于落实环保政策法规防范信贷风险的意见》	国家环境保护总局、中国人民银行、银监会	加强环保和金融监管部门合作与联动，以强化环境监管促进信贷安全，以严格信贷管理支持环境保护，加强对企业环境违法行为的经济制约和监督，改变"企业环境守法成本高、违法成本低"的状况，提高全社会的环境法治意识，促进完成节能减排目标，努力建设资源节约型、环境友好型社会 金融机构应依据国家建设项目环境保护管理规定和环保部门通报情况，严格贷款审批、发放和监督管理，对未通过环评审批或者环保设施验收的项目，不得新增任何形式的授信支持
2007 年 7 月	《关于改进和加强节能环保领域金融服务工作的指导意见》	中国人民银行	要求金融机构将环保评估的审批文件作为授信使用的条件之一，并强化对节能环保领域的金融服务工作
2007 年 7 月	《关于防范和控制高耗能高污染行业贷款风险的通知》	银监会	严格控制信贷总量，积极调整信贷结构；加强对高耗能、高污染重点企业贷款的持续监控；压缩和回收落后生产能力企业的贷款；进一步完善监管政策，加大监管力度，指导和督促银行业金融机构做好节能减排工作
2007 年 11 月	《节能减排授信工作指导意见》	银监会	细化授信政策，对节能环保项目要"有重点地满足其信贷需求"

（续表）

时间	政策法规	发文部门	主要内容
2009 年 12 月	《关于进一步做好金融服务支持重点产业调整振兴和抑制部分行业产能过剩的指导意见》	中国人民银行、银监会、证监会、保监会	禁止对国家已明确为严重产能过剩的产业中的企业和项目盲目发放贷款。进一步加大对节能减排和生态环保项目的金融支持，支持发展低碳经济。鼓励银行业金融机构开发多种形式的低碳金融创新产品，对符合国家节能减排和环保要求的企业和项目按照"绿色信贷"原则加大支持力度。探索建立和完善客户环保分类识别系统，支持发展循环经济，从严限制对高耗能、高污染和资源消耗型的企业和项目的融资支持
2012 年 2 月	《绿色信贷指引》	银监会	要求金融机构加大对绿色经济、低碳经济、循环经济的支持，建立环境和社会风险管理体系，完善相关信贷政策制度和流程管理
2013 年 7 月	《关于报送绿色信贷统计表的通知》	银监会	制定了绿色信贷统计制度，明确将绿色农业开发项目、绿色林业开发项目等12类项目贷款纳入绿色信贷统计
2016 年	《关于构建绿色金融体系的指导意见》	中国人民银行等七部委	进一步明确构建绿色金融体系的意义和主要做法，并详细阐述了发展绿色信贷的工作重点，其中对绿色信贷评价机制、绿色信贷管理制度、绿色信贷风险考核等做了具体要求
2018 年	《关于建立绿色贷款专项统计制度的通知》	中国人民银行	建立了管理校准式绿色贷款专项统计制度
2019 年	《关于修订绿色贷款专项统计制度的通知》	中国人民银行	首次将个人经营类贷款纳入统计范围
2020 年	《关于绿色融资统计制度有关工作的通知》	银保监会	首次将绿色贷款的定义扩大至绿色融资；首次将表内非金融企业债券、表外票据及信用证业务纳入绿色融资的统计范畴；首次将统计范围从生产（建设、经营）领域扩大至生产（建设、经营）、贸易及消费领域；新增对环境权益融资统计情况

（二）绿色信贷业务开展情况

1. 绿色信贷规模持续增长

根据最新的数据，到 2022 年底，我国的绿色贷款余额达到 22.03 万亿元，较上一个季度上升了 38.5%，超过了所有信贷的增速，总额达到 6.01 万亿元。到 2023 年一季度末，国内绿色贷款余额达到 24.99 万亿元，较上年末减少了 0.2 个百分点，但仍然超过了全部信贷的增速，达到 3.39 万亿元的水平。

2. 绿色信贷投放领域精准化

根据最新的数据，2023 年第一季度，金融机构贷款主要集中在那些能够产生直接或间接碳减排影响的领域，总额达到 8.62 万亿元，其中包括 6.08 万亿元绿色信贷，占总信贷的 70.5%。此外，根据信贷的使用情况，基础设施环保绿色提升产业、能源行业以及节能环保行业的贷款余额达到 11.09 万亿元，较 2022 年的数据分别上涨 34.2%、32.1% 以及 53.7%。绿色贷款余额在不同的行业中有所变化，其中，发电、热力、煤气、供电业的绿色贷款余额为 6.01 万亿元，同比增长 24.8%，而交通、物流和邮政业的绿色贷款余额为 4.84 万亿元，比年初增加了 3113 亿元，同比增长 11.1%。

3. 绿色信贷资产质量总体较高、风险可控

2020 年 12 月，在推动可持续发展的过程中，赤道原则作为识别和控制社会和环境风险的一项重要标准，被 110 多家国际性银行广泛接受。中国人民银行发布的《我国绿色贷款业务分析》显示，截至 2020 年末，绿色不良贷款余额为 390 亿元，不良率为 0.33%，比同期企业贷款不良率低 1.65 个百分点，比年初下降 0.24 个百分点，远远低于世界 1.6% 不良资产率的平均水平。其中，基础设施绿色升级领域绿色贷款不良率较低，为 0.16%；东部地区不良率较低，为 0.2%。大型和中型银行绿色贷款不良率分别为 0.19% 和 0.39%，比年初下降 0.37 个和 0.14 个百分点。

4. 商业银行绿色信贷实践逐渐完善

第一，各家商业银行积极构筑了一套完善的绿色金融制度，包括但不

限于：编写可持续金融发展规划，明确可持续金融的具体实施措施，实施有效的绿色金融服务，并严格执行有效的监督机构的审批标准，以确保可持续金融的有效实施。代表性银行的绿色信贷制度汇总如表5-2所示。

表5-2　商业银行绿色信贷规章制度建设情况

银行名称	绿色信贷规章制度
中国银行	2010年制定《支持节能减排信贷指引》；将环保控制纳入信贷流程的贷前审查、贷中发放和贷后管理环节；与环保管理部门和监管部门建立有效的信息沟通机制
农业银行	出台风电、水电、核电、电网、光伏等相关行业信贷政策，从信贷规模、授信额度、贷款利率和经济资本多方面鼓励加大绿色信贷投放
工商银行	制定（修订）61个行业（绿色）信贷政策，建立了4级12类绿色信贷分类标准；将绿色信贷分类标识植入业务操作系统（CM2002）并贯彻到信贷流程各个环节
建设银行	优先受理审批符合环保条件的重点优质客户项目；出台环保贷款审批相关的行业指引
交通银行	对31个具体行业制定分行业的"绿色信贷"管理和操作要求，形成从《绿色信贷政策》《绿色信贷实施办法》到年度《行业信贷投向指引》、年度《绿色信贷指引》的完整制度体系；对全部客户进行环保分类管理
兴业银行	行业分类管理；制定赤道原则项目融资管理办法；建立了环境与社会风险管理日常监测和风险排查机制，形成环境与社会风险管理"基本制度—管理办法—操作规程"的完整制度体系；环境与社会风险管理专家库机制；绿色金融服务项目进行"可测量、可报告、可核实"的环境效益测算；环保信息共享机制；绿色信贷激励机制；常年项目储备机制
招商银行	信贷客户"四色"分类：环保蓝色贷款（环保合格型）、环保红色贷款（环保缺失型）、环保绿色贷款（环境友好型）和环保黄色贷款（环保关注型）
浦发银行	制定《上海浦东发展银行信贷投向政策指引（2010年度）》；对于支持类项目，优先给予授信支持；对于限制类项目和淘汰类项目，控制或退出授信；制定《上海浦东发展银行社会和环境风险管理暂行办法》，涵盖了贷前调查、授信审批、贷后管理、报告制度等各方面
中信银行	授信审批中实行"四不贷"原则：一是对未通过环评部门审批的项目不贷；二是对限制类的新建项目和淘汰类项目不贷；三是对"区域限批""流域限批"地区的项目不贷；四是对存在环保违法问题的企业和项目不贷
华夏银行	授信客户环境与社会风险分类分档管理机制，制定《环境和社会表现重点评价项目清单及分档参考标准》；完善绿色信贷投向标识和统计体系
民生银行	每年发布《风险政策指导意见》和《授信评审指引》等系列文件
光大银行	制定《光大银行绿色信贷政策》

（续表）

银行名称	绿色信贷规章制度
北京银行	出台《授信业务指导意见》
平安银行	项目贷款环境分类管理制度；绿色信贷的快速审批通道
宁波银行	制定《宁波银行 2013 授信政策》

　　第二，从产品创新情况来看，通过对比不同的融资模式，我们发现，不同的银行正在大力推进绿色信贷，重点关注能效融资、清洁能源投融资、排放权投融资和环保装置供应商投融资，具体如表 5—3 所示。

表 5—3　商业银行绿色信贷产品创新情况

银行名称	绿色信贷产品创新
兴业银行	8+1 融资服务："8"是传统信贷模式，包括节能减排技改项目融资模式、清洁发展机制（CDM）项目融资模式、节能服务商（EMC）融资模式、节能减排设备供应商买方信贷融资模式、节能减排设备制造商增产融资模式、公用事业服务商融资模式、融资租赁模式、排污权抵押融资模式 8 种；"1"是指非信贷融资模式，包括发行短券、中票、中小企业集合票据等债务融资工具，绿色信托业务，结构化融资等 排放权金融：碳资产质押业务、排污权交易解决方案、碳排放权解决方案、碳金融综合服务低碳技术咨询与合作等 其他：国际金融公司（IFC）合作节能减排贷款；低碳信用卡 2013 年在原"8+1"融资服务和排放权金融两大产品序列的基础上，整合形成涵盖金融产品、服务模式到解决方案的多层次、综合性的产品与服务体系
浦发银行	五大服务领域：能效融资；清洁能源融资；环保金融；碳金融；绿色装备供应链融资 十大创新产品：国际金融公司（IFC）能效贷款；法国开发署（AFD）绿色中间信贷；亚洲开发银行（ADB）建筑节能融资；合同能源管理未来收益权质押贷款；合同能源管理保理融资；项目贷款；融资租赁；外国政府转贷款；绿色 PE；绿色固定收益融资
光大银行	"光合动力"低碳金融服务套餐：合同能源管理模式化授信产品、清洁发展机制模式化授信产品和绿色权益质押融资模式（如排污权质押贷款等） 能效融资：节能融易贷 其他：绿色零碳信用卡
北京银行	能效融资："节能贷"特色融资方案；节能补贴贷、与国际金融公司合作中国节能减排贷款项目（CHUEE 项目）和中国中小企业节能减排融资（CHUEESME）项目 其他：传统的贷款项目（包括抵押、第三方保证及担保业务等）

（续表）

银行名称	绿色信贷产品创新
南京银行	能效融资：合同能源管理融资、节能减排技改融资 绿色装备供应链融资：绿色设备增产融资
招商银行	能效融资与清洁能源融资：法国开发署绿色中间信贷项目
民生银行	"供暖设施抵押＋供暖收费权质押＋银行账户监管"的创新担保方式
华夏银行	排放权金融：应收账款质押；清洁发展机制（CDM）；全球环境基金（GEF）赠款项目 能效融资与清洁能源融资：法国开发署绿色中间信贷项目；世界银行节能转贷项目
农业银行	排放权金融：CDM（清洁发展机制／碳减排顾问服务）顾问业务、"已注册CDM项目减排量转卖"顾问服务；排污权质押担保 其他：股权质押贷款、再生资源增值税退税账户托管贷款
工商银行	碳金融合约交易业务；为绿色环保行业提供投行服务
中国银行	能效融资：合同能源管理未来收益权质押融资项目产品，包括CND保理业务、产业基金、收费权质押等 排放权金融（含碳金融）：基于清洁发展机制（CDM）的节能减排融资项目（CDM项目碳交易融资及配套掉期业务）；基于碳排放权的金融理财产品（挂钩二氧化碳排放额度期货价格的汇聚宝0708L0801L等理财产品；EPA排放保证金保函的反担保函） 新型服务模式：建设—经营—转让（BOT）模式特许经营权；建设—转让（BT）模式特许经营权
中信银行	以物流融资方式开展产能过剩行业授信业务、绿色信贷中间业务
建设银行	"环保益民"金融服务方案：二氧化碳减排量环境权益跨境交易等
平安银行	节能减排技改项目贷款
宁波银行	第三方企业保证项下贷款
交通银行	清洁发展机制（CDM）融资业务、合同能源管理融资业务

　　第三，为了更好地控制绿色贷款的风险，"一票否决制"和名单管理被广泛应用于各大商业银行的绿色贷款活动，严格控制不符合要求的企业数量，建立"两高一剩"的行业分级机构，以确保金融服务的质量。此外，为了更好地防范环境污染，商业银行也会密切关注环保、安全生产方面的新闻信息，积极参与社会公益活动，建立完善的环境保护信用体系，以更好地识别、防范可能存在的污染源。

第四，从信息披露情况来看，商业银行社会责任报告显示，银行均对绿色信贷及"两高一剩"行业贷款相关信息进行了披露，并进行了第三方审验，但部分银行信息披露的规范性有待提高。许多银行会根据自身需求进行合理的信息披露，重点发布积极消息，避免发布消极信息。然而，由于缺乏实质性的定量信息，加上缺乏统一的数据来源，这些信息的完整性、可靠性及可持续性都受到了影响。

二、绿色信贷与实体经济融合发展的不足

近年来，绿色信贷需求迅猛增长，许多商业银行都纷纷开始提供绿色金融服务。尽管如此，与发达国家相比，中国的绿色信贷市场依旧面临许多挑战，如产品数量有限、结构单一、市场竞争激烈、市场份额偏小，无法满足实体经济的转型和提升需求等，无法有效地促进和推动实体经济的可持续增长。

（一）绿色信贷法律制度缺位

从立法上来看，我国在绿色信贷方面只有一些通知、指引等文件，并没有上升到法律层面。尽管各部委发布的绿色金融文件大多是建设性的、具体的措施，但其中涉及环境保护的法律条款却缺乏具体的实质内容，这就导致了这些文件的实际作用受到了限制，无助于促进社会的可持续发展。此外，由于缺乏具体的监管机构，这些文件的职能定位仍然模糊。当前的绿色信贷政策虽然有一些宏观的指引，但是由于缺乏有效的落地措施，使得政策的有效性被削弱，可操作性降低，也造成了金融市场一定的混乱。商业银行在实施授信的过程中，如果未遵守相关行政法规的要求，只承担相应的环境行政法律责任，而无须承担其他形式的法律责任，导致目前我国绿色信贷实施效果并不显著。

（二）考核失范催生"漂绿"问题

当前，"重量不重质"的评估方式容易导致资源配置失调，从而引发"漂绿"现象。"漂绿"指的是融资方将资金投入不符合环境效益期望的非环保项目，这可能是由于融资方经过包装将非环保项目打包为环保项目，

或者是因为筹集的资本未被用于环保项目。

信息不对称是"漂绿"现象出现的主要原因。由于信息的不对称，从金融机构到消费者，从政府到企业，从社会到个人，都受到了影响。特别是在绿色金融领域，借款者拥有完全的信息优势，消费者却面临着严重的信息缺乏。由于信息不对称，融资者会试图把一些并未被认为具有环保意义的建设项目变为满足环保要求的项目，并试图借助绿色贷款服务来实现融资。融资后，融资者也未遵守相关法律法规，反而把钱投入那些并未被认为有利于环保和经济发展的建设项目。除此之外，由于监管部门的信息不畅，不仅削弱了政府的执法能力，也使得"漂绿"的执法受到严重的制约。此外，由于没有专业的第三方评估机构，而公众、媒体和非政府组织的信息又不足，使得绿色贷款的外部监督难以发挥作用。

（三）激励不足致使环保意识淡薄

随着全球气候日益变暖，绿色信贷的推广受到了越来越多的重视。然而，当前的激励制度尚未完善，导致绿色信贷的导向制度不够清晰。为了解决这一问题，现在已经出台了相关的金融举措，如风险补偿、财政性奖励等，以鼓励商业银行积极参与环保金融的推广，促进环保金融的可持续发展。然而，由于环保意识淡薄，绿色信贷的推广仍然存在不足。许多商业银行仍然偏向于眼前的收入，而忽视了长期的战略。根据《绿色信贷指引》的规定，许多商业机构只是把绿色信贷作为一种推动社会经济和个人可持续发展的手段，他们并未充分理解这一重大概念，只把它当作一种实现公共利益的手段被迫实施，缺乏积极参与的意愿。

（四）产品创新能力弱

虽然目前一些中小型商业银行已经尝试推出各种不同的绿色信贷产品，但总的来说，它们的产品依然非常相似，没有提供独具特色、针对客户需求的服务，也没有足够的灵活性。绿色住房抵押贷、绿色生态汽车消费贷、绿色能效贷、绿色生态银行卡以及其他环保型零售消费产品在国外已经非常普及（如表5-4所示）。近年来，金融机构积极推动绿色信贷产品的创新。根据最新的调查结果，兴业银行、中信银行等少量银行已经开始尝试提供环保住房贷款或环保汽车贷款。显然，当前国内的绿色金融产品尚未满足客户多样化需求，也未能建立起完善的绿色零售服务体系。未来我国商业银行需立足本国市场，开辟适合中国经济社会的绿色信贷发展路径。

表5-4　国外商业银行销售的绿色信贷零售产品

产　品	银　行
绿色住房抵押贷款	荷兰银行、本迪戈银行、巴克莱银行、温哥华城市银行等
绿色生态汽车消费贷款	本迪戈银行、澳洲银行、温哥华城市银行、澳大利亚MECU银行等
绿色能效贷款	花旗银行、美国新能源银行等
绿色生态银行卡	加拿大蒙特利尔银行、汇丰银行、荷兰合作银行、巴克莱银行等

（五）风险管理机制亟待完善

随着人们对环境保护的日益重视，金融机构必须适应形势，建立一套完善的绿色金融专业支撑体系，以便更好地开展绿色金融业务，更加灵活地进行贷款审批、融资审批和财务审计，更快地识别和防范可能存在的风险。目前，中国金融机构的绿色金融风险管理系统仍处于初级阶段。为了更好地控制绿色信贷的风险，商业银行应该加强对社会及环境风险的认知，并采取必要的措施来回避这些风险。然而，目前还没有建立完善的政策体系，也没有形成能够有效分散、承担并弥补这些风险的系统性机构。根据最新的研究，许多商业银行并未充分考虑如何通过实际的方式来降低其对环境和公众健康的影响。例如，它们缺乏对于绿色保险、政府担保贷款和风险补偿基金的充分使用。

（六）供需错配导致资源浪费

我国绿色信贷在实施过程中存在资金需求与投放不匹配的问题。绿色产业主要集中于绿色农业、高新技术产业、文化旅游等行业。由于前期的环境污染治理和清洁生产成本高昂，以及投资的周期漫长，使得绿色信贷的要求变得极其苛刻，因此，金融机构会将资金优先配置到具有良好短期获益、低风险、高效率的领域，例如清洁能源、交通运输、节能环保等领域。在当前的经济形势下，"龙头企业争相抢，中小企业没人要"现象突出，银行偏向支持政府项目，而对于私营企业的支持却不够。此外，一些贷款产品的额度受到严格的控制，这使得中小型企业无法获得相应的支持。

（七）实体经济要素支持不足

科技、人才等实体经济要素是支撑绿色金融发展的基础。一方面，绿色金融的大力发展，离不开新一代信息技术的支撑。当前，金融信息基础设施的分布存在明显的不平衡，尚未形成完善的全国性数字金融生态，金融科技的普及面临着诸多挑战，科技赋能绿色金融的效果也有待提升。另一方面，人才是绿色金融可持续发展的根本。一名优秀的绿色金融专家必须掌握多个领域的专业知识，包括环保、融资、法律等。目前，拥有丰富的跨领域专业技能的复合型专家仍然短缺，这已经成为银行业实施绿色信贷的制约因素之一。

（八）统计标准尚难统一

目前，绿色信贷统计分类标准和统计口径的界定仍较为宽泛。由于缺乏清晰统一的定义，不同商业银行对绿色信贷项目认定或分类可能存在不一致的现象，给业务开展、监测分析等带来一定困难。我国目前对绿色项目的界定，主要依据银监会印发的《绿色信贷统计制度》、中国人民银行印发的《绿色债券支持项目目录》和国家发改委印发的《绿色债券发行指引》。2019年2月，国家发改委公布《绿色产业指导目录（2019年版）》。现阶段银行业对于绿色信贷项目的统计和披露主要基于上述文件对于绿色项目的界定和自身的理解。由于缺乏明确的界定标准，管理部门无法准确评估各家银行实施绿色信贷的效果。为此，应当制定一套统一、可操作的绿色信贷评估细则，以便在实施信贷业务时能够准确地识别出贷款项目是否符合绿色信贷的标准。

（九）信息披露和沟通机制欠缺

为了促进绿色金融的可持续性发展，建立一套高效、充分、及时、可追溯的信息交流和沟通机制显得尤为必要。特别是当前，由于企业环境信息披露体系的缺失，金融机构无从判断环境信息的真实性和可靠性，增加了实施绿色信贷的难度。此外，有力的环保信息发布与共享机制的缺失，使得金融机构与监管部门难以及时获取有关公司的最新环保状况，进而阻碍了绿色信贷的实施与有效的监管。由于商业银行提供的环境信息缺乏全面性，从而使他们的信贷审核机构难以作出正确的决策，也难以迅速实施有效的处理措施。上述现象也反映出中国绿色金融监管不足。根据相关政策规定，目前监管机构尚未强制要求大部分企业披露碳排放和碳足迹信息，金融机构和上市企业信息披露以鼓励为主，强制性不足。对于银行业的环境信息披露，由于采用的披露形式、内容、计量标准不同，无法与其他企业进行有效的对比，公众也很难从中获得有价值的信息。此外，各个监管部门之间的交流也受到了限制，导致了监管的漏洞与空白。

第三节　国际绿色信贷与实体经济融合发展的做法

一、日本

日本虽然国土面积有限，但全国各地都非常重视环境保护。近年来，日本紧随国际金融发展趋势，推出了一系列有助于环境保护的绿色金融信贷法律法规和激励政策，为日本的经济发展和产业结构优化提供了有力的支持。

（一）法律制度

20 世纪 60 年代，日本政府开始认真思考如何节约资源，并采取一系列有力措施，遏止不良社会影响，包括实施多项法律法规，加强监管，实施有效的环境污染治理政策和绿色金融政策，以此推动日本的可持续发展。日本的环保法律与金融机构的合同都是经过精心设计的，它们既严格又灵活，能够满足不同地区、不同类型人群的需求。这些法律为金融机构的业务开展提供了全面、权威的依据，使得它们能够更好地支持社会的发展。

1993 年，日本颁布《环境基本法》，作为本国环境方面的最高法规，为构建可持续发展的法治社会提供了重要依据。2010 年，日本环境保护厅颁布了《环保与金融服务：金融服务机构在构建低碳经济社会的新角色》，作为推动低碳经济社会建立的关键政策，大力推行绿色信贷，同时还颁布了《绿色信贷指引》，以减轻借贷双方的信息不平衡，明确了贷前、贷中、还款的信息披露和审核要求，加大了对第三方机构的支持，以确保绿色信贷的审核精度和使用的安全可靠性（如表5-5所示）。日本中央政府正努力采取措施，鼓励各级政府开放绿色信贷，让越来越多的企业家和普通民众受益。通过利用现代化的金融体系，鼓励各级政府开放绿色信贷，加快环境友好型产品的生产，从而为日本的绿色经济发展提供保障。

表5-5 《绿色信贷指引》详细规范

阶段	对借款人的规范	对贷款人的规范	对第三方机构的规范
贷前准备	（1）应对所要实施的绿色项目的环境改善效果进行完整评估。（2）制定资金跟踪管理方案、项目结束时环境改善效果的评估方案	建议参与项目评估及选择流程	鼓励引入第三方机构对贷中资金管理进行回顾评估，并独立评价环境改善效果
贷前审批	（1）提交募集资金使用用途的说明。（2）提交OCP说明，即项目的环境目标、具体标准及评估流程。如果确定投资于单项绿色项目，则无须说明OCP，但需要说明通过绿色项目希望实现的环境目标以及评估和选择该项目的过程。（3）如果所要实施的绿色项目可能对环境产生一定的负面影响，则需提交相应的评估及应对措施。（4）需提交贷中资金跟踪管理的方案	审查借款人提交的材料	
贷中管理	（1）对全部募集资金进行跟踪管理，并定期（至少每年1次）确认用于绿色项目的资金与实际筹集资金一致，若出现暂未拨付资金，则应追加说明管理方法。（2）定期（至少每年1次）向贷款人汇报绿色贷款使用情况并向公众披露	定期审查借款人的披露信息	
还款	进行环境改善效果评估与上报	审查环境改善效果报告	鼓励引入环保部门或独立第三方评估机构参与项目的环境评估以及跟踪管理方案的科学性评估

（二）业务创新

日本的商业银行通过业务创新规避绿色信贷的信息不对称问题。日本瑞穗银行是亚洲第一个赤道原则银行，内部设置可持续发展部，不断优化内部管理体制，增强业务竞争优势，使银行获得了更多的商业机会和收益。日本开发建立了对预防设施、治理设施、整改设施等进行贷款的金融制度，对工厂搬迁及防治污染新技术应用所需资金也可进行融通，同时，还对绿色贷款的流程进行了细致严密的规定。近年来，通过不断探索，日本在绿色信贷的基础之上，延伸出了可持续链信贷（Sustainability Link Loans）业务，它是对绿色信贷的一种模式创新和外延扩展。（如表5-6所示）

表5-6　日本商业银行开展的可持续链信贷业务

借款人	贷款人	第三方机构	借款金额	综合环境目标
丰田合成株式会社	三菱东京UFJ银行	日本信用评级机构有限公司	50亿日元	CO单位（单位销售额CO排放量，集团总量）：2020年比2012年减少12%；CO_2单位（单位销售额CO排放量，公司主体）：2020年比2012年减少17%；废弃物单位（单位销售额废弃物量，公司主体）：2020年比2012年减少12%；在2020年度达到上述3项的水平，并维持到偿还期限
三越伊势丹控股	三井住友信托银行	日本信用评级机构有限公司	50亿日元	在CDP公布的气候变化评分中保持领先水平（A，A-）

（三）金融科技

日本积极利用最新的金融科学技术，不断提高自身的服务水平，极大提升了金融服务的质量。通过利用互联网、人工智能、自动化、智能化技术，日本的金融服务更加精准、有效。日本政府正在努力实现政府的信息化，并将政府的信息技术应用于更多的领域，以实现更加有效的政府决策，同时也在努力拓展"datago.jp"数据平台的使用，更加全面地利用互联网，以实现更加高效的政府服务。该平台可以收集、分析、展示多样的信息，包括调研报告、政策制度、年度报告、决策支持、行政管理、法律法规、社会保障、经济发展情况等。"综合经济数据银行系统"（Nikkei Economic Electronic Databank System）被誉为日本经济数据库的佼佼者，它汇集了6个数据库，涵盖了28万家中小企业的基本情况，包括29万名国内大中小企业的管理人员和政府工作人员的数据，为中小企业提供了全面的财务、证券市场、宏观经济和市场营销等方面的数据。这些大数据平台或系统可以为绿色信贷提供全面的数据服务。随着网络、云计算等先进数字技术的发展，金融机构已经拥有了更加完善的信贷审批和风险管理体系，这些体系既可以帮助他们发现和防止企业的欺诈行为，也可以帮助他们更好地管理和控制"漂绿"事件，使得资源和环境保护的结果更加准确、高效。目前，金融机构正在积极推动其在信息披露领域的投入，以此推动企业信息披露水平的持续改善。

二、美国

美国拥有全球最成熟的金融体系和最发达的金融市场，其创立的绿色金融制度和体系，在世界上处于领先地位；其形成的绿色信贷理念，对我国该领域的研究和发展具有借鉴意义。

（一）法律制度健全

自20世纪70年代起，美国政府不断发布涉及保护环境、绿色金融的相关法规，构建起一套全新的、系统的绿色金融体系，进一步规范了各级政府、企业及金融机构的职能，从而有效促进了绿色金融的普及，并且建立起一个牢固的法治框架。1980年，美国政府发布《超级基金法》，为促进全球经济和社会的健康发展，明确了商业银行的重大义务，即为推动绿色经济的建设和为实现绿色经济的持续繁荣而努力。该法案特别强调，商业银行必须严格遵守相应的环保政策措施，必须为实施项目造成的环境污染问题负责，并且必须做到长期的绿色化经营。若某个投融资项目给当地的自然环境带来损害，依据法规，商业银行必须负起相应的赔偿义务。因此，政府及其相关机构应当加强对投融资项目的环境保护工作的监管。

（二）激励政策完善

1978 年，美国国会通过《能源税收法》，对那些支持环保的人士给予了更多的奖励。根据这项法案，那些支持环保的人士，如果他们的支出金额小于 2000 美元，就会获得 30% 的减免，而如果支出金额高于 2000 美元，则会获得 20% 的减免，这种减免措施对推动环保工作非常有效。

（三）数据信息共享

美国的金融机构一直致力于提升其信息化能力，并且已经建立起一套高效的信息交流体系，以实现对环保部门的全面掌控。从 2002 年起，美国环保局网站就不断更新环保信息，其中链接了环保部门超过 80 万台的环保检测仪器，以确保环保信息的实时传达。2009 年 5 月，美国政府推出"开放政府计划"，并在此基础上推出"政府开放平台"，以及"一站式云计算服务门户"和"一站式数据下载网站"（Data.gov）。Data.gov 已经整合了联邦政府的 17 万多个数据库，并且在 2014 年覆盖了农业、气象等 50 多个领域，其中生态系统的研究更是占据了重要地位。2012 年，美国正式发布《大数据研究和发展计划》，由美国能源部、国防部、国家卫生研究院等 6 个联邦政府部门组建大数据高级指导小组，以促进大数据的健康有序发展。美国也是全球首个将大数据从商业银行经营实践提升到国家战略和国家意志层面的国家，构建起由"业务驱动"向"数据驱动"的新运营模式。

（四）建立绿色银行

美国绿色银行的概念最早由里德·洪特和肯·柏林提出，旨在吸引更多的社会私人资本投资低碳清洁型的基础设施项目，推动居民能源设备"更新换代"，进而实现社会经济向低碳转型。美国绿色银行多由州政府主导，且具有准公共机构的性质。康涅狄格州绿色银行是美国首家绿色银行。其 2021 年的财报显示，2019—2021 年该银行实现营业收入连续三年增长，分别为 1957 万美元、4614 万美元、17124 万美元。其低碳能源项目创造了25612 个就业机会，减少了 990 万吨碳排放量。从社会效益以及绿色发展角度看，康涅狄格州绿色银行不仅促进了就业，也推动了社会经济向绿色低碳转型。

（五）产品丰富多样

美国的银行机构正在大力推进可再生技术的发展，以帮助那些希望实现资源可再利用的企业，比如开发、销售、维护可再利用的技术，实施可再利用的技术改造等。花旗银行的全球消费者服务中心也在积极推出可再生的绿色信贷服务，以促进可再生资源的利用，帮助那些希望实现可再生的企业，进而推动社会发展。它通过与夏普公司的合作，向消费者提供低息融资贷款，同时把节能指标融入它贷款的评估过程，以此来帮助中低收入群体实现可再生资源的利用。富国银行致力于向建设项目提供全面的、可靠的、环保的融资服务。

三、英国

（一）国际协定与国内环境立法

英国在国际上率先采取行动，积极投身于减少温室气体排放的国际合作，制定并实施有助于实现可持续发展的各项法律、规章、政策，成为全球首批提出低碳经济的国家。1992 年，英国政府加入《联合国气候变化框架公约》（UNFCCC），1997 年又加入《京都议定书》。2001 年，英国首次实行气候变化税，采取一系列有效的减免政策来缓解环境压力。2008 年，英国通过《气候变化法案》，成为欧美国家中第一个将碳排放量纳入法治框架的国家。2016 年，英国作为《巴黎协定》的缔约国，积极参与联合国 2030 年的可持续发展计划。此外，英国通过《绿色工业革命十点计划》（The Ten Point Plan for a Green Industrial Revolution），以期在 10 年达到 2050 年的全球环境清洁目标。《国家基础设施战略》（National Infrastructure Strategy）与《能源白皮书：赋能净零排放未来》（The Energy White Paper：Powering Our Net Zero Future），旨在推动 10 大环境可持续发展重要举措，包括推广可再生能源、改善公共基础设施、开展绿色出行、推动科学技术的应用等。

（二）配套激励机制

为推动环境保护政策的有效实施，英国政府推出了一系列激励措施，以支持绿色信贷的发展。《贷款担保计划》为环保企业和项目提供融资担保，无论其经营状况如何，无论其偿还能力有多强，都可以申请政府的低息信贷，最高 7.5 万英镑，以支持环保行动。政府还提供 80% 的担保资金。但是，贷款企业必须经过严格的审核和把关，以确保不会出现污染环境的情况。通过提供良好的融资环境，帮助企业获得信贷资金，可以促进和支持绿色产业的发展。

（三）业务产品创新

英国拥有多种多样的环保型金融机构，其中巴克莱银行的绿色信用卡是代表之一，它为消费者提供优惠的借款利息，使得消费者能够更加轻松地获得环保型金融支持。巴克莱银行已经宣布，其 50% 的绿色信贷收益将被投入环境保护领域，并致力于推动英国气候变化委员会的预测——在 2050 年之前，英国的家庭至少把污染物的排放量降低 80%。英国政府已经制订了一项计划，旨在于 2035 年前，使英国的住宅能够满足效能评级（EPC）频段 C 的最低要求。为了实现这一目标，政府推出了一系列的政策，包括政府和企业合作，设置节能减排基金，以便英国的住户安装太阳能电池板和改装阁楼，以实现住宅的可持续利用。英国金融联合协会提供的生态信贷，为那些希望拥有更加节能、更加舒适的住宅的人们提供了一种全新的选择，他们不仅能够享受到更多的绿色环保优惠，而且能够享受更久的付款周期。英国政府推出"绿色转型贷款"，旨在支持伍德集团，帮助其拓展低碳技术与应用的研究，增强可持续性。

（四）数据信息保障

2010 年 5 月，英国首相卡梅伦发表"数据权"宣言，强调数据权是每个公民应该享有的基本权利。2012 年 12 月，英国数据战略委员会正式宣布，将建立一个全国性的数据服务平台，致力于促进数据的公平共享和可持续发展。建立 Datagov.uk 网站，用以公开政府信息和数据，开放的数据中能源与环境是非常重要的一类，其中就包括污染程度、能源消耗等。

总之，日本、美国、英国等发达国家在绿色信贷与实体经济融合方面的实践各有千秋，都对本国实体经济的高质量发展起到了良好的促进和保障作用，同时也对我国的制度建设具有参考意义。

第四节 绿色信贷与实体经济的融合对策

一、强化顶层设计，构建绿色信贷与实体经济融合框架

（一）立足国家战略，提供有效制度指引

为了更好地实现可持续的未来，我们必须不断以"负责任金融"的精神，积极响应党中央关于绿色发展的号召，积极参与环境保护、可持续发展政策的实施。将践行"绿水青山就是金山银山"理念与服务国家战略有机结合，重点围绕产业兴旺、生态宜居等要求，加大对环境保护、绿色产业等领域的支持力度。根据国内外先进的理念，结合本土的特点，为促进绿色信贷与实体经济的深入融合，政府应迅速出台落实相关政策，并提供详细的指南，包括但不限于转型标准、产品工具、披露要求、评估指标、绩效考核以及奖惩机制，构筑一个全面、系统、可持续的绿色信贷与实体经济融合机制。

（二）聚焦重点领域，发挥好差别化政策的引导作用

为了更有效地推动绿色低碳转型，我们必须着眼关键环境问题，并采取有针对性的措施。由于各个省份、各个地区、各个行业的环保意识水平不同，我们必须针对每个省份的具体情况采取有针对性的措施，以确保各项改革措施的有效执行。为了更好地促进经济的健康发展，建议采取多种措施，包括：首先，建立完善的政府指导机构，确保每个地区、每个部门都能够结合本地的经济情况来执行；其次，建立有效的财税支持机制，加大财税投入，支持有需求的企业。同时，建议国家发改委等有关部门牵头制定《绿色信贷与实体经济融合发展指导目录》，进一步明确绿色信贷可支持的行业，实现多领域、全链条的绿色信贷网络全覆盖。聚焦国家区域发展战略，持续做好京津冀、粤港澳大湾区、长江经济带、黄河流域等重点区域的绿色发展工作，推动重点区域走上生态保护和高质量发展之路。

二、完善法律法规，强化绿色信贷与实体经济融合保障

（一）健全绿色信贷法律体系

为了更好地促进经济的可持续增长，建议通过《绿色信贷指引》来指导政策，并通过《绿色信贷法》来强化这些政策的执行。这样才能更好地保护我们的自然资源，并为社会带来更多的福祉。在保护自然资源的前提下，加强法治建设，清晰地界定污染源的法定义务。出台《绿色信贷法》的目的是推动金融发展，我们应该将这些法律法规纳入金融发展计划，以便更好地保护我国的自然资源。

（二）强化绿色信贷法律执行控制机制

在实施绿色金融责任制度的过程中，应重点加大对金融机构、市场经济等方面的责任追究力度。应当依照相关规定，严肃处理企业领导层的违规问题。可以组建由金融监管总局牵头，中国人民银行、生态环境部、国家发改委、工信部等相关部委参加的执法主体，建立权责分工制度和联动机制，解决绿色信贷供给侧和实体经济需求侧沟通协调不畅、配合不力等问题，将多方力量拧成"一股绳"支持实体经济。

三、建立激励机制，激发绿色信贷与实体经济融合动力

为了促进绿色信贷的落地，需要创造一个激励环境，以促进绿色金融的发展。为此，可设计一套完善的考核与激励机制，以表彰那些在绿色信贷中作出突出贡献的金融企业，并给予它们相应的补偿，或通过其他形式的鼓励措施来增强金融企业的环保意识，促进金融企业的可持续发展。

（一）加强正向激励机制

通过建立有效的激励措施，使借贷成为一种公平、公开、公正、有效、可操作、可监督、可追溯、可监管的活动，使借贷双方能够实现双赢。当前，绿色信贷制度的一些挑战源自市场的不足。作为一个中立的监督者，必须充分考虑"理性人"的原则，利用经济杠杆有效地指导并限制银行业金融机构的市场活动，并给予它们积极的鼓励。为了促进我国的绿色发展，

应该采取更多的措施，包括实施更多的财税、金融政策，以及提供更多的贷款服务。例如，降低企业的负债水平，为企业提供更多的贷款机会、贷款抵押，以及贷款担保等。同时，我们也应该为商业银行提供更多的政策支持。为了鼓励更多的企业参与到环境友好型经济发展中来，政府应给予更多的激励政策，包括但不限于给予财政贴息、税收减免，给予风险赔付以及建立担保基金，以此来激发企业参与环境友好型经济发展。

（二）优化协同激励机制

随着世界气候变暖以及资源紧缺等问题的加重，绿色信贷主体之间的共生共荣关系变得更加突出，也成就了绿色信贷主体之间的共赢关系。一套有力的激励机制，可以确保金融、企业以及当地政府都能从中受益。为了促进绿色信贷的可持续发展，需要不断完善制度，健全行之有效的财务、税收、法规等措施，以鼓励金融主体（包括金融企业、地方金融监管部门）的合作，减少金融主体的负面影响，实现政府、金融、企业、投融资者等的利益最大化。

（三）创新激励形式

为了促进绿色发展，政府应该大力推进激励机制的制度改革，将经济激励与政策、法律等多种激励措施有机结合，以激励金融机构更好地支持和促进绿色发展。对执行绿色信贷成效显著的银行给予奖励性的正向激励，而对于银行违规向环境违法企业贷款的行为实行惩罚性的反向激励。不仅要从政策层面实施正向激励和反向激励，时机成熟时通过立法形式，把成熟的政策制度上升到法律层面上，实施法律激励。

四、统一统计标准，畅通绿色信贷与实体经济融合堵点

（一）明确界定绿色信贷范围标准和统计口径

为了促进绿色信贷发展，政府部门必须采取措施，确立统一的标准，给予商业银行更加有效的指引。在制定这些标准的进程中，必须充分考虑各个方面的影响，包括行业、产业、技术、经济状况以及其他重大影响因素，并且形成定性和定量的综合环境风险评估机制。根据赤道原则，我们

把项目的贷款风险划分成四个不同的水平：A 是最低的，B 是一般的，C 是较高的，D 是不能接受的。这样，商业银行就可以通过数据来评估和控制贷款的风险，进而更好地管理和控制它们的使用。通过引入可持续发展的财政政策，让更多的财政投入可持续发展的领域，不仅有助于推动金融机构的资源有效利用，更有助于落实企业的环境和社会责任，进而推动我国的绿色产业发展，以及与实体经济的紧密结合。

（二）完善内外部绿色信贷评价体系

为了更好地促进可持续发展，政府应该加强对银行业的监督，并通过完善相关的法律法规、公开透明的财务报告以及严格的质量控制，来衡量绿色信贷的有效性。此外，应当根据《绿色产业指导目录（2019 年版）》，更加清晰地划分出不同类型的绿色产品及其相关服务，以便更好地为社会提供可持续的信贷支持。为了更好地评估银行业的绿色信贷情况，应该更严格地审计自评报告，并努力接近客户的期望。同时，应尽量减少自评指标体系中的定性指标。

五、搭建数据平台，共享绿色信贷与实体经济融合信息资源

（一）建立全国统一的绿色信贷信息共享平台

通过引入先进的信息技术，创建一个全新的、能够支持多个部门互联互通的信息共享平台，以提升各个领域的工作效率，减少信息壁垒，促进各个领域之间的合作与发展。这一系统将连接各个行业、各个领域、各级政府、各种组织，使得资源能够更好地流通与分配。为了更有效地推进绿色金融发展，各金融机构都有责任充分利用公众参与的信息，包括但不限于环保机构的环评报告，从而降低获取环保数据的费用。

（二）提高环境信息披露水平

为了进一步改善当前的环境状态，我们应该加强对环境信息的公开，以便让社会各界能够及时了解有关企业的环境保护行为，降低信息获取的成本。为了保护环境，我们应该制定严格的绿色信息披露标准，并对所有的非金融类信息进行有效的整合和管控，以便于将其转换为有效的、可靠

的、具有可比较性的、便于查询的共享信息。

（三）发挥社会公众监督作用

通过加强宣传、推广、引导、管理，可以有效地增强公众对绿色信贷的认识，同时，通过多种形式的宣传活动，如互联网、新闻网络、微博等来宣传绿色理念，可以增强大家对环境保护的认识，从而激励大家积极参与，推动绿色信贷的可持续发展。要特别注意对非政府组织的有效管控，积极引导和鼓励全民共同参与，以促进中国金融业的可持续性和环境友好型经济发展。

六、创新产品服务，优化绿色信贷与实体经济融合服务模式

当前，由于商业银行的信贷产品过于单一，无法有效地满足企业与消费者的各种需求，从而导致我国绿色信贷的发展步伐较为缓慢。为此，商业银行不仅要落实绿色信贷的相关政策，还必须加强对绿色产品与服务的研究，并将其与环保和社会责任的概念完美结合。

（一）发展绿色零售业务

国家正在努力推进绿色信贷业务的多样化，以适应我国社会的多种需要，促进绿色生态经济的可持续发展。在此过程中，应重点关注中国消费者的多样化需求，加强与市场的互动。要加大绿色贷款支持力度，为绿色信用卡持有人提供更多的贷款政策，包括贷款延迟偿还、贷款利息减免，同时也可以为他们提供更多的绿色理财产品，如投入绿色债券和环境友好型理财计划中，促进资金的有效配置和合理流转。

（二）结合区域产业特征推出差异化产品

可以根据不同的产品类别、当地的产业结构、经济状况以及本土的环保意识，推出适应该地的绿色信贷产品，帮助该地的传统行业实现转型升级。此外，我们还可以探索一些由政府投资的绿色产业的创新金融服务，比如全域生态贷，来支持传统制造业的转型升级和当地环境保护及经济增长。

（三）绿色信贷产品标准化建设

为了满足"长周期""高投资""轻资产""迟收益"型企业的需求，应该

制定出一套与传统信贷产品不同的、更加适应当前环境的绿色信贷产品标准，以简化绿色信贷的审批过程，并最大限度地提高其可持续性。为了更好地管理绿色贷款，金融机构应该采取措施，包括统一贷款审批流程，并使用"轻资产"中提到的绿色贷款抵押权，比如开发环保收益权抵押贷款、碳排放权配额抵押贷款、排污权抵押贷款，来放松贷款限额。同时，应该创建专门的绿色发展风险管理体系，来管理贷款的风险。为了更好地适应不同的中小企业的投融资需要，互联网金融机构应当充分利用自身的多样化资源，将绿色融资融入保理、融资租赁等多种融资模式中，以提升中小企业的投融资效能，促进经济的可持续增长。

（四）拓宽绿色融资综合服务

通过整合融资和开发多元金融工具，可满足新兴和可持续发展领域中投资者复杂多样的需求，从而建立起一个完整的、具有独特性的绿色信贷供应系统。通过引入欧美等先进金融模式，结合区块链技术，推动绿色资产证券化发展，支持 ABS、REITs、债券产品的发行，从而有效提升绿色金融产品的效率，实现绿色金融产业的持续、健康、稳定、有效发展。

七、强化风险管理，筑牢绿色信贷与实体经济融合安全保障

（一）准确识别风险

为了更好地控制风险，商业银行需要积极开展与全球顶尖金融公司的合作，深入研究赤道原则以及其他相关的绿色金融规范，将其纳入日常经营活动中，以便更好地发现潜在的环境及社会风险，从而更好地收集、辨认、审核、处置以及控制这些风险。应该加强对贷款项目的环境风险评估，重点考察可能存在的主要风险因子，以及可能造成的不利后果，以便形成一套完善的环境与社会风险控制机制。此外，还应该定期开展"漂绿"模型的压力检验，以便及早识别可能存在的潜在危害，并采取有效的应对措施。

（二）加强内部控制

为了更好地保护公众利益，商业银行和其他金融机构需要不断完善内

部控制体系，严格遵守相关的准入和监督规定。此外，它们还需要对信贷审批流程进行重新设计，以便更好地监督和防范各种可能的环境和社会风险。为此，需要建立一个分级、分类、有效的绿色信贷风险管理和审核体系。为了更好地推动环境友好型经济发展，应该建立一个特殊的绿色信贷机构，负责研究并实施环境友好型经济发展战略，并对相关贷款进行严格的信贷审核。

（三）通过多种手段分散风险

金融机构应该采取更多措施，包括推广绿色贷款，完善贷款激励机制，提供损失赔偿等，以分散信贷风险。此外，金融机构也可以采取保险措施，如购买保险，对企业进行风险管理，并对其进行经营风险评估。这些措施都有助于金融机构更好地支持绿色信贷项目，并降低其经营风险。

八、培育经济动能，挖掘绿色信贷与实体经济融合内生价值

（一）聚焦重点绿色产业，推动绿色发展

进一步厘清产业边界，聚焦《绿色产业指导目录》重点发力，将政策和资金聚集到能极大推动绿色发展的产业上。助力节能环保产业发展，加大对节能降耗、绿色生产和循环利用等技术模式推广应用项目的营销和支持力度。

（二）挖掘绿色产业经济价值

为了实现可持续发展，必须落实新的发展战略，把绿色金融融入绿色产业的细枝末叶，以提升绿色产品的价值。通过全面探索绿色产业的可行性，可以减轻当前的财政负担，增加银行对环保领域的投资，促使当地政府及其相关企业共同投资环保产业，从而增强环保投资的可持续性，并促使环保投资与实体经济紧密结合。

（三）统筹生产要素各项资源

为了促进社会的可持续发展，我们必须充分利用财政资源，坚持以可持续的方式推进绿色发展，强化对生态、能源、信息等关键因素的持续性投入，同时紧跟农村产业的复苏步伐，推动绿色金融的深入开拓，以保证

社会发展的可持续性。通过充分利用科技资源，加大对金融科技的投入，推动绿色信贷、数字化交易的有机结合，实现科学技术的双向推动。培育人才资源，加快专业人才队伍建设，加强金融教育以及绿色知识的普及。为了满足绿色信贷的需求，专业机构应该通过内部培训和外部引进的方式，与高校、科研院所等机构建立合作关系，并积极储备专业人才，以解决绿色信贷领域人才短缺问题。最后，厘清绿色信贷与生态文明的关系，以绿色金融赋能绿色发展。

第六章　绿色保险与实体经济的融合发展

一直以来，我国保险业的快速高效发展在整个经济社会中占据着非常重要的地位。保险业的高质量发展促进了经济的持续发展，经济社会的快速发展又进一步为保险业提供了新的发展机遇，保险业与实体经济的融合发展正逐步实现"高质量"与"可持续"的统一。基于绿色金融"三大功能、五大支柱"的定位，我国保险行业积极探索绿色保险服务经济社会低碳转型的实践之路，促进绿色保险与实体经济的融合发展，从而助力实现碳达峰、碳中和目标。党的二十大报告明确提出，完善支持绿色发展的财税、金融、投资、价格政策和标准体系，发展绿色低碳产业。绿色保险在绿色金融体系中一直占有重要地位，也发挥着重要作用，尤其是在风险管理方面，能够在一定程度上加强群众和社会对绿色金融体系的认识，保障绿色技术、绿色成果、绿色产品价值转化，并进一步促进绿色保险与实体经济的融合发展，促进经济社会绿色低碳、可持续发展。

绿色金融的提出对整个经济社会的发展起到非常重要且关键持久的作用。有一些学者对实体经济与绿色金融的融合发展进行了深入研究，如王骁羿提出推进新经济结构转型和完善发展的关键一项就是大力发展绿色标准和相关政策，加强人们对绿色环境、绿色生态、绿色金融等的认识，这些都为新发展环境下绿色金融与实体经济融合发展奠定了良好基础。实际上，绿色金融与实体经济的融合也面临一定的困境，需要梳理两者的因果关系。对此，北京大学经济学院风险管理与保险学系主任郑伟也提到，在绿色保险与社会经济融合发展过程中，保险机构起到非常重要的作用。保险机构可以分别从资产运用端、保险产品创新模式以及风险管理技术等方面为绿色保险的进一步发展提供思路与方式。绿色保险与社会经济融合发展一直受到社会的肯定与支持，如银保监会原副主席梁涛提到不能将绿色保险只看成是保险产品的一种简单创新模式，它其实是一种标准和生产方式方法的改变。无论是保险机构还是相关金融机构都要从根本上全面加强绿色保险意识，进一步调整公司发展方向与业务目标，正确看待和处理好绿色保险与社会经济的融合发展关系。针对保险公司的运营，李永指出，保险机构应该明确发展方向、抓住发展机遇，充分发挥保险的保障作用，提高保险的社会保障能力，在保险产品创新和保险服务能力方面突破常规传统方式，采用创新方式积极推动绿色保险在社会经济中的发展。

第一节　绿色保险的概念与特征

与传统保险方式不同，绿色保险更强调绿色的发展观念，有效利用保险产品与服务，推动社会经济的可持续发展。保险机构可提供环保技术装备、绿色交通、清洁能源等保险服务，承担质量、安全和绩效方面的风险，以推动环保新技术的引进、推广和应用。保险除了负有服务中国实体经济、推动经济社会稳定增长的经济责任之外，还负有保护自然环境资源、推动社会绿色生态与可持续发展的社会生态责任，同时还具有社会稳定剂与国民经济助推器的功能。保险公司拥有大量吸收社会经营风险的特殊本领，对增强中国经济社会的发展韧性至关重要。随着绿色生态金融理念的发展，绿色保险已成为中国绿色生态体系中的关键融资力量，在国民经济发展和社会日常生活中发挥了日益重要的作用，特别是在处理环境污染和气候变化、保证公司资本的顺利运作、化解社会经营风险等方面有着特殊优势。银保监会在《绿色保险业务统计制度的通知》中，对绿色保险的概念做了更进一步的说明，并设立了绿色保险行业统计制度。[①] "绿色保险，是指保

————————————

① 中国银行保险监督管理委员会：《绿色保险业务统计制度的通知》，国家金融监督管理总局网站，2022 年 11 月 11 日。

险业在环境资源保护与社会治理、绿色产业运行和绿色生活消费等方面提供风险保障和资金支持等经济行为的统称。"从狭义与广义两种视角来解析该概念：狭义的绿色保险就是环境污染责任保险，是指企业生产污染环境，导致第三者财物或人身损失的，由保险公司在规定的限额内进行赔付，但同时也需要支付环境污染处理费。广义的绿色保险是指可持续发展保险，即涉及生态文明理念和环境意识的保险业务，通过保险业的绿色转型来实现保护生态环境及支持环保产业发展的目的，为绿色经济建设添砖加瓦。

保险行业服务于绿色生态发展并促进与实体经济的融合，从内涵来看，主要有以下几个方面：首先，以政府导向政策为总揽，进一步明确绿色保险业务体系，逐步确定绿色生态保障发展路线；其次，积极引导保险机构增加对绿色保险投资，不断推进保障产品业务框架构建，进一步增强保障创新发展能力，促使绿色生态保障提质扩面，进一步培育绿色保险特色产品，以专业化供给带动专业化需求；最后，进一步研究建立绿色保险制度和行业标准体系，以更好更规范地实现实体经济的绿色低碳发展。此外，基于保险公司在经济与社会融合和促进绿色发展过程中的先天优势，应该同时在资本与负债两端发力。具体而言：

一方面，发挥保险产品损失补偿和风险分担功能，为防治环境风险、维护环保利益与社会效益提供有效保险保障，促进环保新科技成果的应用，助力绿色产业健康发展。主要表现为：（1）积极探索产品创新，持续丰富绿色保险产品供给，探索开发环境责任保险、草原生态险、森林碳汇指数保险、巨灾保险、古树名木保护救治险等产品，涵盖绿色生态、绿色生活以及绿色产业三个应用领域，为生态建设环境保护和绿化生态企业发展提供更加全面有效的保障。（2）科技养殖、保险兜底。保险公司给饲养户吃下了"定心丸"，不但有效提升了饲养业抵抗经营风险的能力，而且充分调动了饲养户饲养的主观积极性，有力推动了饲养业的蓬勃发展。（3）保险行业针对生态建设环境保护推出了环境责任险，并接连推出了渐进环境污染责任险、草原生态险、生态损害责任险等险种，以支持环境有效治理。（4）为切实保证绿色保险服务提质增效，保险行业积极打造"科技＋服务＋保险"的管理模式，进行前期预防、中期定损、后期快赔的全过程风险管理，以保护绿色生态行业的飞速发展。在自然资源环境保护管理中，借助卫星遥感技术，推行林木碳汇指数保险，以促进森林资源培育；建立自然灾害实验室助力防灾减灾等。

另一方面，利用保险基金的稳定性和长期优势，我们可以确定投资方向，扩大投资规模，为绿色技术和产品引进源头活水。主要表现为：（1）投资和负债两端，保险行业也在不断拓宽"绿化"范围，深化"绿化"内核。统计表明，截至 2022 年 6 月底，中国平安环保绿色项目类投融资金额为2494 亿元，绿色银行类业务规模达 1617.35 亿元，环境类的可持续保险产品于 2022 年上半年原保险保费收入达到 769.71 亿元。[①]（2）保险机构也在调整其组织结构，以促进绿色保险业务的发展。多家保险公司成立了绿色保险办公室，以协调公司的绿色保险业务，确保绿色理念融入各个业务环节，并设立专门部门，促进绿色保险业务的发展。（3）关注低碳项目。在投资方向上，企业不但重视发展低碳领域项目，还逐渐减少了高碳气体排放的项目资产占比。另外，面对各产业的低碳转型，行业研究部积极探索在环境保护、节水、洁净能源、绿色建筑、绿色生态交通运输等领域的绿色生态股权、绿色投资、绿色债券等新投资机遇。（4）保险业借鉴 ESG 投资理念和国际绿色投资，制订绿色投资目标评估方法，加强绿色项目识别和风险管控，不断提升绿色金融投资业务能力，将绿色因素融入基本面分析维度，逐步扩大绿色投资规模。

总体来讲，保险能够发挥社会稳定器和经济助推器的作用，除了承担为实体经济服务、推动社会经济发展的经济责任，还承担着保护自然环境资源、促进绿色可持续发展的环境责任。自从碳达峰和碳中和目标提出，"绿色保险"越来越得到社会的重视。如何促进中国经济绿色转型发展，是保险业发展必须关注的问题，这将进一步推动中国实体经济和绿色保险的

---

① 中国企业改革与发展研究会、首都经济贸易大学中国 ESG 研究院主办的《企业 ESG 披露指南》团体标准发布会：ESG 披露的《企业 ESG 披露指南》团体标准。

快速高效整合发展。可以说绿色保险投资业务助推实体经济发展，实体经济发展又促进绿色保险发展，其中包括制度完善、业务发展和产品开发等。

第二节 绿色保险与实体经济融合发展的现状与不足

一、发展现状

现阶段，在"双碳"背景下，绿色保险与实体经济的融合发展主要体现为以下两方面。

一是保险产品创新方面。当前，绿色保险产品已经涵盖了环境保护、绿色能源、绿色产业、灾害风险保障、环境友好行为五种类型的创新保险产品。这些创新绿色保险产品的出现和发展，有利于增强社会环保意识，促进资源有效利用，推动保险行业稳步发展。无论是清洁能源、绿色交通等产业，还是环境保护领域，都活跃着保险的身影。二是保险资金运用方面。众所周知，长期投资和价值投资的投资理念与绿色发展的内在逻辑相一致。长期投资注重企业的长期价值和可持续发展，而绿色发展也追求经济、社会和环境的协同发展，强调生态环境的保护和资源的合理利用。在这种一致性的逻辑下，金融投资者可以选择那些具备长期价值和潜力的绿色企业和项目进行投资，实现经济效益和环境效益的双赢。同时，绿色发展也为投资者提供了更多的投资机会，特别是在绿色金融领域，可以通过投资绿色债券、绿色基金等方式来实现长期的投资价值和可持续的发展目标。在"双碳"政策背景下，传统高耗能产业会逐年下降，同时预期互补类公司和产业会相继受到影响。针对以上发展预期，公司使用保险金额来提前投资绿色发展领域进而规避"转型风险"是一种明智的选择。此外，绿色发展领域的发展前景较好，如果公司将保险资金投到绿色发展领域，有很大的可能性提高投资收益率。这对于保险公司来讲尤为重要，因为其承担着民生保障的重要责任。在不久的将来，随着越来越多的长期投资进入保险投资市场，保险行业也将成为肩负各种各样养老资金发放重担的一员。因此，将绿色发展理念融入投资领域和产品分类设计中，能够维持行业对资金的向心力。保险资金的投资还可以推动绿色技术的创新和应用，促进绿色产业链的完善和发展，助力绿色经济转型。因此，绿色保险经济的发展既离不开保险产品创新，也离不开保险资金运用，具体表现为以下几个方面。

（一）绿色保险发展在宏观政策和制度层面具有顶层支持与政策引导作用

近年来，中国加强了对绿色保险发展的管理，指出要在金融行业中贯彻落实可持续发展的绿色理念。2015 年中国首次提出推动"构建绿色金融体系"这一观点，2016 年全面安排如何构建和发展绿色金融体系，我国成为全球第一个对绿色金融发展进行战略安排的国家。[①] 党的十九大报告强调推动绿色金融发展的重要性，2020 年提出了要坚持以"碳达峰、碳中和"为目标的绿色金融高质量发展方向。我国一直都站在战略高度层面思考并推动绿色金融的发展。此外，银保监会在 2022 年发布的《中国保险业标准化"十四五"规划》中，提出了对绿色金融发展的支持和要求。要求加大研究力度，提高对绿色金融科技研发和生态环境保护等方面的保险产品创新。与此同时，强化与环境保护机构的合作共赢，探索"新技术、新能源、新产品"的三新研究模式。银保监会在 2022 年发布的《银行业保险业绿色金融指引》要求在全面风险管理体系中纳入环境、社会和公司治理（ESG）要求。这一要求的提出，意味着金融机构在经营和投资决策中需要考虑到环境和社会的问题。同时，这也加速推动了我国绿色金融的发展，使银行业和保险机构更加注重绿色金融的发展和环境友好型建设的要求，并将绿色金融发展提升到战略高度。

近几年促进绿色金融发展政策的发布，展示出我国对环境友好型社会建设和绿色金融发展的重视，并为绿色金融发展提供了政策支持，这将提

[①] 中华人民共和国生态环境部：《关于构建绿色金融体系的指导意见》，中华人民共和国生态环境部网站，2016 年 8 月。

升保险行业对绿色金融发展的信心，为绿色金融发展提供了强大的支撑。

（二）众多保险机构就实现"双碳"目标积极布局，充分发挥保险保障功能

根据中国保险行业协会发布的《2020 中国保险业社会责任报告》，在"双碳"背景下，保险业在绿色保险保障和绿色投资领域发挥着巨大的作用。① 根据《中国保险年鉴 2019—2022 年》的数据，从 2018 年到 2020 年，保险业为全社会提供了总额达 45.03 万亿元保额的绿色保险保障，并支付了总额达 533.77 亿元的赔款。而且，绿色投资领域中保险资金的倾斜力度进一步加大，绿色投资的余额从 2018 年的 3954 亿元增加至 2020 年的 5615 亿元，年均增长达 19.17%，从中可以了解到我国对绿色产业、绿色技术的资金扶持力度在逐年加大。另外，从原中国银保监会的数据可以了解到，截至 2022 年 9 月末，中国平安绿色投融资规模约 3198 亿元，绿色银行类业务规模约 1842 亿元。2022 年的前三季度，原保险保费收入约 1105 亿元来自环境类可持续保险产品。在中国人寿公开信息中，中国人寿绿色投资规模已高于 4000 亿元，全方位助推"双碳"目标。此外，中国人保在支持和推动绿色金融发展和绿色保险产业发展方面发挥了积极作用，截至 2022 年 9 月 30 日，投资服务国家战略总额已高于 1 万亿元。

这些政策数据表明，众多保险机构积极布局实现"双碳"目标，并通过绿色保险保障和绿色投资等方式发挥保险保障功能，为绿色产业和环境保护提供资金支持和服务。同时，这些举措有助于推动我国经济向绿色、低碳、环保、可持续方向发展。

（三）在全面助推"双碳"目标过程中，保险资金运用灵活，绿色投资规模逐渐提高

原银保监会的数据显示，截至 2021 年 6 月末，保险资金运用余额约 23.11 万亿元，同比增长 14.86%；实现收益总额达 5758.35 亿元，同比增长 8.32%。从中可以看出，我国保险资金运用和收益呈上升趋势，具有良好

---

① 中国保险行业协会：《2020 中国保险业社会责任报告》，中国保险行业协会网站，2022 年 1 月 14 日。

的发展前景；截至 2022 年 8 月末，保险资金投资实体绿色重点领域项目中交通领域的投资规模为 3306.22 亿元、能源领域为 3211.05 亿元、水利领域为 695.04 亿元、市政领域为 564.61 亿元等。中国保险资产管理业协会统计数据显示，截至 2022 年 8 月末，债权投资计划中涉及绿色投资项目的规模已超过 1 万亿元。此外，以股权投资计划形式进行绿色投资登记（注册）的保险资金总额达 114 亿元，其中直接投向环保企业股权和清洁能源企业的资金分别为 14 亿元和 100 亿元。

从中可以发现，我国保险资金在绿色投资方面运用灵活，绿色投资规模逐渐提高。保险资金在交通、能源、水利、市政等领域的投资，以及对环保企业和清洁能源企业的支持，有助于推动我国实现"双碳"目标，促进可持续发展和环境保护。

二、绿色保险实践案例

（一）中国平安保险公司大力助推"绿色金融+"

2021 年，中国平安保险公司针对绿色建筑、可再生资源、循环经济等一系列的绿色产业及绿色产品，创新并推出了多个实用的保险服务以及保险类产品，并且提出了部分优惠补贴政策。该保险公司是中国国内首个编制并执行"绿色金融+"提升行动计划，全方位改变绿色金融布局，使绿色保险"助推器"作用充分发挥，实现可持续发展的保险机构。根据具体数据，截至 2022 年 6 月 30 日，中国平安保险公司绿色投融资规模已经达到 2493.55 亿元人民币。在 2022 年 1 月至 6 月，环境类可持续保险产品原保费收入达到 769.71 亿元人民币。此外，中国平安保险公司大力推动智慧环责险服务平台建设，助推深圳市开展以及实施环强险，政府部门及相关部门监督管理难、企业经营管理者投保意愿低以及保险公司风控能力较弱等棘手问题得到解决，最终形成一个多方合作、共创生态文明的理想局面。

（二）中国人寿保险公司滋养"绿水青山"

中国人寿保险公司在投资、保险等多个领域深度挖掘绿色金融潜力，充分发挥业务优势，助推绿色发展。在投资领域，中国人寿保险公司积极参加多个绿色投资项目，投资了中广核以及中电核等名下的能源清洁项目。据统计，"中国人寿—电投 1 号股权投资计划"及"中国人寿—电投 2 号股权投资计划"项目每年可以实现节省能源 103.29 万吨标准煤左右，二氧化碳减少排放量 24.46 万吨左右，该公司大力助推建立以新能源为核心的新型电力系统。另外，中国人寿保险公司还建立了 ESG 投资指数，发挥绿色金融效能。在保险保障方面，中国人寿保险公司创新推出新型绿色"碳汇"保险产品。构建林业损坏和碳汇能力下降的函数模型，推出新型林业碳汇指数保险产品，保障了绿色森林的生态价值。如今，林业碳汇指数保险产品已经在福建、甘肃等众多省份推出并实施，为接近 1000 万亩的森林供应了超过 1 亿元人民币的风险保障。之后，中国人寿保险公司再次推出了多个绿色保险产品，如海洋碳汇指数保险产品、农业碳汇保险产品、红树林蓝碳生态保护保险产品，为我国多个生态系统提供了碳汇保障，有力助推了我国推动"双碳"美好目标的实现。截至 2022 年 12 月，中国人寿保险公司绿色投资存量规模超过 6000 亿元。另外，除林业碳汇保险这种新型保险产品之外，中国人寿保险公司始终坚持绿色保险创新，不断提供多种类绿色保险，为绿色项目及企业提供保障已经超过 4.0 万亿元人民币。

三、绿色保险发展的不足

虽然绿色保险是未来保险行业发展的必然趋势，但是，就当前的情况来看，保险行业的绿色转型道路仍然存在众多的困难与险阻。在责任险和车险行业，保险机构应当认真思考怎样从提供传统的服务过渡到为绿色行业、新兴行业"对症下药"。保险行业如果想做到可持续发展，就应当把可持续发展的标准融入投资、核保两个环节当中。这就意味着不仅仅是保险公司、再保险公司，各行业主体都会面临相同的问题。

（一）绿色保险产品发展创新不足

近年来，尽管我国的绿色保险产品始终在创新，但是全社会对绿色低碳转型发展风险保障的迫切需求依然无法满足。首先，需要扩大产品覆盖面，提高产品的针对性和有效性。除了以绿色责任保险系列为核心的保险产品以外，其他保险产品依然不能完全覆盖绿色转型的新场景以及新需求范畴。其次，绿色保险目前仍处在一个基础阶段，需要提升保险产品的成熟度。因为多数保险产品还在试用阶段，绿色保险在定价、承包水平、风险评定等多个方面存在较大问题。与此同时，相比其他的产品，绿色保险产品限制性条件太多，并且保险费较高，缺少市场竞争力。

（二）绿色保险标准体系发展不完善

目前，多个已经实施的绿色保险项目、新增的保险产品都还在试用阶段，几年前就已经开始实施的巨灾保险产品和农业保险产品也一样，都还处于试点阶段。绿色保险产品在局部行政区域的创新实践，依赖的是这些地方的政策鼓励和支持，因此，绿色保险产品创新在全国实施是有一定困难的。据《中国保险年鉴 2019—2022 年》的数据，在绿色保险的保费收入当中居主要地位的是新能源汽车保险产品、环境污染责任保险产品以及与绿色资源相关的多个财产保险。虽然绿色保险产品种类十分多样，但是存在绝大多数的保险险种渗透率低的问题。

（三）绿色保险需求与供给侧失衡

从当前来看，保险相关企业的供应动力明显不足。另外，家庭和企业的绿色保险需求也不足。问题在于：一是大多数保险公司并没有充分意识到保险产品进行绿色环保转型对于自身发展的作用和意义。保险公司在思想、组织和行动三个层面都未充分发挥主观能动性。并且，当前绿色保险还没有足够的经验，在产品的开发、定价、核保、定损和理赔等众多环节存在很大的未知性。二是绿色保险作为一种绿色财富，存在界定不清和权责不明的问题，很难形成一个良好的市场。另外，这类绿色财富的风险三要素，全部由一定区域内的人群或地方一起承担，个人、企业法人以及其他的社会性机构都没有能力处理此类风险。

（四）绿色保险经营缺乏保障措施

因为绿色保险的经营还处在一个基础阶段，缺少相应的鼓励机制与措施，非常容易出现经营成本过高以及经营难度较大等棘手问题。原因有两个：首先，我国绿色保险鼓励机制还不够完善。除了最基本的财政补贴政策，政府对于保险部门经营绿色保险产品的鼓励措施太少，导致保险机构开展绿色保险产品业务的积极性不高，其中，中小型保险公司表现得最为明显。其次，保险企业没有较强的绿色转型意识，绿色保险业务的开展和实施存在限制条件。并且，企业对于绿色保险的概念以及作用的认识不足，可持续发展的意识不够，导致绿色保险在当前阶段保险金额偏高，经营难度幅度上升。

第三节　绿色保险与实体经济的融合对策

金融的天职和宗旨是为实体经济服务。要把服务实体经济作为发展的出发点和落脚点，为实体经济发展和国家重要战略、重大建设保驾护航：优化能源结构，提高能源效率，推进产业优化升级，推进节能、低碳建筑、绿色低碳交通运输体系建设，发展循环经济，提高资源利用效率，推动低碳绿色技术创新，发展绿色金融，出台落实相关的各项举措，建立完善碳市场自然解决方案等基础措施，加快转型创新。

一、创新绿色保险产品，提高环境风险管理能力

尽可能全面地识别社会经济中各主体的碳减排和碳汇款等绿色行动面临的随机损失，保险产品的设计创新要充分利用行业信息，科学合理修改费率，使保险的潜在需求转化为现实需求，推进碳隔离，加强碳汇收益稳定性，引导和鼓励人们低碳生产、低碳生活。与此同时，通过风险管理服务、优惠费用、绿色项目投资支持等手段，降低低碳增汇行动成本，提高企业和个人绿色活动收益。绿色保险是以环境财富为标的，以促进环境财富稳定增长为目的的包括保险商品、保险资金投资、风险管理服务活动的市场体系。其中，保险商品费率、保险投资利率等价格机制在市场上处于中枢地位。保险服务绿色行动发挥价格机制的调节作用，通过价格引导需求量和需求方向。通过风险管理制度建设，推进绿色保险供应。绿色保险不仅在

保险的价值构成中增加了环境价值的成分，而且承担保险的风险也直接与气候等生态环境因子有关。在供给侧结构性改革的背景下，保险公司应顺应市场需求，加大绿色保险产品创新力度，同时立足科技发展趋势，提高保险公司保险保证全过程的环境风险管理能力。保险公司可以积累绿色数据信息从而准确挖掘市场的潜在需求。此外，顺应"保险＋科技"的发展趋势，保险公司要积极利用大数据技术和智能化手段开发环境风险评估模式，并对保险项目进行实时风险监控和量化分析，进一步提高环境风险管理能力。

二、建立绿色保险标准体系，丰富绿色保险产品服务

基于"双碳"政策自身长期性投资特征，将环境和气候风险融入自身投资风险管理体系，推动实体经济低碳转型。从制度上讲，保险公司应明确绿色投资原则，制定绿色投资标准，对排名靠前的行业制定特殊评价标准，减少对高碳行业的投资，抵消气候变化带来的转换风险。实践中，保险公司将绿色投资作为重点投资建设项目，对整个主体环境风险进行认识和评估，发掘有真正需求的项目；投资有潜力的绿色企业后，引导它们积极参与管理，通过定期统计的企业绿色增长指标进行调整。从中国的实践出发，借鉴国际上已有的绿色金融标准和原则，建立我国绿色保险制度，是促进国内绿色保险发展的客观要求。绿色体系和保险产品主要分为三个方面。第一，环境、社会和公司治理（ESG）风险保险业务。主要根据保险产品的层次进行统计，包括巨大灾害风险和碳保险等气候变化领域、环境污染责任保险等环境风险领域、安全生产责任保险等危险社会公共管理领域的业务。第二，绿色产业保险业务。根据顾客的不同层次进行统计，包括生态环境产业、清洁能源产业、基础设施绿色升级产业、节能环保产业、清洁生产产业、绿色服务等领域的保险业务。第三，绿色生活保险业务。根据包括新能源汽车保险、非汽车保险等绿色生活保险业务的保险产品种类进行统计。

三、建立绿色保险市场体系，协调市场发展和需求

风险是指财富可能受到的损失，没有财富就没有风险，没有风险就没

有保险。风险是保险存在的必要条件。只有明确财富主体的财产权及其风险责任，才会产生风险转移的需求。作为人类共同财富的环境，具有公共财物的典型属性。社会的各种行为主体，包括企业和个人，行动时不考虑对环境的影响，造成的环境污染虽然会减少社会总财富的价值，但行为人无须为此支付费用。这就是否定的外部性，其极端情况就是"公有地的悲剧"。通过以下程序可以明确环境财富的具体归属，建立环境财富可交易的市场，发挥绿色保险的作用，实现经济发展绿色低碳转型。第一，国家可以通过财税政策和相应的法律法规，为保险企业开展绿色保险服务提供更大的支持。对大型灾害保险等进行保险费补助的同时，再减免保险公司的所得税，防止因绿色保险活动降低保险公司和保险业界的风险抵抗力。第二，政府可以设立专门的绿色保险公司或绿色保险研究院，开放和共享相关环境数据，提高绿色保险商品和服务的专业性，降低风险保证、手续费决定、损害赔偿的成本。第三，绿色保险可以设定为获得其他金融服务的先行条件。例如，将购买环境污染责任保险作为企业获得绿色贷款或者发行绿色债券的准入条件，使绿色金融和其他金融工具联动，促进绿色金融整体发展，进一步发挥绿色保险在绿色转型中的作用。

四、完善绿色操作体系，实施供应商绿色管理

除了在业务端实施绿色发展战略，保险公司也应强化自身绿色运营体系建设，在数据中心绿色减排、低碳办公、供应商管理等领域多管齐下，降低自身和供应链的碳排放强度，并定期公开环境信息。首先，保险公司应通过技术分配和环境宣传等方式减少数据中心和办公室的电力消费。同时，通过数据中心减排技术创新、感应水龙头、智能照明控制系统等节能减排设施降低能源消耗。其次，推进无纸化办公，提倡回收废弃办公用品、关水关灯等环境保护理念，减少资源浪费。保险公司要聚焦供应商绿色管理，在供应商选定审查、合作通过、过程管理、跟踪反馈等环节有针对性地提出可持续发展要求，推动供应商履行社会责任和义务。

第七章　绿色债券与实体经济的融合发展

第一节　绿色债券的概念与特征

一、绿色债券的概念

目前，经济合作组织（OECD）、国际资本市场协会（ICMA）以及中国人民银行等都对绿色债券进行了定义，各方的定义大体相似，在2021年4月中国人民银行、国家发改委、证监会印发的《绿色债券支持项目目录（2021年版）》中，"绿色债券是指将募集资金专门用于支持符合规定条件的绿色产业、绿色项目或绿色经济活动，依照法定程序发行并按约定还本付息的有价证券，包括但不限于绿色金融债券、绿色企业债券、绿色公司债券、绿色债务融资工具和绿色资产支持证券"。在2022年绿色债券标准委员会印发的《中国绿色债券原则》中，"绿色债券指募集资金专门用于支持符合规定条件的绿色产业、绿色项目或绿色经济活动，依照法定程序发行并按约定还本付息的有价证券"。绿色债券在支持和促进环境保护、可再生能源利用、清洁技术推广、可持续发展等方面具有重要作用，发行机构可以是政府机构、公司、银行或金融机构。

为了实现良好的环境效益，需要以科学的指导方针来确定哪些资产投资和活动有助于低碳经济转型，这就要求对绿色债券进行科学界定，对相关经济活动进行规制。中外绿色债券在"绿色""可持续"两个维度上表现出高度的一致性，两者在宏观上存在较大程度的交叉，但在对绿色项目的导向上还存在一些差异。国际上，绿色债券的定义基于《绿色债券原则》

和《气候债券分类方案》，后者包括能源、建筑、交通、水资源、废弃物、土地利用、工业和信息通信技术。符合标准的绿色债券要求发行人申报募集资金用途，量化评估项目的环境效益，完成绿色债券第三方认证，增加第三方绿色债券认证数量，建立信息公开程序，以确保绿色项目的投资。我国对绿色债券的定义主要依据《绿色债券发行指引》和《绿色债券支持项目目录》，明确了绿色债券项目的范围，包括节能环保产业、清洁生产产业、清洁能源产业、生态环境产业、基础设施绿色升级和绿色服务等。绿色资金投入标准需符合100%用于绿色产业、绿色经济活动的项目。另外，绿色债券项目需要经过独立的评估和认证，以确保其符合目录中规定的环境标准；评估机构对项目的环境效益、可持续性和社会影响进行评估，并提供相应的认证报告。

二、绿色债券的特点

（一）募集资金只投入绿色项目

一般来讲，绿色债券是为绿色项目筹集资金，强调专款专用。同时，绿色债券是为了应对气候变化、环境污染等问题，而不是解决公司的日常财务问题。绿色债券是一种新型的绿色金融工具，其项目评估与普通债券不同，它具有绿色环保、低成本、高流动性等特点，可以有效提升所支持绿色项目资金的可获得性。

（二）发行条件较为严格

绿色债券的发行条件与一般债券有所不同，发行人需要明确资金投入项目，项目的评估与遴选有严格的要求，要符合绿色债券所规定的分类标准，通常需要第三方评估认证机构对债券发行的绿色属性进行核实，并根据绿色项目的进展进行环境效益的评估，形成评估认证报告。对环境效益测算的标准、方法等，也有严格的监管制度，发行条件比较严格。

（三）存续期期间要求信息披露

为了确保绿色债券募集资金能够精准地流向绿色项目，绿色债券发行人通常需要提供定期报告，披露绿色项目开展进度、绿色资金使用情况、所带来的经济环境效益情况等，以便于监管机构和社会团体对其进行监督。

三、绿色债券与实体经济融合发展的内涵

（一）绿色债券与实体经济融合的理论基础

1.可持续发展理论

1987年，世界环境与发展委员会在发表的《我们共同的未来》中提出可持续发展的概念，并将其定义为"既满足当代人的需要，又不对后代人满足其需要的能力构成危害的发展"。它强调人类社会、经济和环境之间的平衡，追求长期的、可持续的发展，确保生态环境不被破坏，同时保障人类社会的可持续发展。绿色债券作为一种推动可持续发展的金融工具，旨在为环保和可持续发展项目提供资金支持，以促进经济发展和环境保护的平衡。可持续发展理论支撑了绿色金融的"绿色"内涵，作为经济社会的重要组成部分，绿色金融履行社会责任，表现在对资源合理使用、环境保护与污染治理的直接和间接贡献。如今，我国不断尝试创新型绿色债券，如碳中和债券、蓝色债券、绿色资产支持债券等，与绿色环保项目融合发展，追求环境效益和经济效益的统一，为绿色项目的发展提供了极大支持。

2.外部性理论

在福利经济学中，外部性是一种经济行为对另外一种经济行为的"非市场性"的影响，经济学上的"外部性"问题是绿色金融理论逻辑的起点，外部性理论亦称外部成本、外部效应或溢出效应，可以分为正外部性和负外部性。在经济学上，正外部性是指一个经济主体的活动会给其他经济主体带来额外的经济利益，负外部性则相反。正外部性是指某些经济活动产生的社会收益超过了市场价格所反映的私人收益，负外部性是指某些经济活动产生的社会成本超过了市场价格所反映的私人成本。绿色债券的发展与外部性经济有密切关系，它可以被视为一种解决市场负外部性问题的手段。作为一种资本市场工具，绿色债券通过发行债券的方式来筹集资金，

用于投资绿色项目和可持续发展项目，其激励措施有助于引导企业减少负外部性行为，以实现资源的合理配置和环境保护等社会责任。

3. 产权理论

产权理论是绿色金融理论市场化手段的逻辑归宿，根据科斯第二定理，在交易费用大于零的世界里，不同的产权界定，会使得资源配置的效率不同。市场上的交易活动是有交易成本的，不同产权制度下有不同的交易成本，会导致不同的资源配置效率。所以，为了优化资源配置，尽可能降低交易成本，产权制度的选择是必要的。根据科斯的产权理论逻辑，产权交易可以把经济外部性内部化，促进资源的优化配置。为避免历史上"公地的悲剧"①，政府可以对环境资源进行产权界定，比如说排污权，经济主体可以对其进行买卖，即排污权交易，将污染物排放的负外部效应纳入经济活动的生产成本。碳中和债券作为绿色债务融资工具的子品种，是专项精准的碳减排支持工具，建立全国碳排放交易市场，将排放权进行市场化交易，能更好地发挥减排作用，助力"双碳"目标的实现。

4. 政府规制理论

政府规制是绿色金融理论政府干预手段的逻辑归宿，政府规制是指政府为了维护和达到特定的公共利益，凭借其法定的权力对市场和社会行为进行调节和监督，施加某种约束或限制，通过搭建高效的市场运行机制，使市场经济有序运转，从而实现市场资源的有效配置，社会福利的最大化。在环境保护领域，政府规制包括制定环境标准、履行环境许可和审批程序、设定排放限制等，以督促企业和个人在经济活动中考虑环境影响并采取相应的措施。中国绿色债券市场是一种自上而下的发展模式，通过顶层设计的各类政策推动绿色债券的发展，在政府规制理论基础上，政府可以针对

---

① 公地的悲剧：1968 年，美国学者哈定在《科学》杂志上发表了一篇题为《公地的悲剧》的文章。英国曾经有这样一种土地制度——封建主在自己的领地中划出一片尚未耕种的土地作为牧场（称为"公地"），无偿向牧民开放。这本来是一件造福于民的事，但由于是无偿放牧，每个牧民都养尽可能多的牛羊。随着牛羊数量无节制地增加，公地牧场最终因"超载"而成为不毛之地，牧民的牛羊最终全部饿死。

绿色债券的发行使用制定相关政策，以实现绿色债券与清洁能源、环境治理等绿色项目的精准对接。

（二）绿色债券高质量发展为实体经济转型赋能

在"碳达峰""碳中和"的推动下，中国的绿色债券市场进入了繁荣发展时期，其规模也在不断扩大，尤其是在能源、交通、建筑工程等领域，为实体经济的发展注入了新的转型发展动力。

绿色债券募集资金主要投向可持续发展项目和绿色转型企业，以促进企业对绿色技术和环保产业的投资和发展，降低环境污染和资源能耗，推动实体经济的可持续发展和转型升级。

发展绿色债券可以拓宽实体经济的融资渠道。绿色项目最主要的融资方式是绿色信贷，是一种间接融资，而绿色债券作为直接融资，能够丰富企业的融资方式，降低融资成本，推动实体经济的发展和创新，促进经济的稳定增长。为了更好适应各类发行主体实际需求，落实监管要求，碳中和债券、转型债券等相继推出，极大提升了实体企业主动性，实体部门绿色债券的发行量显著上升，将会有力促进实体经济绿色低碳转型。

绿色债券的发展能够培养实体经济的社会责任感，提高企业和机构对环保和可持续发展的认识水平，促进企业社会责任意识的提升，同时也有助于提高公众对环保和可持续发展的认知和理解。

（三）实体经济转型升级促进绿色债券蓬勃发展

实体经济的转型升级同时也促进了绿色债券的蓬勃发展。

一是增加绿色债券的市场需求。实体经济的转型升级需要大量的资金支持，而绿色债券正可以提供一种可持续的融资方式。实体经济的转型升级需求增加，将促进绿色债券市场的发展，为更多的环保和可持续发展项目提供融资机会。

二是为绿色债券拓展投资机会。实体经济的转型升级将会产生新的产业和市场需求，这将为绿色债券投资提供更广阔的机会和更多的选择。例如，新能源、节能环保等领域将成为绿色债券的重要投资领域。

三是有助于提高债券质量和安全性。实体经济的转型升级将促进企业和机构在环保和可持续发展领域的投资，从而提高绿色债券的质量和安全性。这将吸引更多的投资者参与绿色债券市场，进一步促进市场的发展和壮大。

第二节　绿色债券与实体经济融合发展的现状与不足

一、绿色债券发展现状

2015 年我国绿色债券市场才刚起步，目前已成为全球第二大绿色债券市场。2016 年至 2022 年，国内债券市场总共发行绿色债券 2325 只，规模总计 25927.99 亿元。绿色债券发展如此迅速，得益于我国政府的政策支持，如设立绿色债券试点城市、严格审核绿色债券承销人资格等，为绿色债券市场的发展提供了强有力的支持，市场规模不断扩大。2020 年"双碳"目标的提出，表明了我国碳减排的决心，其中碳中和债券市场迅速兴起，绿色债券的发行量迅猛增长，发行主体逐渐呈现多样化，绿债品种越来越丰富，如碳中和债券、蓝色债券以及可持续发展挂钩债券等新型债券相继出现，发行增幅领先于其他国家，成为全球第二大绿色债券市场。随着全球对可持续发展和环保的日益重视，绿色债券迎来广阔的发展前景，但同时也面临着多种多样的挑战，如绿色债券市场的标准化和透明度不够，市场化程度较低，评估和认证体系有待完善，流动性相对较差等，许多方面需要优化发展。

（一）我国绿色债券的政策体系发展

国际上绿色债券的发展起步于 2007 年，而我国绿色债券的发展比较滞后，2015 年新疆金风科技第一只绿色债券成功发行，开启了我国绿色债券的发展历程。《绿色债券支持项目目录（2015 年版）》的发布初步统一了绿色债券市场的定义和标准，为绿色债券制定了统一的规范标准，从此政府

开始自上而下建立起绿色债券的发展规范和政策体系，并不断完善，具体
见表 7-1 所示。

表 7-1 绿色债券相关政策汇编

发布时间	政策/法规文件	发布部门	主要内容概述
2015 年 9 月	《生态文明体制改革总体方案》	中共中央、国务院	首次提出建立绿色金融体系
2015 年 12 月	《关于在银行间债券市场发行绿色金融债券有关事宜的公告》	中国人民银行	鼓励金融机构发行绿色金融债券，引导绿色金融债券的发行，建立绿色债券规范与政策，标志着我国绿色债券市场正式启动
2015 年 12 月	《绿色债券支持项目目录（2015 年版）》	中国金融学会、绿色金融专业委员会	规定绿色金融债券必须投向目录界定的绿色项目
2015 年 12 月	《绿色债券发行指引》	国家发改委办公厅	规定绿色企业债发行的适用范围和 12 大重点支持方向以及审核要求
2016 年 3—4 月	《关于开展绿色公司债券试点的通知》	上交所、深交所	制定绿色企业债券发行和交易标准
2017 年 3 月	《非金融企业绿色债务融资工具业务指引》	中国银行间市场交易商协会	建立非金融企业绿色债券的发行与交易规范
2018 年 3 月	《关于加强绿色金融债券存续期监督管理有关事宜的通知》	中国人民银行	完善绿色金融债券存续期监督管理，提升信息披露透明度
2019 年 3 月	《关于印发〈绿色产业指导目录（2019 年版）〉的通知》	国家发改委	联合相关部门，对绿色产业进行细分，设立绿色产业专家委员会，设立绿色产业认定机制，并新增对各类项目的详细解释
2019 年 5 月	《关于支持绿色金融改革创新试验区发行绿色债务融资工具的通知》	中国人民银行	支持试验区内企业注册发行绿色债务融资工具
2020 年 7 月	《关于印发〈绿色债券支持项目目录（2020 年版）〉的通知（征求意见稿）》	中国人民银行、国家发改委、中国证监会	开始统一绿色债券国内评估认证标准，兼顾国际上绿色项目的判断标准

（续表）

发布时间	政策/法规文件	发布部门	主要内容概述
2020 年 11 月	《上海证券交易所公司债券发行上市审核规则适用指引第 2 号——特定品种公司债券》《深圳证券交易所公司债券创新品种业务指引第 1 号——绿色公司债券》	上交所、深交所	规范包括绿色公司债券在内的 6 个特定品种债券上市申请的监管标准、信息披露及审核要求，明确规定绿色公司债券募集资金确定用于绿色项目的金额应不低于募集资金总额的 70%，并要求披露额外信息，包括环境效益目标
2021 年 4 月	《绿色债券支持项目目录（2021 年版）》	中国人民银行、国家发改委、中国证监会	进一步统一绿色债券的标准及用途，重新调整募集资金投向 6 大领域，细化分类，新增绿色装备制造、绿色服务等产业，剔除煤炭等化石能源清洁利用等高碳排放项目，增加国际通行的"无重大损害"原则限定前提
2021 年 7 月	《上海证券交易所公司债券发行上市审核规则适用指引第 2 号——特定品种公司债券（2021 年修订）》《深圳证券交易所公司债券创新品种业务指引第 1 号——绿色公司债券（2021 年修订）》	上交所、深交所	对绿色公司债券的募集资金用途和信息披露进一步优化
2022 年 6 月	《可持续金融共同分类目录》更新版	可持续金融国际平台	包含中欧分类目录共同认可的 72 项对减缓气候变化有重大贡献的经济活动，新增对建筑业和制造业实现绿色转型有重要意义的经济活动
2022 年 7 月	《中国绿色债券原则》	绿色债券标准委员会	统一绿色债券标准，明确募集资金用于绿色项目的比例为 100%，实现国内绿色债券标准统一并与国际接轨

（续表）

发布时间	政策 / 法规文件	发布部门	主要内容概述
2022 年 11 月	《关于评估认证机构开展绿色债务融资工具业务有关事项的通知》	中国银行间市场交易商协会	注册评估认证机构中前 11 家可独立开展绿色债务融资工具评估认证业务，其余机构在执业时需征询并在评估认证报告中引用两名外部专家的意见，进一步提升绿色债券评估认证的专业性

（二）我国绿色债券的发行情况

1. 绿色债券规模不断扩大

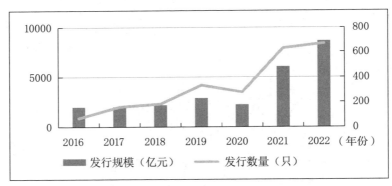

图 7—1　2016—2022 年国内绿色债券发行规模及发行数量

数据来源：安融信用评级有限公司。

由图 7—1 可以看出，一级市场上，绿色债券市场表现出了强大的动力和发展潜力，在 2020 年，受疫情影响，绿色债券的发行速度有所放慢，但是在 2021 年实现了强劲反弹，表明我国在 2020 年 9 月向世界宣布"双碳"目标之后，加大了碳减排的决心并得到了市场的积极回应。在"双碳"目标驱动下，绿色债券市场规模迅速扩大，2022 年国内绿色的债券发行规模超过 8000 亿元，较 2021 年同比增长 42.49%，2022 年国内绿色债券发行延续了 2021 年强劲的增长势头，跃居全球第二，领先于除美国外的其他主要市场，绿色债券成为国内债券市场的重要组成部分。

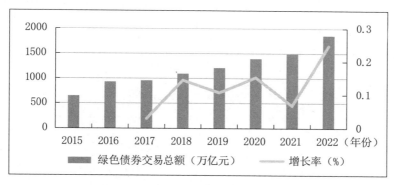

图 7-2　绿色债券交易总额及增长率

数据来源：wind 数据库。

由图 7-2 可以看出，二级市场上，绿色债券交易总额也一直处于持续增长的态势，交易热度有所上升。从交易总额来看，2022 年，绿色债券交易总额达到 1860 万亿元，较 2021 年增长 24.7%，增长幅度较大。绿色债券二级市场不断扩大，市场认可度增加，投资者关注度不断上升，交易需求增加，交易活跃度持续攀升，发展势头良好。

2. 发行券种多样化，创新型绿色债券品种不断增加

近年来，创新型绿色债券品种不断增加，包括金融债、企业债、公司债、资产支持证券、地方支持债、绿色债务融资工具。多样化的绿色金融产品可以利用市场机制调动社会资本投向绿色低碳领域，为环保和可持续发展项目提供资金支持，推动绿色技术的创新，而且多样化的绿色金融产品为投资者提供了更多选择，有助于促进可持续投资，扩大可持续投资的范围和规模。

不仅如此，为了更好地与实体经济融合发展，监管机构和相关组织在可持续金融市场积极创新，不断探索主体债券市场发展路径，创新金融工具。绿色债券结合各期限、各品种债务融资工具等服务于国家战略，推动特定领域绿色高质量发展，绿色债务融资工具和碳中和、乡村振兴、科技创新、可持续发展、经济转型、革命老区等融合，发行创新型债券，满足专项绿色项目的融资需求，助推绿色项目的转型升级。围绕国家战略重点

任务，加大专项资金募集力度，确保绿色债券募集的资金能更加精准地投放到环保领域。为引导资金实现"双碳"目标，2021年，我国创新推出了"碳中和"债券，该债券被专门用来支持具有"减碳"效果的环保项目，

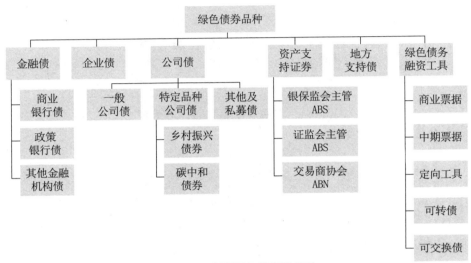

图 7-3　我国绿色债券的品种

数据来源：气候债券倡议组织。

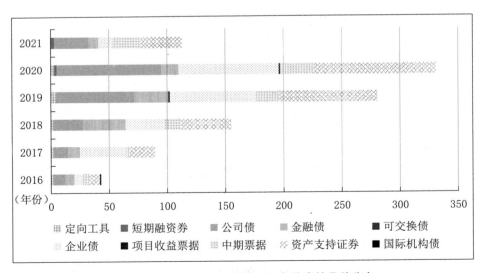

图 7-4　2016—2021 年我国绿色债券的品种分布

数据来源：wind 数据库。

截至 2022 年，国内已经发行了 180 只"碳中和"债券，规模达 4000 亿元。可持续发展挂钩债券发行规模也不断增加，2022 年总发行 34 只，规模达 404 亿元，相比上年增加 49.5 亿元。

3. 非金融企业发行的绿色债券开始成为市场主流

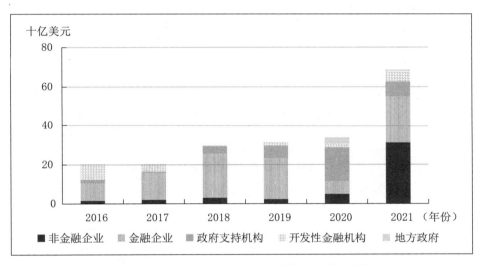

图 7-5　2016—2021 年绿色债券的主要发行主体

数据来源：气候债券倡议组织。

受政策影响，2019 年之前，在绿色债券中，金融债是最主要的力量，占比超过了绿色债券总规模的 50%。然而，近几年，绿色债券发行券种实现了多样化，发行主体多元化，非金融企业发行的绿色债券规模大幅增长。2021 年绿色债券中非金融企业债发行额同比增加 258 亿美元，占绿色债券市场整体增幅的 58%，金融企业占 38%，筹集的资金更多流向实体企业。绿色债券经过 2016—2019 年的迅猛增长，如今处于稳定发展的阶段。2020年之后，经济环境的不景气导致企业资金压力较大，为缓解压力，在政策支持下，金融机构将更多的融资支持投向中小微企业，发行专项绿色债券，非金融机构绿色债券发行量不断上升，拓展了实体经济资金获得渠道，增加了实体经济资金流入总量。

4.国有企业占据绿色债券发行主体地位

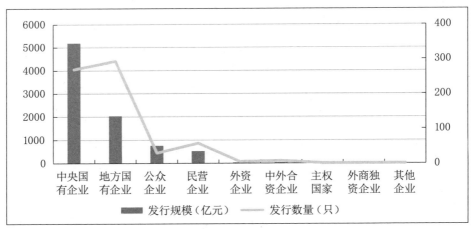

图7-6 2022年国内绿色债券发行人企业性质

数据来源：安融信用评级有限公司。

根据图7-6可以看出，国有企业的发行主体地位明显，在我国基础设施建设等重点经济领域发挥着举足轻重的作用。其发行规模达到7230.50亿元，占比高达83.95%，发行规模和发行数量远远超过其他机构。从2022年我国债券市场上看，公众企业、民营企业、外资企业等也积极参与到绿色低碳市场的发展中，但发行规模较小，非国有或民营企业的绿色债券发行尚待改善。

民营企业对实体经济的发展发挥着重要促进作用，是就业创造、技术创新和产业升级的重要推动力量，同时民营企业也是我国经济低碳转型的重要载体，尤其是在建筑、钢铁等领域，所以债券市场应该加大对民营企业的开放力度，积极推动各领域的民营企业绿色低碳转型。

绿色债券发行主体不断扩大，自2022年《中国绿色债券原则》发布之后，我国绿色债券标准和国际趋同，降低了跨境绿色成本。如匈牙利政府发行了20亿元人民币绿色主权熊猫债，这是境外主权发行人首次在我国发行绿色债券，说明我国绿色债券的发展逐渐得到国际上的认可。

5. 绿色债券评级较高, 集中趋势明显

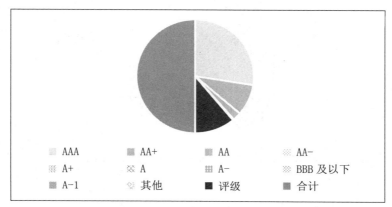

图 7-7　中债绿色债券综合财富指数成分债券评级分布

数据来源: wind 数据库。

自 2016 年以来, 绿色债券的发行人主体评级始终处于较高的水平, 其中以 AAA 级为主, 根据图 7-7 可以看出, 有评级的绿色债券信用等级都在 A+ 以上, 总的来说, 绿色债券的评级一般都比较高, 近几年来 AA 及以下的绿色债券所占比例都不到 10%。

2022 年普通绿色债券的发行规模高达 5128.41 亿元, 发行主体的评级以 AAA 为主。2021 年, AAA 级绿色债券数量为 302 只, 是历年绿色债券发行数量的最大值, 占比也达到 81.84% 的历史高点, 表明发行评级进一步向高等级集中。

6. 绿色债券发行期限较短

绿色债券的发行期限总体上比较短。为考察绿色债券与实体经济的融合效果, 图 7-8 剔除了金融业、地方政府和国际机构发行主体。可以看出, 短期绿色债券 (1 年以内) 占比为 16.71%; 中期 (1—5 年) 绿色债券占比较高, 为 63.2%; 中长期 (5—10 年) 和长期 (10 年及以上) 绿色债券占比在 10% 左右。由图 7-9 可以看出, 金融债主要以中长期为主, 占比高达 92.19%, 长期债券占比不足 1%。

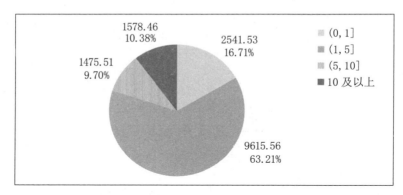

图7—8　实体经济领域发行的绿色债券的期限结构（亿元、年期）

数据来源：远东资信。

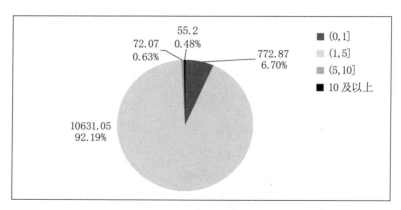

图7—9　金融领域发行的绿色债券的期限结构（亿元、年期）

数据来源：远东资信。

　　总的来说，我国绿色债券发行期限主要集中在1—5年期，5年期以上的绿色债券还有很大的增长潜力。当绿色债券主要投向绿色建筑、交通等领域时，投资回收期比较长，中期的绿色债券期限不能与之匹配，长期融资相对不足，扩大5年期以上的长期债券融资规模，有助于投资回收期比较长的绿色项目的发展。

二、我国绿色债券市场与实体经济融合发展存在的不足

　　当前，虽然我国绿色债券市场规模不断扩大，相对于整个绿色金融市

场而言，占比仍然较小，绿色债券的发行量相对有限，尚不能与我国经济发展和可持续投资需求相匹配，市场化程度不足，监管机制不够完善，发行端和投资端仍面临一些问题。

（一）实体经济转型发展资金缺口大

绿色债券能够为实体经济转型发展注入大量资金，且效果显著，但是由于国内市场产业转型升级需求旺盛，转型资金缺口还是很大。

实体经济的绿色转型升级与可持续发展是我国贯彻落实新发展理念、推动经济高质量发展的关键步骤，绿色债券的发展能够为实体经济的绿色转型升级注入更多的资金"活水"。从2022年发行的绿色债券资金投向可以看出，境内募集的绿色债券资金主要投向清洁能源产业，占到总金额的30.3%，主要用于支持风电、光伏等清洁能源项目的建设和运营；其次是基础设施的绿色升级项目，如轨道交通项目，占比达到16.1%。

在经济效益方面，绿色债券市场的繁荣发展拓展了社会公共投资的渠道，为稳定实体经济发展、改善城乡基础设施和人居环境、推进能源革命提供了资金来源。随着绿色债券市场发展日趋成熟，电力、交通、建筑等实体行业发行的绿色债券规模不断扩大，2022年国内绿色债券发行主体除金融业占比较高外，公共事业和工业行业也发行了大量的绿色债券。公共事业和工业是对环境影响较大的行业，其发行绿色债券的主要目的是筹集资金支持环境友好型项目。为了符合绿色债券的要求，企业需要在环境保护和可持续发展方面进行改进和创新，这将促进绿色技术的发展和推广，并推动产业结构向更环保和可持续的方向转型，进而促进实体经济的绿色发展。

经济转型为绿色债券提供了发展机遇。我国的不可再生能源占全球能源储量比重较低，但其消耗在全球占比较高，低储备的不可再生能源与中国巨大的经济体量极不匹配，能源供需缺口逐渐增大，依靠不可再生能源拉动经济发展显然不能够长远发展。另外，经济增长动能不足，剔除生态系统破坏和环境污染的成本后，GDP增速会更低，所以我国经济迫切需要转型发展，寻找新的经济增长动能，绿色低碳转型成为当前经济发展的重点方向。

同时，"双碳"目标也创造了巨大的投融资机会。在"双碳"目标的压力下，我国迫切需要进行能源结构的转变及效率的提升、产业结构的升级等，产生了巨大的资金需求。据国家发改委物价监测中心统计，2030 年实现"碳达峰"，资金需求为每年 3.1 万亿—3.6 万亿元；2060 年实现"碳中和"，在新能源发电、绿色零碳建筑等领域需要增加 139 万亿元的投资。因此，在未来 30 年内，我国能源、工业、建筑、交通等领域低碳转型的投资需求将在百万亿级别以上。根据生态环境部的预估，政府资金支持只能覆盖 10%—15%，剩下的资金缺口需要市场资金来弥补。在政策指向下，绿色金融在弥补资金缺口方面发挥着重要作用，绿色信贷发展规模最大，在绿色金融中占比 90% 以上，但是经历了高速发展之后绿色信贷增速放缓，而绿色债券是继绿色信贷之后发展规模最大的绿色金融工具，债券品种与市场参与者不断增加，也逐渐得到国际上的认可，因此，绿色债券可以成为引入社会资本的良好工具。

（二）规范化发展及市场化程度不足

一是虽然绿色债券的发展迅速，但是整体规模仍然较小，2022 年绿色债券占整体债券市场发行规模的 1.41%，首次突破 1%，较 2021 年增加 0.42个百分点。我国绿色债券的发展相对滞后，尽管其在顶层设计、政策推进等方面有一定的后发优势，但与国际上的成熟市场相比仍有一定的差距。当前在"双碳"目标的引领下，我国绿色债券投融资需求在百万亿级别以上，绿色债券市场有待进一步扩容。

二是国家为推动经济绿色转型发展而出台了一系列绿色债券激励政策，一些企业为获取绿色债券的政策便利，所发行的债券存在"漂绿"现象，即以绿色项目的名义筹集资金，但实际上资金并没有流向真正意义上的绿色项目。这会严重损害绿色债券市场的规则秩序，破坏市场的公平性，也不利于投资者进行筛选，降低投资者信心，阻碍我国经济绿色转型的进程，因此，需要建立一个更规范、更高标准的绿色债券市场。

三是绿色债券市场存在发行定价缺乏市场基准问题。当前，我国的绿色债券发行规模在国际上也居于前列并具有很大的增长潜力，但是由于发展不够成熟，还未能形成有效的市场基准和价格发现机制。环境效益的评估、项目风险的把控等因素都会对发行定价产生影响，由于缺乏统一的市场标准和评估方法，进一步加大了定价难度，需要国家发行主权债券促进绿色债券市场形成价格基准。

（三）绿色债券监管机制不够完善

1. 绿色债券监管分散，没有形成系统的规则体系

多头监管的现状导致绿色债券监管规范不统一，绿色金融债由中国人民银行监管，绿色公司债由中国证监会监管，绿色企业债由国家发改委监管，非金融绿色债务融资工具由中国银行间交易商协会监管，监管权限交叉混乱，给绿色债券发行人提供了监管套利的机会。而且监管内容分散、碎片化，对不同类型的绿色债券或不同的发行主体有不同的监管规则，没有形成系统的制度安排。

2. 绿色债券第三方评估认证不够规范

我国专业的认证机构体系还有待完善，2017 年中国人民银行、证监会联合发布的《绿色债券评估认证行为指引（暂行）》成为第三方认证的依据，但是第三方认证制度规范实施实际上 2018 年才开始，专业认证机构经验不足，对绿色债券的认证工作尚处于摸索阶段，其建设需要不断完善，良好的行业监督、自律的市场环境也有待形成。另外，第三方认证在国际上趋向于强制性，而在我国还处在自愿性的鼓励阶段。绿色债券的评价和认证标准不统一，我国的第三方认证机构基于《中国绿色债券原则》（GBP）和《气候债券标准》（CBS）以及各大监管机构发布的政策文件，形成了不同的评估体系，第三方监管机构根据各自的侧重点采用不同的方法进行评估，导致绿色债券的评估没有形成统一的标准，认证报告的质量良莠不齐。同时，认证标准不统一也会影响绿色债券的可信度，给投资者进行绿色债券项目的横向比较带来困难，影响债券市场的可持续发展。

3. 信息披露机制尚不完备

绿色债券的信息披露标准尚不统一，不同发行人和债券产品可能采用

不同的披露原则和指标体系。目前，我国只有绿色金融债有明确的信息披露标准且披露次数较为频繁，绿色企业债、绿色债务融资工具等其他绿色债券信息披露没有统一的规范格式，这导致信息披露的可比性和一致性较差，投资者难以有效识别绿色债券的环境效益。另外，我国绿色债券的环境效益披露制度不够明确，目前国内有关绿色债券的相关政策文件没有对绿色债券项目的环境效益量化评估达成一致意见。与国外绿色债券信息披露情况相比，我国绿色债券发行人提供的存续期披露信息比例稍低于全球平均水平。截至 2022 年，只有 65% 的发行人披露了募集资金的用途，披露资金占发行金额的 74%，然而在考虑了环境影响的披露情况下，发行人占比仅达 21%。这反映出我国绿色债券存续期的信息披露不够完善，质量有待提升。

（四）绿色债券发行端面临诸多挑战，政策支持还需优化

1. 绿色债券期限错配

绿色项目如可再生能源项目或能源效率项目具有较长的投资回收期限，但从当前绿色债券的发行期限来看，我国绿色债券的发行期限集中在 1—5 年，5—10 年期的债券占比很低，参考国际市场发行的绿色债券大多集中在 5—10 年期，我国绿色债券的期限偏短，容易造成期限错配问题。期限错配会导致绿色项目短期流动性不足，因此需要提升绿色债券与绿色项目的周期匹配度，缓解企业长期融资的压力。

2. 发行主体结构失衡

我国绿色债券的发行主体单一，从上文现状分析中可以看出，发行主体主要是国有企业，民营企业占比很小。主要是因为中小企业、非营利组织和地方政府等其他类型的发行人较少，民营企业在专业能力和风险承担能力等方面与国企尚有差距，发行绿色债券的难度较高。另外，我国绿色债券发行区域分布不均衡，经济发展较快的地区先行一步，发行规模较大的主要是北京市、福建省、上海市、广东省和江苏省，集中在东部和中部地区，西北部地区由于经济实力较弱发行规模较小。

3. 绿色债券发行成本优势不明显

比较同时发行绿色债券和非绿色债券的债务主体平均发行利率，发现

部分时期绿色债券的发行利率高于非绿色债券，说明绿色债券存在溢价，虽然较高的溢价会吸引投资者，但是提高发行主体的融资成本，不利于调动发行主体的积极性。绿色债券作为具有正外部效益的绿色金融工具，投资的大部分绿色项目效益较低，成本较高，而且企业在发行绿色债券时要考虑到环保成本，还需要聘请第三方评估机构进行评估认证，存续期期间要追踪资金流向并且定期披露，这些都增加了发行企业的成本负担。

（五）绿色债券投资端的市场需求还未得到释放

1.绿色投资理念尚需加强

尽管我国绿色债券发展迅速，但一些投资者对绿色债券的认知和理解仍然不够充分，也没有认识到绿色债券的环境和社会效益，以及其作为可持续投资工具的意义，我国也尚未建立起社会责任投资者制度。因此，提高投资者对绿色债券的认知水平，增加其对绿色债券的需求是关键。根据中国证券投资基金业协会发布的《基金管理人绿色投资　自评估报告（2020）》，参与调查的私募机构中开展绿色投资研究的不到一半，实际进行的绿色投资更少，更多地停留在口号上，所以要对投资者多加引导，将绿色投资落实。

2.境外资本对我国绿色债券持有量较低

当前，境外投资者已通过多种渠道购买持有我国债券，但其购买的品种主要集中在国债、政策性银行债，绿色债券所持比例仍较低，投资者范围有待进一步扩大。

3.绿色债券优惠政策不够完善，免税、减税等政策支持力度尚需加大

目前，我国绿色债券的优惠政策主要集中在金融机构、金融产品和融资主体三个方面，针对投资者的激励政策缺失，而且激励方式较为单一，主要是财税补贴、一次性奖励或税收优惠。为了吸引投资者投资绿色债券，境外绿色债券大都有免税等各种政策优惠，比如荷兰建立了"绿色基金计划"，为参与绿色基金的个人投资者提供2.5%的税收优惠，以激励个人投资者投资绿色项目；新加坡颁布债券授予计划，对为获得合格绿色债券发行资格而发生的外部审查成本进行100%补贴；美国OPIC为绿色债券发行

人提供信用增级服务以支持绿色融资。我国目前设立了七省十地绿色金融改革创新试验区，开辟绿色债券发行快速审批通道、对绿色项目认定费用进行补助等，部分省市区对成功发行的绿色企业债券进行直接贴息或考核激励等，但是通过直接财务激励降低绿色债券发行成本的方式单一且惠及面不够广泛，导致其发行优势并不是很明显。

第三节　绿色债券与实体经济的融合对策

在碳达峰、碳中和背景下，绿色债券作为绿色金融中的重要金融产品，对于推动实体经济低碳转型、推动循环经济发展有着重要意义。近年来，能源、交通和建筑工程等非金融领域的绿色债券发行量迅速增长，取得了良好的效果，支持实体经济的功能更加突出。在经济效益方面，绿色债券的发展拓宽了社会公众投资的渠道，为实体经济的稳固发展、基础设施的完善提供了动力；在环境效益方面，促进了"两高"产业的转型，环保效益更高，减排效果更好，在助力实现碳达峰、碳中和目标、完善生态保护补偿制度方面发挥着积极作用；在国际发展方面，绿色债券的持续对外开放使得全球投资者都可以参与到我国绿色产业的发展过程中，吸收更多的绿色投资资金，加强国际合作，持续推动绿色债券在气候变化、绿色能源、绿色基金等领域的发展，推动实现更加绿色、健康的全球发展。然而，我国绿色债券发展相较于国外起步较晚，还存在很大的改进空间，中国式现代化也对绿色债券的发展提出新的要求，我们应参考国外绿色债券发行成功案例或经验，立足国内经济发展现状，完善绿色债券的顶层设计。

一、建立多元化绿色债券激励政策体系

绿色债券的政策激励对推动绿色债券发展具有重要作用，政府可以针对绿色债券的发行、投融资等方面制定多元化的激励政策。首先，可以在绿色债券发行端提供政策扶持，简化绿色债券的发行流程，形成有利于债

券市场优先发展的政策导向，给予发行主体一定的政策红利，如对存在发行溢价的绿色债券发行主体进行一定的担保补贴、税收减免、债券贴息等，降低绿色债券融资成本，增强投资者对绿色债券市场的信心，完善绿色债券框架和激励约束机制，稳步扩大直接融资比例。

其次，要激发绿色债券市场参与者的积极性，可以建立绿色投资成本加计扣除、绿色债券投资收益减税降费等税收优惠政策，鼓励投资者参与绿色债券投资。通过政策指引建立完善的风险分担机制和退出机制，增加投资者保护条款，增强投资者信心。

二、健全多层次的绿色债券市场体系，适时推出主权绿色债券

发行主权绿色债券对我国意义重大，我国作为全球气候变化治理的参与者和实施者，提出了"双碳"的目标，而主权绿色债券作为一种以国家信用为基础的绿色金融产品，是政府主导下拓展绿色融资渠道的重要方式。

近两年，我国绿色债券发行规模迅速扩大，推出主权绿色债券不仅可以丰富绿色债券和国债品种，还有助于丰富我国的绿色金融工具，创新绿色金融产品及业务模式，吸引更多投资者和发行人参与绿色金融投资，从而健全多层次的绿色金融体系。另外，主权绿色债券可以作为绿色国债品种，成为基准债券，以此形成绿色国债的全周期收益率曲线，完善市场定价机制。

三、完善统一的绿色债券市场监管体系

虽然我国绿色债券市场发展迅速，且存续期信息披露质量和易得性较好，但是监管体系还不够完善，需要建立健全监管体系，规范信息披露制度，完善绿色项目的第三方评估认证，确保绿色项目信息的透明度，提高资金资源配置效率。

第一，各监管机构要统一评估标准，对监管内容和职责进行明确的划分，协调分散化监管，建立统一标准的绿色债券监管体系，打造涵盖传统绿色债券工具以及创新型工具的规范市场。同时要注意与国际上的监管规

则接轨，借鉴国际监管经验，提升国内绿色债券的认可度。

第二，制定规范可行的信息披露制度，可以参考国际上信息公开的标准形式，要求发行人记录并公开募集绿色资金的使用信息，对绿色债券的资金使用情况披露进行优化管理。基于实践结果，建立完善的绿色指标体系，不同行业的绿色项目的环境效益不同，针对相应的专业指标、对应标准及计量方法，定期跟踪后续投资情况以及所带来的环境效益。积极探索推动中债指标体系升级为行业标准、地区标准、国家标准以及国际标准，通过数字化转型，建立权威绿色债券数据库，明确绿色债券的环境效益量化标准。在绿色债券存续期内，制定信息披露的标准并设计参考模板，对信息披露进行严格的审查，尤其是核心指标，鼓励披露辅助性指标、制定差异化监管和激励政策，推动跨境交易的实现。

第三，由于我国第三方评估认证尚在起步阶段，可以借鉴国际上优秀的评估认证经验，丰富评估内涵与评估维度，有效提高绿色债券的评估质量及公信力，为投资者提供可查的投资环境。强化对环境效益的评估，第三方评估认证机构应该强化对环境效益的审慎核查责任，建立统一的环境效益评估标准，针对不同行业制定相应的效益指标，加强绿色债券存续期间的追踪评估。制定严格且标准的评估机制，防止标准不一给投资者决策带来的负面影响。可以借助大数据、区块链等数字化平台，促进第三方评估机制的标准化建设，对环境效益信息披露的频率与翔实程度开展动态监管，降低债券交易双方的信息不对称。

四、提升绿色债券的资源配置效率

绿色债券的发行呈现短期化的趋势，但是绿色项目一般投资回报期比较长、回报率比较低，需要有针对性地解决期限错配问题，提升资源配置效率。要不断提升绿色债券服务实体经济的能力，提升资源配置效率，鼓励金融机构以实体经济发展的需求为基础，加速产品的创新和服务的优化升级，提高绿色债券的发行、托管、结算服务效率，并有针对性地解决绿色债券在投融资过程中存在的期限错配、信息不对称、产品工具匮乏等问题。

坚持发挥政府"有形之手"和市场"无形之手"的作用，政府引导绿色债券发行期限趋向长期化，可以凭借国有企业的信誉发行中长期债券，对于不同期限的债券和绿色项目进行引导匹配，最大限度减少期限错配问题，缓解企业的融资压力。

推动建立多层次的绿色债券投资者体系，调动养老金、社保基金、公益基金、主权财富基金等机构投资者的积极性，构建完善的绿色投资网络，引导各类资金进入绿色产业，更好地发挥绿色债券服务实体经济的作用，同时积极发展绿色股票指数和相关投资产品，鼓励机构投资者投资绿色金融产品。

中小企业在资源配置中也发挥着重要作用，可以在政策的指导下充分发挥市场资源配置的功能，但是由于中小企业的投融资压力比较大，可以制定针对性的优惠政策，建立中小企业绿色债券投融资担保或风险补偿机制，缓解长期投资的压力，增强其发展韧性，激发中小企业的活力。金融机构应该根据区域差异，为从业人员提供专业的、先进的培训，提高中小企业的绿色金融水平，做好抵押品等资产的质量提升，切实降低其融资成本，增强企业实力，为中小企业的健康发展保驾护航。

五、引导绿色债券投资理念

当前，绿色发展已成为全球共识，要大力倡导绿色投资理念。可以组织绿色债券专业论坛，打造绿色债券产业链，传播绿色理念，实现物质富足和精神富有的协调发展；为推动"双碳"目标实现，贯彻可持续发展理念，持续深化"双碳"和绿色投资理念；调动个人投资者对绿色债券的关注，推动绿色金融理念和创新实践活动惠及更多的市场主体，促进绿色低碳的生活方式，推动全社会绿色消费理念和社会环保意识的形成。培养投资者的绿色投资理念，可以通过举办网络研讨会、座谈会等方式加强对绿色投资的宣传，普及绿色债券最新发展成果等；展示绿色债券投资的成功案例，建立透明的绿色债券市场信息体系，使投资者能够更清楚地了解绿色投资的环保价值和经济效益；提供专业的绿色投资咨询服务，帮助投资者了解如何选择符合其价值观和投资目标的绿色投资机会。

引导金融机构增强社会责任意识，鼓励设定最低绿色投资比例，建立机构投资者社会责任评估体系，将社会影响纳入投资决策的考量因素，为金融机构提供量化环境和社会风险的工具和方法，帮助他们评估投资组合中对长期投资有负面影响的环境和社会风险，通过评估投资项目的社会效益，帮助机构投资者更全面地衡量投资的价值，促使机构投资者更积极地加入绿色投资行业，从而推动可持续发展目标的实现。

第八章　绿色基金、信托与实体经济的融合发展

第一节　绿色基金、信托的概念与特征

一、绿色基金的概念与特征

（一）绿色基金的概念

关于绿色基金的概念，国内外尚未形成统一的认识。根据中国证券投资基金业协会发布的《绿色投资指引（试行）》中关于绿色投资的定义，我们将绿色基金界定为：绿色基金是指以促进企业环境绩效、发展绿色产业和减少环境风险为目标，采用系统性绿色投资策略，对能够产生环境效益、降低环境成本与风险的企业或项目进行投资的基金。

（二）绿色基金的特征

绿色基金属于基金的一类，但是和传统基金相比，有不少不同点。首先，绿色基金的主要参与方由政府、机构、专家三部分构成。政府任命管理委员会进行管理，管理委员会由政府和企业共同组成。基金管理机构招募的工作人员需要有相关领域工作经验，如绿色项目融资、能源服务、绿色投资和风险管理等。其次，绿色基金目标市场选择和评判标准和传统基金有所不同。绿色基金资金投向主要是绿色环保及相关领域，如新能源、环保基础设施建设、污水处理等领域。再次，投资方式有所不同。对评估合格的绿色项目可采用股权投资、委托贷款、夹层投资等综合投资方式，以打破绿色融资障碍。例如，绿色能效基金既可以对节能低碳技术企业进

行风险投资，也允许他们根据投资项目的风险收益特征搭配适当的金融产品。当企业业主因缺乏担保能力无法通过银行融资来实施节能低碳项目时，基金投资可依据对项目和业主的综合风险判断，采用委托贷款、担保、风险债和设定回购条件的方式进行股权投资。最后，相比传统基金，在绿色基金管理过程中，会对其创造的绿色环保效益有额外的要求，包括建立绿色指标监测体系、环保效果影响绩效、环境与社会法律法规遵循情况等。必要的时候，还需要开展第三方的外部审查，聘请独立的环境与社会专家对特定内容开展监测。

关于绿色基金的分类，国内早有学者从不同角度对其进行了研究，大致可分为环保主题投资基金、环保产业并购基金、PPP模式环保产业基金三类。基金的四种运作模式主要是"行业内高新技术企业＋政府引导基金""行业内大型央企牵头""金融机构＋行业内知名公司""政府和社会合作的PPP模式"。

二、绿色信托的概念与特征

（一）绿色信托的概念

绿色信托是指信托公司为支持环境改善、应对气候变化和资源节约高效利用等经济活动，通过绿色信托贷款、绿色股权投资、绿色债券投资、绿色资产证券化、绿色产业基金、绿色公益（慈善）信托等方式提供的信托产品及受托服务。

（二）绿色信托的特征

绿色信托是信托与绿色产业的结合，信托所具有的安全性、连续性等特点绿色信托都有，并且在此基础上还增加了环保的特性。绿色信托主要包括各种绿色资产，涉足的领域很广，主要包括新能源、环保类基础设施建设、生态环境保护以及社会环境治理等领域，服务主体是绿色产业。

我国的绿色信托发展较晚，从国务院首次明确提出"建立绿色金融体系"的总体目标以来，国内许多学者开始对绿色信托进行研究，认为绿色信托业务在我国的发展现状具有蓝海效应明显、业务种类日益丰富、运作模式逐步多元、业务创新频繁、多地多点开花的特点。此外，绿色信托具有有利于弥补政府财政投入缺口、促进信托业转型升级、推动绿色产业长期稳定运行的应用价值。

三、绿色基金和绿色信托与实体经济融合的理论基础

绿色基金与绿色信托都属于绿色金融的范畴，因此，绿色金融与实体经济融合的理论基础就是其理论基础。

（一）外部性理论

经济外部性是指在非市场条件下，一种经济主体的行动对另一种经济主体的经济活动产生的影响，它可以是积极的也可以是消极的。在谈到与环境有关的经济外部效应时，通常是指在生产方式和消费方式上的负面外部效应。在现实生活中，由于生产与消费都会产生正外部性，对其进行奖励与补贴，从而提高其负面外部性的成本。这是绿色金融产品有效性证明的重要理论之一。从效益的观点来看，通过补偿或支付外部费用所获得的好处，将不再局限于个人或公司，同时体现在社会效益和环境效益上。

（二）生态产权理论

生态产权是对可支配的生态资源使用程度的界定，是一种公共产权。在生态环境保护与可持续发展的背景下，生态产权的概念越来越受到重视。生态产权的核心是对生态资源的支配权，即对生态资源的使用、占有和处置权。从理论上讲，一定区域内的社会成员享有平等的生态产权，这意味着每个人都有权利利用自然资源，但同时也必须承担相应的责任和义务。

生态产权转移具有明显的非等价性。这是因为生态资源的使用和占有不同于普通商品或服务，它们有着独特的生态价值和生态功能。因此，在转移生态产权时，需要考虑生态资源的特殊性，以确保生态系统的可持续性和生态资源的公平合理利用。

为了解决这个问题，需要建立相对明确的约束人类支配生态资源的准则。这些准则包括生态权益归属，生态的质量，生态侵权的程度，生态侵权行为短期和长期、局部和整体影响的评估等。这些准则可以作为

法律法规、政策措施、行业标准等的基础，以规范和引导人类对生态资源的管理和利用，从而实现生态保护和可持续发展的目标。

总之，生态产权是一种重要的公共产权，它关系整个社会的生态环境保护和可持续发展。建立相应的准则和机制，可以有效地保护生态资源，保持生态系统的稳定和健康，促进人类与自然的和谐共处。

（三）政府规制理论

该理论强调，要以法律形式明确公民的生态权利、生态义务和违法时应承担的生态法律责任，这对环境保护工作产生了积极影响。

首先，政府将建立立法环境管理程序，授权环境管理机构否决不符合生态要求的经济活动项目，防止一些企业为了谋取暂时的经济利益而损害环境，从而保护生态环境。

其次，政府对绿色金融的监管将从行政层面上升到法律层面，这有助于防范环境风险，促进绿色金融的发展，同时也为环境保护提供了更多的资金来源。

此外，法定的管理程序和明确的生态权利、责任、义务将提高环境管理的效力，扩大环境管理范围，使环境保护工作更加规范化和科学化。

（四）各理论之间的逻辑关系

外部性理论是绿色金融理论逻辑的起点。环境污染问题、资源合理利用问题以及污染防治问题之间存在着逻辑上的一致性。在面临环境污染时，公司排放的社会费用远高于公司的个人费用，由于缺乏改进的经济激励，导致其社会效益受到损害。在面临资源的理性利用问题时，如果不能实施有效的经济限制来抑制"过度使用"，就会导致不同阶层之间资源分配的不平衡，丧失可持续发展的根基。在面临环境污染问题时，参与主体的个人利益远低于其社会利益，对污染治理缺乏能动性。在经济活动中，这些个体之间存在着各种不同的激励不兼容现象，这些都是市场失灵的体现。生态产权理论是绿色金融市场化的内在逻辑。根据科斯的理论，当一个真实的市场交易费用大于零时，该交易就存在代价，而不同的产权制度下需要付出的代价也不尽相同，即污染排放、治理与资源利用的产权的确定，将会对个人的成本与收益产生影响，解决方法就是对权利进行合理安排，即制度形式与资源配置相匹配，构建产权初始界定与经济运行效率的因果联系。在此，经济运作效率的清晰表达就是其所带来的社会利益，也就是生态安全、可持续性和绿色发展。对产权的初步确定是进行市场交易的前提，只有明确了产权关系，才会产生明确负责的市场主体。在绿色金融中，政府管制是政府介入的理论归宿。与以市场为导向的财产权理论不同，政府管制是基于"政府介入可以填补市场失效"的假定。与传统西方经济学对政府"市场守夜人"的定位不同，在这种情况下，政府规制并不是要构建一套有关各种可通过市场交易进行调整的权利的法律制度，它更多的是由政府进行指令性或者禁止性的制度设计，也就是明确"能做什么"和"不能做什么"这样的制度性规定。此外，政府还要建立相关的奖惩制度，比如排污税、税收优惠和补贴等。作为绿色金融主体的绿色信贷、绿色基金、绿色信托等就是这种积极激励方式的经典范例。

四、绿色基金和绿色信托与实体经济融合的现实意义

目前，我国正处于由高速发展向高质量发展转变的关键时期，绿色发展是高质量发展的应有之义。走向生态文明新时代，建设美丽中国，是实现中华民族伟大复兴中国梦的重要内容。金融作为经济发展的血脉，对一国经济发展起着重要的推动作用，绿色基金与绿色信托作为重要的绿色金融工具，虽然起步较晚，但在建设绿色中国、推动高质量发展中起到了重要作用。具体表现在以下几个方面。

（一）服务实体经济，助力实体经济可持续发展

绿色基金与绿色信托作为一种绿色投资方式，具有金融和环保双重属性。作为金融产品，其天然具有资源配置的功能，结合其环保属性，能引导资金向绿色环保领域流动，有效带动实体经济向绿色可持续方向转型。此外，绿色基金和绿色信托的发展与推广，能够进一步推动我国绿色领域的法治建设，进一步完善环保相关信息披露制度，助力经济可持续发展。

（二）为绿色产业拓展融资渠道，促进绿色产业市场发展

我国传统绿色产业的融资多以银行贷款和政府补贴为主，融资手段较为单一。通过发展绿色基金与绿色信托，绿色相关企业可以拥有更多融资手段。同时，绿色可持续发展作为新发展理念的重要一环，推动我国许多传统企业开始绿色转型，而转型需要大量的资金支持。通过绿色基金与绿色信托的方式进行融资，可以将社会资本导向绿色产业，将其转化为传统企业实现绿色转型所需的资金。加大对现有环保工业的投资力度，一定程度解决了绿色产业缺乏资金支持的问题，促进了绿色产业发展。

（三）发展我国资本市场，丰富资本市场产品类型

基金与信托是资本市场的重要金融工具，绿色金融与绿色信托的出现，符合我国构建强大资本市场的战略需求，丰富了我国资本市场投融资体系和资产市场产品种类，为社会闲置资金提供了更丰富的投资选择，推动了绿色金融的发展。

第二节　绿色基金与绿色信托的发展现状与不足

一、绿色基金发展现状

（一）绿色基金发展历程

基金这一金融产品在我国首次出现是 20 世纪 90 年代，其主要功能是通过架构设计和杠杆作用，满足各方面资金融通需求，从而吸引更多闲置资金投入各个产业领域。从发展历程看，2005 年我国第一只真正意义上的产业基金——渤海产业投资基金获批，2011 年 2 月发行首只绿色投资基金——兴全绿色投资股票型证券投资基金。从普通产业基金到绿色基金，我国经历了大约 6 年时间，随后多种形式的绿色基金开始在我国绿色金融体系中出现、成长和发展。

相比国外更倾向于市场化的绿色基金发展，我国的绿色基金发展具有

明显的政策引导性，且与绿色环保方面政策发展联系紧密。在我国逐步追求绿色发展的过程中，颁布了不少与绿色金融和绿色基金有关的政策。（如表8-1所示）

表8-1　我国与绿色基金发展相关的政策性文件（部分）

年　份	发行部门	文件名称	主要内容
2015年9月	中共中央、国务院	《生态文明体制改革总体方案》	首次明确提出"建立绿色金融体系"的总体目标，为金融助力生态文明领域改革作出了顶层设计和战略部署
2016年8月31日	中国人民银行等七部委	《关于构建绿色金融体系的指导意见》	提出要大力发展绿色信贷，推动证券市场支持绿色投资，设立绿色发展基金，通过政府和社会资本合作（PPP）模式动员社会资本，发展绿色保险，完善环境权益交易市场、丰富融资工具，支持地方发展绿色金融，推动开展绿色金融国际合作，防范金融风险，强化组织落实等意见
2021年7月27日	中国人民银行	发布多项金融标准	此次发布的28项新金融行业标准中，包括绿色金融行业首批行业标准，分别为《金融机构环境信息披露指南》和《环境权益融资工具》，制定了统一的绿色债券标准，不断丰富绿色金融产品与服务标准，并支持建立绿色项目库标准，加快制定金融机构碳排放核算、ESG评价等标准，支持绿色发展和低碳转型
2021年10月24日	中共中央、国务院	《关于完整准确全面贯彻新发展理念　做好碳达峰碳中和工作的意见》	提出推进绿色低碳金融产品和服务开发，设立碳减排货币政策工具。引导银行等金融机构为绿色低碳项目提供长期限、低成本资金。扩大绿色债券规模。研究设立国家低碳转型基金。鼓励社会资本设立绿色低碳产业投资基金。建立健全绿色金融标准体系
2021年10月24日	国务院	《2030年前碳达峰行动方案》	提出完善绿色金融评价机制，建立健全绿色金融标准体系。大力发展绿色贷款、绿色股权、绿色债券、绿色保险、绿色基金等金融工具。鼓励社会资本以市场化方式设立绿色低碳产业投资基金。发挥全国碳排放权交易市场作用，进一步完善配套制度，逐步扩大交易行业范围

（续表）

年　份	发行部门	文件名称	主要内容
2021 年 12 月 23 日	生态环境部、国家发改委、工信部等九部门	《关于开展气候投融资试点工作的通知》及《气候投融资试点工作方案》	提出有序发展碳金融。指导试点地方积极参与全国碳市场建设，研究和推动碳金融产品的开发与对接，进一步激发碳市场交易活力。鼓励试点地方金融机构在依法合规、风险可控前提下，稳妥有序探索开展包括碳基金、碳资产质押贷款、碳保险等碳金融服务，切实防范金融风险，推动碳金融体系创新发展
2021 年 11 月 25 日	中国人民银行、银保监会、证监会等	《金融标准化"十四五"发展规划》	提到加快完善绿色金融标准体系，具体包括探索制定碳金融产品相关标准，助力金融支持碳市场建设等
2022 年 4 月 26 日	证监会	《关于加快推进公募基金行业高质量发展的意见》	要督促基金行业履行环境、社会和公司治理责任，实现经济效益和社会效益相统一。引导行业总结 ESG 投资规律，大力发展绿色金融，积极践行责任投资理念，改善投资活动环境绩效，服务绿色经济发展

（二）数据分析

1. 绿色基金现有规模分析

如图 8−1 所示，2013 年至今，A 股市场绿色基金的数量呈现持续增长的趋势，基金规模则受到资本市场波动的影响，2022 年的总规模有所下降。到 2022 年底，环境保护主题基金共 287 只，总规模 4480 亿元；如图 8−2 所示，纯 ESG 主题基金共 71 只，总规模 438 亿元；两类绿色基金总规模接近 5000 亿元。其中，环境保护主题基金在早期聚焦生态环保、美丽中国的概念，其数量平稳增长、整体规模长期保持在 400 亿—500 亿元；2020 年"双碳"目标提出之后，则又覆盖了新能源、新能源汽车、碳中和、低碳经济等节能减碳领域，数量显著增长，规模也随着新能源相关板块的爆发而显著提升。纯 ESG 主题基金在 2019 年之前数量极少，2019 年之后随着资本市场 ESG 投资理念的兴起，纯 ESG 主题基金的数量与规模才开始快速提升。

图 8-1　2013—2022 年环境保护主题基金的规模与数量变化
数据来源：wind 数据库。

图 8-2　2013—2022 年纯 ESG 主题基金的规模与数量变化
数据来源：wind 数据库。

2. 公募与私募基金数据分析

根据中国证券投资基金业协会的《基金管理人绿色投资自评估报告（2022）》，截至 2022 年三季度末，公募基金资产净值合计 26.6 万亿元，其中，46 家样本公募机构基金资产净值合计 16.9 万亿元。问卷覆盖了 32.9%的公募基金管理公司和 63.7%的公募基金资产，统计结果具有代表性。报告显示，在绿色投资战略建设方面，有 25 家样本公募机构将绿色投资明文纳入公司战略，占样本公募机构比重的 54.3%，其中，32.6%的机构依绿色投资战略出台了配套文件或将其写入了公司章程。41.3%的机构依绿色投资战略建立了公司业务目标，19.6%的机构进一步披露了目标完成情况。此外，82.6% 的样本公募机构表示有高管或委员会对绿色投资业务负责。这表明，国内大多公募基金公司已经把绿色基金业务作为战略优先考虑。

在绿色投资领域研究方面，87% 的样本公募机构开展了绿色投资研究，专职人员数量超过兼职人员；69.6% 的样本公募机构已建立绿色表现正面评价方法，50% 的样本公募机构已建立绿色表现负面清单；同时，在环境风险监控和处置机制建设上，50% 的样本公募机构已同时建立两项机制。环境风险监控方面，21.7% 的样本公募机构已建立动态监测数据库进行投资组合日常管理。

在绿色投资产品运作方面，71.7% 的样本公募机构发行过或正在发行以绿色投资为目标的产品，其中，45.6% 的机构发行了多只产品，合计 108 只。填报显示，截至 2022 年二季度末，107 只产品的净资产合计 2045.53 亿元。整体看，填报的 107 只产品中，88.9% 的样本基金遵循特定绿色投资策略，28.7% 的样本基金采取主动措施促进被投企业提升绿色绩效。

在规模上如图 8-3 所示。

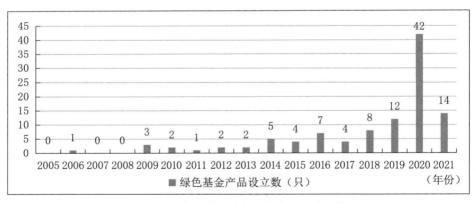

图 8-3 样本公募机构绿色基金产品设立情况

数据来源：中国证券投资基金业协会。

整体来看，公募机构绿色基金产品数量在 2018 年后有个大幅上升，但是在 2021 年又有所回落。

从投资者类型方面来看，如图 8-4 所示，个人投资者、金融机构和金融产品占比位列前三，分别为 67.13%、16.74% 和 11.36%。

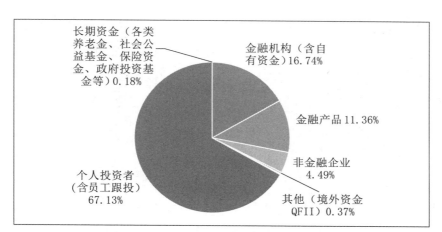

图 8-4 样本公募机构绿色投资产品投资者类型及占比情况

数据来源：中国证券投资基金业协会。（由于四舍五入，各比例总和与 100% 略有出入）

在私募证券基金机构中，共 320 家计入样本。在绿色投资战略建设方面，有 55 家样本私募机构将绿色投资明文纳入公司战略，仅占样本公募机构比重的 17.2%，其中，12.2% 的样本私募机构依绿色投资战略确立了公司业务目标，7.5% 的样本私募机构进一步披露了目标完成情况。但是，84.1% 的样本私募机构表示有高管或委员会对绿色投资业务负责。

在绿色投资领域研究方面，74.1% 的样本私募机构开展了绿色投资研究，专职人员数量超过兼职人员；但是，仅有 21.9% 的样本私募机构已建立绿色表现正面评价方法，12.8% 的样本私募机构已建立绿色表现负面清单；同时，在环境风险监控和处置机制建设上，仅 15.9% 的样本私募机构已同时建立两项机制。环境风险监控方面，26.3% 的样本私募机构已建立动态监测数据库进行投资组合日常管理。

在私募股权基金机构中，共 327 家计入样本。在绿色投资战略建设方面，有 90 家样本私募机构将绿色投资明文纳入公司战略，占样本私募机构比重的 27.5%，其中，18.3% 的机构依绿色投资战略确立了公司业务目标，11% 的样本私募机构进一步披露了目标完成情况。但是，85% 的样本私募机构表示有高管或委员会对绿色投资业务负责。

在绿色投资领域研究方面，65.4% 的样本私募机构开展了绿色投资研究，专职人员数量超过兼职人员；但是，仅有 16.8% 的样本私募机构已建立绿色表现正面评价方法，16.8% 的样本私募机构已建立绿色表现负面清单；同时，在环境风险监控和处置机制建设上，仅 11.9% 的样本私募机构已同时建立两项机制。环境风险监控方面，21.4% 的样本私募机构已建立动态监测数据库进行投资组合日常管理。

在基金规模方面如图 8-5、图 8-6 所示。

图 8-5　样本私募股权基金机构绿色投资产品设立情况

数据来源：中国证券投资基金业协会。

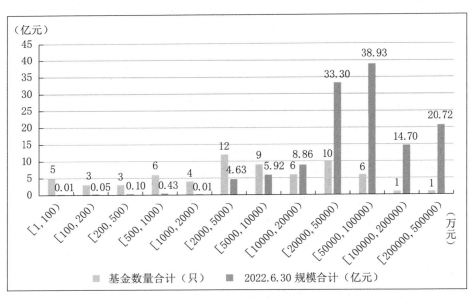

图 8-6　样本私募股权基金机构绿色投资产品数量及规模

数据来源：中国证券投资基金业协会。

从投资者类型看，个人投资者、非金融企业和金融产品占比位列前三，比例分别为 34.72%、29.11% 和 18.53%。

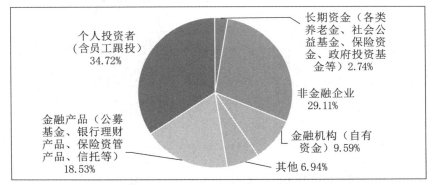

图 8-7 样本私募股权基金机构绿色投资产品投资者类型

数据来源：中国证券投资基金业协会。（由于四舍五入，各比例总和与 100% 略有出入）

从中国证券投资基金业协会的数据来看，目前我国绿色基金产业还有很大的发展空间，在绿色基金发展的各个方面，公募基金做得都比私募基金好。

3. 绿色基金收益率分析

相比沪深 300 指数，绿色基金在大多时候收益率都较高，2014—2022 年收益率如图 8-8、图 8-9 所示，可以看出在 2015 年、2018 年、2020 年、2021 年绿色基金平均收益率都超过了沪深 300 指数，给投资者带来了不错的超额收益，其中 2015 年、2020 年、2021 年都获得了 20% 以上的超额收益，而在超额收益为负的年限，仅 2014 年超额收益较低，为 -20.1%。

	环境保护主题基金		纯 ESG 主题基金		绿色基金平均	沪深 300		绿色基金超额收益
	数量	投资回报率	数量	投资回报率				
2014	17	15.4%	4	47.8%	31.6%	51.7%		-20.1%
2015	34	52.4%	4	19.3%	35.8%	5.6%		30.3%
2016	44	-15.0%	4	-20.3%	-17.6%	-11.3%		-6.4%
2017	53	12.6%	5	9.0%	10.8%	21.8%		-11.0%
2018	65	-24.6%	5	-18.2%	-21.4%	-25.3%		3.9%
2019	73	37.1%	15	23.8%	30.5%	36.1%		-5.6%
2020	94	70.5%	23	44.3%	57.4%	27.2%		30.2%
2021	191	31.8%	43	5.9%	18.8%	-5.2%		24.0%
2022	287	-23.3%	71	-20.0%	-21.7%	-21.6%		-0.1%

图 8-8 绿色基金投资回报收益率及超额收益

数据来源：wind 数据库。

图 8-9　绿色基金投资回报收益率及超额收益折线图

数据来源：wind 数据库。

（三）绿色基金主要产品种类

根据国家发改委等七部委印发的《绿色产业指导目录（2023 年版）》，绿色产业包括七大类：节能降碳产业、环境保护产业、资源循环利用产业、清洁能源产业、生态保护修复和利用，以及基础设施绿色升级、绿色服务。涉及节能电器制造、环境治理、循环利用、新能源、绿色基建、生态保护等多个领域，而绿色基金则是将资金投向这些绿色产业的基金。

根据投向不同，绿色基金包括绿色证券基金、绿色股权基金、排放权基金、绿色担保基金等。从政府资金参与程度来看，绿色基金可分为政府性环境保护基金、纯市场的绿色基金、政府与市场相结合的绿色基金（PPP 模式绿色基金）；从投资标的来看，绿色基金可分为绿色产业投资基金、绿色债权基金、绿色股票基金、绿色混合型基金等。根据发起设立方式，我国绿色产业基金主要可分为政府发起的绿色引导基金、PPP 绿色项目基金、产业企业（大型企业集团）发起的绿色产业发展基金、金融机构或私人发起的绿色 PE/VC 基金等。不同类型的绿色基金，其目的、资金来源、投资、运行机制和组织形式都有所区别。

绿色基金的融资结构也非常丰富，可以通过公私混合型的模式设立，可以充分调动政府、市场、民间资本的投资力量。也就是说，投资人可以是政府、金融机构、企业、私募股权基金、保险公司、养老基金、各类气候基金等。商业银行的投贷联动试点也为绿色基金发展创建了良好的激励机制。国际方面，世界各国对绿色投资的高度关注也为绿色基金引进外资、促进境外合作提供了助力。比如，绿色基金在"一带一路"、促进国际合作方面就发挥了重要的作用。

这里重点介绍一下按政府资金参与程度分类的三种基金类型。

（1）纯政府投资的基金：政府通过财政拨款的方法成立的一种基金，用以扶持本地的环境保护类项目，这类基金有很明显的公益性质。

（2）纯市场的绿色基金：例如，私募基金、基金或者资产托管机构设立一个产品用以募集社会资金投资于一个或几个环境项目，而且有清晰的产品架构和营利模式，一般来说有很强的功利性。就目前我国资本市场的绿色基金产品而言，并无特定种类的绿色主题基金，而可以称为"绿色"基金的大致有以下几类概念基金：环境保护主题基金、纯 ESG 主题基金、ESG 投资基金、ESG 策略基金等。

（3）PPP 产业投资绿色基金模式：是绿色基金最主要的模式，是政府和社会资本一同成立的一只基金，政府资金占比较小，主要起战略引导作用，社会资本占比较大，也有专业的第三方环境保护机构承担所投资绿色项目的更新改造、经营。（见图 8—10）

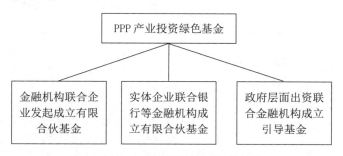

图 8—10　PPP 产业投资绿色基金模式

（四）绿色基金与实体经济融合的案例

在我国，绿色基金经过多年发展，虽在基金总量中占比较少，但已初具规模，在推进我国实体经济可持续发展方面起到了重要的作用。其中，又以政府牵头出资、企业参与投资的 PPP 产业投资绿色基金为主，表 8-2 是各省市一些比较典型的绿色基金项目情况。

表 8-2　中国典型绿色基金案例

地　区	成立年份	项目名称	基金介绍
重庆	2015	环保产业股权投资基金公司	该基金公司是在生态环境部和重庆市政府大力支持下，由生态环境部对外合作与交流中心和重庆市生态环境局共同发起成立，是国内第一家在中国证券投资基金业协会登记注册的政府主导的环保类股权投资基金管理公司。目前，基金公司共发起设立 35 只基金，其中母基金 1 只，子基金 29 只，种子基金 1 只、平行基金 4 只，规模 115 亿元。累计完成 68 个项目投资，累计对外投资总额 13 亿元。基金主要投资于三峡库区生态环保类企业和重大环保项目
山东	2015	山东省政府和社会合作（PPP）发展基金	该基金总规模为 800 亿元，由政府出资 80 亿元，通过政府引导，吸收银行等社会资本 720 亿元投资，实现 10 倍杠杆放大效果。山东省通过设立 PPP 发展基金的方式，引导民间资本积极投向基础设施和公共服务领域，为该领域提供了发展资金，有效缓解了基础设施投资缺口大、政府资金短缺、债务负担沉重等问题，促进了实体经济的发展
湖北	2015	长江经济带产业基金	由政府出资设立引导基金，吸引社会资金投资，发起多个母基金，以初始 400 亿元资金，预计最终撬动 10000 亿元社会资金投向实体经济。在投资方向上，基金主要聚焦节能环保、新能源等七大战略性新兴行业
新疆维吾尔自治区	2015	新疆维吾尔自治区政府和社会资本合作引导基金	基金按照自治区与金融机构 1∶9 的比例出资，共出资 1000 亿元，主要投向区内绿色环保项目。是我国第一个自治区绿色基金
中国与美国	2016	中美绿色基金	中美绿色基金一期旗舰基金规模为 23 亿元，基金定位为绿色股权投资标杆以及中美双边绿色合作框架的市场化执行者，通过专注于绿色股权投资，树立绿色投资的专业化标杆，促进中国经济的绿色低碳转型和发展；同时，搭建中美在绿色发展方面创新战略合作的民间交流平台，促进中美在绿色金融、绿色技术等领域的商业化合作。该基金被纳为中美战略与经济对话联合成果之一

（续表）

地　区	成立年份	项目名称	基金介绍
内蒙古	2016	内蒙古自治区环保基金	基金由政府和企业合资成立，在投资方向上主要坚持三个原则：一是坚持"优先区内"原则，在区内投资的比例不低于60%；二是坚持"优先环保"原则，主要用在环境治理和环保产业的发展上；三是坚持"市场选择"原则，重点支持有竞争优势的项目。通过设立环保基金，对区内经济绿色健康发展起到了积极推动作用
山西	2016	山西改善城市人居环境PPP投资引导基金	该基金是由政府和社会资本共同作为出资人，按《合伙企业法》规定来操作，在政府规定了基金的投资范围和运作规程、回报机制和风险管控等基金的管理规范后，完全按照市场化运作，专业化管理。基金的资金将重点投资于城市供水、供气、供热、污水处理、垃圾处理、园林绿化、地下综合管廊和轨道交通八个方面基础设施运营PPP模式项目。它能解决城市基础设施建设融资难的问题，引导社会资本投入城市基础设施建设中去
江苏	2017	江苏省PPP融资支持基金	PPP融资支持基金由省、部分市县财政和银行机构、保险、信托资金或其他社会资本作为出资人构成，基金规模为人民币100亿元，其中政府出资10亿元，其他银行等机构出资90亿元，主要用于江苏省内环境整治项目的投资
广东	2018	广东环保基金	基金由政府出资20亿元，通过PPP模式引入社会资本，撬动约200亿元社会资本投向粤东、粤西、粤北等地区生活垃圾和污水治理领域，实现地区环境保护建设目标，缓解限制当地经济发展的生活垃圾和污水问题，对助力当地实体经济发展有重要意义
中国	2020	国家绿色发展基金	基金以习近平生态文明思想为根本遵循，以建设美丽中国为宗旨，按照加强生态文明建设总体要求，面向市场需求，积极引导社会资本投向大气、水、土壤、固体废物污染治理等外部性强的绿色发展领域，促进污染治理、生态修复、绿色交通、清洁能源等绿色产业和绿色经济高质量发展
安徽	2023	新能源和节能环保产业主题母基金	该基金母基金规模为120亿元，其中首期规模为20亿元，聚焦新能源与节能环保产业，通过与产业基金管理机构、行业龙头企业及安徽省各市、县级平台公司等合作，通过参股设立子基金的方式，开展市场化投资

从表中可以看出，我国主流绿色基金在组织构架和运营上具有以下特点：一是采用以政府牵头出资撬动数倍社会资金的 PPP 模式。通过这种模式，绿色基金可以很好地起到金融杠杆作用，把社会闲置资金投入绿色产业发展中去，服务实体经济。二是基金的市场化运作。减少政府对实体经济的干预，保护实体经济的市场化运行，最大限度发挥市场的自我调节作用，实现绿色基金的增值。

二、我国绿色基金市场存在的不足

近几年，尽管我国的基金公司开始积极践行绿色与可持续投资理念，但与国际成熟市场中的基金公司相比还存在一定的差距。

（一）缺乏明确监管指引，法律体系亟须完善

与国际市场相比，我国的绿色基金还处于起步阶段，监管上还在摸着石头过河，缺乏适用于我国的经验，相关法律体系还需要完善。目前，绿色基金是对绿色投向性基金的概括，在不同文件中以不同名称和形式出现，在法律层面尚未形成统一的官方定义，导致司法处置绿色基金相关问题时，缺乏相关的法律依据，只能参照普通基金执行，消费者权益难以得到维护。同时，无论在中央还是地方，对绿色基金的监督管理也多是国家发改委、生态环境部门、金融监督管理部门、中国人民银行等多部门落实，还没有建立专门负责 ESG 投资的相关委员会和专业部门，没有明确的牵头部门。

（二）政府扶持机制有待加强

政府扶持机制主要存在两方面问题：一是财税政策补贴机制有待强化。目前，国内各省各市鲜有地方政府出台关于绿色发展基金税收减免、财政补贴、贷款贴息等方面的扶持政策，只有广东、浙江、江苏等少数省份有与绿色基金相关的财政奖励机制。二是对投资者在投资绿色基金方面取得的收益，缺乏相关的优惠政策。

（三）评价机制有待优化

在宏观层面上，目前还没有建立起可操作的 ESG 评价制度和企业 ESG 信息披露准则。虽然国家和监管部门已开始出台相应的政策，但是，在国

内，对于 ESG 和碳中和产品，还没有一个统一的定义标准。另外，目前有关部门还没有建立起一套针对不同领域的 ESG 信息披露规范。在总体上，环境信息披露还存在范围偏小、力度偏弱等问题，在对 ESG 产品评价方面还存在可用评级指标不够多、评估方法不够有效等问题。

（四）营利性与公益性相博弈

从我国绿色基金的性质来看，大多数的绿色基金都是产业型绿色基金，实质上与金融性基金没有什么不同，但是，绿色基金额度的 60% 需要用于绿色项目。行业绿色投资的目的仍然是提高资金的价值，因此它的盈利能力很强。但是，绿色基金由于营利方式问题，无法得到快速发展，资本不会主动去接触，需要政府去推动。各地政府为实现绿色发展目标而向全社会资本融资，使得绿色基金又具有一定的公益性。实际操作中，如何在保证绿色基金营利性的同时又充分体现其公益性，是个需要解决的问题。

（五）缺乏专业性人才，管理能力有待提高

绿色基金在我国发展较晚，相关的人才培养工作才起步，专业性人才缺乏。同时，由于人才的缺失，相关中介机构对绿色基金的运营管理能力不足，基金管理公司缺乏为其量身定制的绿色基金管理体制和方法，因此，基金管理公司在运营绿色基金时，只能使用传统基金的管理手法，也就是把重点放在基金的收益上，以分散基金的风险而没有对公益性加以考虑融入其中。这与绿色经济发展的公益性背道而驰。如果忽略了绿色基金的公益性，就会造成对绿色基金营利能力和投资周期的错误估计，从而使其管理效率与管理成果大打折扣。

（六）市场活跃度不足

当前，我国绿色基金在基金行业中占比较小，影响力还很低，存在品种不够丰富、宣传力度不到位、市场需求量低等问题。

三、绿色信托发展现状

（一）绿色信托发展历程

2020 年以来，服务"双碳"目标成为我国绿色金融未来发展的重要方向。党的二十大报告再次明确要"推动绿色发展"，我国经济将坚持走绿色高质量发展之路，绿色产业进入蓬勃发展期，但资金缺口巨大。根据中金公司、清华大学气候变化与可持续发展研究院、北京绿色金融与可持续发展研究院等权威机构测算，我国实现"双碳"目标的资金需求规模达到百万亿量级，绿色金融市场发展潜力巨大。作为绿色金融体系的有机组成部分，绿色信托是信托业服务国家绿色发展战略的主要方式，也是行业实现转型发展的重要方向，为了支持绿色信托发展，我国发布了与绿色信托相关的重要政策，如表8—3所示。

表8—3　我国近年发布的部分与绿色信托相关的重要政策

年　份	发行部门	文件名称	文件主要内容
2016年8月31日	中国人民银行等七部委	《关于构建绿色金融体系的指导意见》	提出要大力发展绿色信贷，推动证券市场支持绿色投资，设立绿色发展基金，通过政府和社会资本合作（PPP）模式动员社会资本，发展绿色保险，完善环境权益交易市场、丰富融资工具，支持地方发展绿色金融，推动开展绿色金融国际合作，防范金融风险，强化组织落实等意见
2019年2月	国家发改委等七部委	《绿色产业指导目录（2019年版）》	将绿色产业划分为六大类，包括节能环保、清洁生产、清洁能源、生态环境、基础设施绿色升级以及绿色服务，提高了各部门、行业对绿色产业的认识，为绿色信托的后续发展明确了方向
2019年12月	中国信托业协会	《绿色信托指引》	首次明确定义绿色信托。指出信托公司可以通过绿色信托贷款、绿色股权投资、绿色债券投资、绿色资产证券化、绿色产业基金、绿色公益（慈善）信托等方式为绿色经济和环境的发展提供信托产品和服务，引导绿色信托业务向标准化、规范化和可持续方向推进
2021年3月	中国人民银行	外滩金融峰会上人行副行长发言	初步确立了"三大功能、五大支柱"的绿色金融发展政策思路，"三大功能"主要是指充分发挥金融支持绿色发展的资源配置、风险管理和市场定价功能；"五大支柱"主要是指完善绿色金融标准体系、强化金融机构监管和信息披露要求、逐步完善激励约束机制、不断丰富绿色金融产品和市场体系、积极拓展绿色金融国际合作空间
2022年1月	银保监会	2022年度工作会议	提到要围绕有序推进碳达峰碳中和，创新绿色金融产品服务，支持能源稳产供保

（二）相关数据分析

1.我国绿色信托规模及行业投向

根据中国信托业协会的不完全统计，截至2021年末，信托业运用债权融资、股权投资、资产证券化、供应链金融等多种金融工具，为绿色环保产业提供综合的金融服务，累计规模近6000亿元，促进了节能降碳产业、环境保护产业、清洁能源产业、绿色金融等领域的蓬勃发展，支持了国家绿色发展战略。

截至2021年末，绿色信托总资金为3286.83亿元，信托资金投向绿色领域前三位分别为清洁能源产业、基础设施绿色升级产业和节能环保产业，三大领域获得资金共2659.37亿元，占总规模的80.91%。（见图8—11）

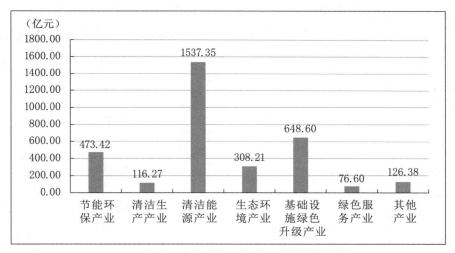

图8—11　2021年信托业资产绿色投向及规模

数据来源：中国信托业协会。

2.我国绿色信托资金业务投向

由图8—12可知，目前绿色信托贷款仍然是绿色信托最主要的模式，存续规模为1351.33亿元，约占绿色信托总规模的41%。与此同时，绿色资产证券化、绿色股权投资、绿色债券投资、碳金融等模式呈现显著上升态势，存续规模分别为909.47亿元、217.61亿元、109.47亿元和28.38亿元，绿色信托服务模式趋向多元化。

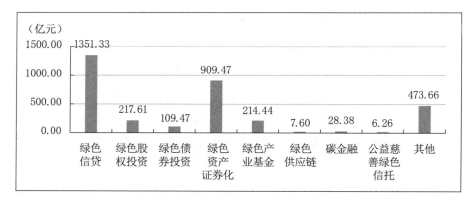

图 8-12　2021 年信托业绿色信托模式分类及规模

数据来源：中国信托业协会。

3. 绿色信托项目环境效益

信托行业在开展绿色信托业务时，更加关注绿色信托项目的环境效益。截至 2021 年末，绿色信托项目共计实现节水效益 1.46 亿吨，累计减排二氧化碳 0.17 亿吨。（见图 8-13）

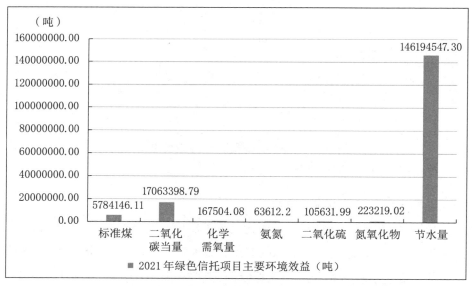

图 8-13　2021 年信托业绿色信托项目的主要环境效益

数据来源：中国信托业协会。

（三）绿色信托主要产品

根据《绿色信托指引》第十五条，信托公司开展绿色信托业务的方式多种多样，可以运用绿色信贷、绿色股权、绿色债券、绿色资产证券化、绿色产业基金、绿色供应链金融、碳资产交易、绿色公益（慈善）信托等金融工具及信托服务开展绿色信托业务。例如：（1）以信托贷款为主要业务模式，为绿色环保企业发放技术升级改造贷款、并购重组贷款等，在降低能源消耗、控制污染物排放等方面取得积极成效；（2）在绿色债券投资方面，信托公司帮助符合条件的绿色企业发行和分销绿色债券或绿色债务融资工具，降低绿色企业和绿色项目的融资成本；（3）设立信托型PPP绿色产业基金，根据融资方需求、项目特点和资金方的要求，构建灵活有效的退出机制；（4）积极参与绿色资产证券化，利用信托资产独立、风险隔离的天然优势，帮助绿色企业盘活资产；（5）以公益慈善信托方式推动绿色公益慈善事业发展。

（四）绿色信托与实体经济融合的案例

目前，绿色信托贷款是我国绿色信托最主要的形式，同时，绿色信托的其他产品也在蓬勃发展，各信托公司不断推出多样化的信托产品。例如，上海信托设立的"上和2021年第一期绿色个人汽车抵押贷款资产支持证券"，基础资产全部是上海财务发放的新能源汽车抵押贷款。又如，中航信托设立的全国首单"碳中和"主题绿色信托计划，信托财产除资金外还包括了碳配额（CEA）和中国核证自愿减排量（CCER）等碳资产。再如，碳投资类信托，目前，中航信托、华宝信托、中融信托、吉林信托等均设立了碳投资类信托，主要投向CEA、CCER等。中海信托、英大信托等还设立了碳服务类信托，基础资产包括碳中和债、CCER等。

典型的绿色信托案例有紫金信托发行首批公募绿色公交客票收费权ABN（见图8-14），该项目于2018年在上海证券交易所公开发行，发起机构为南京公共交通（集团）有限公司，但是受托机构是紫金信托，项目发行规模17亿元，基础资产为公交运输收费收益权及相关权益。该信托以信托的形式为绿色事业募集资金，有效增加了项目信用，降低了融资成本。南京公共交通

（集团）有限公司利用募集资金将部分公交线路的燃油公交车更新为新能源车，资金主要投向新能源汽车领域，为新能源汽车产业链提供了新的业务，刺激了新能源汽车领域相关企业的发展。同时也践行了绿色发展理念，帮助了实体经济发展，助力南京低碳智慧型城市建设。

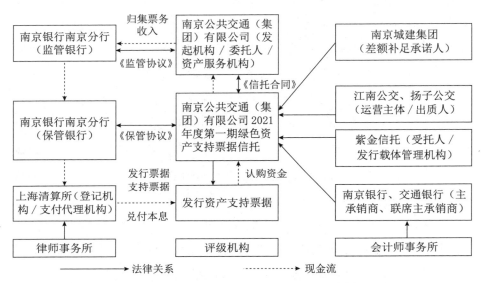

图 8-14　紫金信托发行首批公募绿色公交客票收费权 ABN 运营模式

四、我国绿色信托发展中存在的问题

（一）市场机制不成熟

由于国内绿色市场的支持机制还不够完善，缺少一个可以自由买卖绿色资产的流动市场，使得市场化定价很难反映出环保项目的正外部效应和污染产业的负外部效应。例如，就碳排放量而言，目前还没有一个全国范围内的碳排放量交易所，因此，有关测试数据还不够精确，更不用说之后的交易和衍生产品的设计，公司减少排放的动力不足，金融机构参与其中的风险也在增加。

（二）绿色信托专业人才欠缺

绿色信托投资于节能降碳产业、环境保护产业、清洁能源产业、碳资产等领域，有着非常广泛的市场，但是它的技术更新速度非常之快，对人才储备和科研能力有更高的要求。但是，随着资管新规的出台，信托的牌照和产品的规模逐渐缩小，信托在融资和销售方面的优势逐渐消失。目前，在投融资、评审、期间管理等方面，信托机构缺乏适合于绿色产业，尤其是适合于碳中和概念产业的高层次复合型人才。

（三）市场绿色金融产品单一

虽然绿色信托的产品体系包含了多条线、多板块，但是在当前的绿色金融市场中，绿色信贷占据了主导地位，其在绿色金融融资中的比例达到90%以上。而绿色信托的其他理财产品（如绿色债券、绿色保险、绿色基金等）在数量上还较少，在规模上还较小，还处在起步阶段，无法适应绿色信托发展的多元化融资需求。

（四）绿色信托统计口径、认定标准不统一

对绿色信托投资项目进行准确、及时的数据分析，能够为监管部门的决策提供参考，也能使社会大众对绿色信托的认识更加深入。当前，在整个绿色信托产业中还没有一个统一的统计口径，尽管在市面上也有一些组织对绿色信托进行了统计，但是无论是在频率还是在细节方面，都无法满足业界对绿色信托发展情况的真实需要，且在数据上也有很大差异。

（五）绿色信托信息披露和评价机制不完善

有效的信息披露是提升绿色金融市场透明度和影响力的必要条件。在绿色信托领域，自我评估和信息披露是必需的，可以帮助投资者更好地了解绿色项目的风险和回报，这对于吸引更多的资金和投资者来支持绿色项目的发展至关重要。

然而，目前还没有明确的规定来确定绿色信托自我评估和信息披露的具体评价内容和方式，因为缺乏准确的评价标准，投资者可能会感到困惑和不安，对绿色信托所投资的绿色项目缺乏信心。这些因素制约了绿色信托的发展。

此外，绿色项目的建设周期通常较长，运营成本较高，投资收益较低。如果没有明确的绩效评价和激励机制，投资者可能没有足够的动力去购买绿色信托，因为他们无法确定他们的投资是否能够获得理想的回报。

因此，为了促进绿色信托的发展，需要明确信息披露标准，以帮助投资者更好地了解绿色项目的风险和回报。同时，还应建立明确的绩效评价和激励机制，以确保投资者的投资能够获得理想的回报。只有这样，绿色信托才能得到更多投资者的支持，绿色项目才能得到更好的发展。

（六）与投资者要求错配，市场认可度有限

近年来，绿色项目成了信托机构布局的热点领域。然而，绿色项目前期投入大、投资周期长、盈利能力较差等特点，与高净值客户追求的收益和投资期限不匹配，高净值客户普遍对于参与绿色信托产品的募资存在一定的疑虑和顾虑。

另外，信托行业社会透明度低，媒体宣传少，这也使得投资者对于绿色信托产品和绿色项目的认知较少，在投资方向和信托机构的选择上存在困难。

此外，受监管政策限制，保险资金、银行资金等长期、低成本资金不能涉足绿色信托领域。这也让绿色信托领域的资金来源相对较少，难以满足绿色项目的投资需求，进一步限制了绿色信托的发展。

第三节　绿色基金、信托与实体经济的融合对策

绿色基金与绿色信托存在不少共性的问题，比如都有法律体系不完善问题、政府扶持力度不够问题、市场机制不成熟问题、产品丰富度低问题、人才匮乏问题等，让绿色基金、信托与实体经济更好结合，这些问题都亟待解决。

一、政府应完善相关法律法规，强化部门之间的监管合力

对于绿色基金，我们可以参考世界各国关于绿色金融立法和规范的有关做法，并通过有关主管部门的牵头，对其进行法律上的界定；促进绿色

基金基础性法律法规的制定等，明确法律调整关系、监管权限、消费者权益保护等方面的内容。对于专项资金，可以依据现行的相关法律规定，建立专项资金管理制度；要进一步健全资金管理法规体系。另外，促进并完善法律法规的动态修订机制，并根据基金发展的新变化、新形式，以及其他方面出台的会对绿色基金有重大影响的法律法规，对绿色基金的法律法规体系进行修改和完善。从规范引导绿色基金发展、加大绿色领域投资力度的角度出发，继续强化配套政策的修订、完善工作，并积极出台新法规、新章程，重视做好各项配套政策之间的有序衔接，避免配套政策之间的冲突和政策套利，为绿色基金发展提供更具可操作性的参考依据。加强对环保资金的监督与管理。与我国的现实状况相联系，采用建立健全部门联席会议、构建绿色基金风险监测和评估机制、健全绿色基金统计制度等方法，持续推动各监管部门间的信息共享，并逐步解决当前多种绿色基金监管中所出现的信息孤岛、监管缺位和越位等问题，形成一种能够引领绿色基金规范、有序发展的监管合力。

在绿色信托领域，建议借鉴现有《绿色信托指引》，将其列入绿色金融的统一规范，推动其发展，并对其进行综合量化评价。根据行业的资源禀赋和业务发展情况，有针对性地发布具体的实施办法，并对各种细分业务进行深入探讨，为绿色信托业务的良性发展打下良好的制度基础。

二、加大对相关投资的扶持力度

一是继续加强财政和税收支持。对绿色基金涉及的投资者的收益税费、担保费用进行减免，对绿色基金投资涉及的项目在市场准入、审批流程、财税减免方面给予优惠，加大对土地利用和奖励返还等政策支持力度。相关监管部门还可以根据企业对绿色基金发展的贡献，为其提供差异化的金融监管政策，从而激励企业主动参与到绿色基金项目中来。具体来说，构建合理的环境资源税费制度，促进了我国绿色基金产业的可持续发展，有关部门可以在当前的资源环境税费的基础上，再一次将与我国绿色基金产业相适应的资源环境税费也一并设立出来。二是要加大对环保产业的扶持力度，给予环保产业的投资人一定的风险补偿和优惠价格，以此来吸引环保产业的投资人。三是要完善融资渠道。确定绿色项目主管单位，构建并完善环保保障资金的运营体系，组建专门的投资组织，改进环保保障资金的分配方式与手段；加强环保资金的筹措。在此基础上，以市场为导向，以独立或共同建立绿色发展基金等形式，来促进对社会资金的调动。

三、加强绿色金融市场建设，完善相关信息披露、评级机制

一是应加强对环境的强制性公开披露制度。当前，我国证券市场对证券市场信息披露的需求已由"鼓励披露"逐步过渡到"不披露则说明""强制披露"等，应努力构建更多的可定量评价的评价标准。二是根据环境保护立法提倡主动披露的现实，对《中华人民共和国公司法》等相关环境保护立法进行深入研究，例如，通过构建和完善企业"环境信息披露"制度、细化企业社会责任等，逐渐增加强制企业进行环境信息披露的比重，特别是对特殊行业的企业进行充分披露，为绿色投资提供制度性保障。三是要对各个主体信息披露的内容进行详细说明，在绿色基金发行主体中，应该对其公开的内容进行详细描述，其中应该包含绿色项目情况和所投资公司情况，如环保工程的环境评价报告、环保行为和环保管理情况、社会舆论和保险业状况等。此外，发行主体还应该及时、如实地披露环保项目责任主体的公司经营情况，例如公司存续、治理结构、重大股权变动和债务情况等。作为项目的发行主体，基金（信托业）公司，其公开的主要内容包括：绿色项目的许可信息、评价体系、技术方法、工作流程、费用标准、风险控制等，参与环保信托的专业人士名单、资格、实践经验、信用记录等，环保产品推广、创建、管理资讯等。在此基础上，加强对企业环境信息披露状况的微观引导与宏观管理，保证企业环境信息披露的质量与时效性，进而减少信息不对称对企业绿色投资决策的影响。四是要加快评估体系的建设步伐。推进政府评估与第三方评估的有机结合，提高我国评估的总量与质量。在已有工作的基础上，继续在创新理念、改进指标上下足功夫，探索并推广"确认评估系统＋交流平台＋项目库"等可操作的方式，

促进企业对企业的环保行为、环保信用等进行更为科学、高效的评价。同时，引入更多的行业规范，特别是由国家牵头或直接投资的环保产业投资基金，以提高环保指数的可信度。五是对与社会责任有关的投资指数进行改进和充实，并鼓励资产管理机构创新并建立各种可追踪绿色证券指数的ETF产品，并对其进行补充，以满足当前绿色投资中出现的信息不对称、产品和分析工具缺乏等问题。六是更好完善信息统计机制，更准确地反映绿色项目实效。构建绿色金融的统计指标体系，要推进信息报送机制的电子化，依托现行信托产品登记框架，对绿色信托业务加以标识与统计，从而实现对绿色信托业务的电子化以及全流程跟踪，助力监管部门及时、准确地获取相关统计监测信息。

四、健全相关人才培养体系，加大产品创新力度

机构应该在人才培养方面做到以下几点：第一，相关部门应该对从事环保事业的基金（信托）公司需要的专业人才进行界定。第二，定期邀请有关领域的专家对专业部门员工进行培训和指导。当新的政策、法律出台或者对其进行修改时，应该进行专题学习。第三，建立职业技术人员的动态管理体系。在招聘员工时，应该先对他们的专业知识和技能进行测试，通过测试之后，他们才可以进入信托公司的绿色信托专家团队中。另外，还应每年进行一次评估，评估合格才可继续从业。第四，国家还应该加强对与绿色金融相关的人员的培训，加大对相关院校和专业的投入，推动高校相关人员的培训。

在绿色产品方面。我国绿色金融产品种类还不够丰富，无法满足市场需求。绿色金融产品创新应是各金融机构发展绿色金融的重点，只有不断丰富绿色金融产品，不断加强创新能力，才能提高自身的竞争力，获取更好的声誉，在绿色金融领域取得更大的成就，为国家环保事业作出更大的贡献。

五、加强绿色理念的宣传，加强绿色市场活跃度

要进一步加大绿色金融理念的宣传培训力度。在利用好已有的中国责

任投资论坛等活动的同时，还可以搭建更多层次的沟通平台，并通过绿色基金研讨会、专题学术会议等方式，加强对绿色金融概念的传播和普及，培育更多的绿色投资机构和专业人才，特别是要更好地指导社会保障基金、产业基金、权益投资基金等参与到绿色基金的业务中来。建议相关监管部门将绿色发展状况纳入企业考核机制，增强企业的绿色生产与绿色经营意识。此外，还应加强绿色低碳发展理念与绿色金融在公众中的宣传推广，提高公众的社会责任意识，提高投资者的参与热情，促进绿色金融市场发展，加强绿色市场活跃度。

第九章　绿色权益投资与实体
经济的融合发展

近年来，我国大力倡导"可持续发展""低碳经济""绿色发展""绿色金融"等理念，致力于在经济发展和生态环境保护间寻求平衡，积极推动绿色金融体系的建立，大力发展绿色股权市场、碳排放权交易市场等，这与此前盛行的 ESG 投资理念高度契合。我国政府和各企业高度重视 ESG 理念在绿色金融市场的应用，使得富含 ESG 理念的绿色权益投资逐渐成为我国绿色金融领域新的投资热土。党的二十大报告指出，未来，中国要加快构建新发展格局，着力推动高质量发展，同时更要大力推动绿色发展，促进人与自然和谐共生，积极推进碳达峰碳中和工作。党的二十大报告不仅为我国应对气候变化和推进低碳经济发展指明了方向，还明确了未来的重点任务，为 ESG 理念在我国绿色金融领域的蓬勃发展提供了历史机遇。

随着"双碳"目标和美丽中国目标的提出，绿色权益投资与实体经济的融合发展也被放到了更重要的位置，发展绿色金融，追求人与自然之间的和谐共生，构建一个健康、绿色、低碳、循环发展的经济体系，已经成为很多国家在推进经济结构调整时所遵循的重要原则。绿色发展是一种以高效、协调、可持续为目标的经济与社会发展模式，是中国当前高质量发展的必然要求，更是实现中国式现代化的必然选择。未来，要促进绿色权益投资与实体经济融合发展就要深刻贯彻可持续发展理念，积极践行 ESG 投资理念来提高我国经济社会的可持续发展能力，充分发挥 ESG 理念对我国绿色经济高质量发展的指导作用。

第一节　绿色权益投资的概念与特征

一、绿色权益投资的理论基础

（一）利益相关者理论

1984 年，管理学者弗里曼（R. Edward Freeman）首次在《战略管理：利益相关者方法》（*Strategic Manage-ment: A Stakeholder Approach*）中提出利益相关者理论（Stakeholder Theory）并对其作了系统阐述。他指出，这是一种强调组织与其利益相关者之间的相互作用和影响的管理学理论。其定义是：组织的成功和可持续发展都依赖于满足和平衡各种利益相关者的需求和期望。从主体来说，利益相关者是指能够影响或受到组织行动影响的个人、群体或组织，包括政府、企业权利人、员工、产品消费者等；从客体来说，利益相关者包括直接或间接受组织经营影响的自然环境、社会环境。

利益相关者理论认为，经营组织不仅应该关注股东的经济利益，还应该考虑其他利益相关者的利益，要综合完善公司各方面机制，才能避免损害自身和员工利益甚至是社会利益。简单来说，一个企业的发展需要各利益相关者的共同参与，企业的可持续发展应该更加注重企业整体利益的最大化，尽量平衡各利益相关者的利益，以提高企业估值和社会效益。利益相关者理论对于经营组织的战略决策和经营管理具有重要的指导作用，它强调了组织的社会责任，并倡导组织应该考虑并平衡各种利益相关者的利益，以实现可持续发展和社会价值最大化。

所以，在 ESG 投资理念逐渐普及的情况下，越来越多的投资者在看重企业经营绩效好坏的同时，也开始关注企业在 E、S 和 G 方面的评价，例如，中国银行会定期邀请一些专家和学者，进行与 ESG 有关的讲座和培训，帮助企业人员进一步加深对 ESG 领域最新形势和市场热点的了解；小米则通过全集团问卷调查了解员工对气候变化议题的认知程度。企业层面来看，

ESG 更加契合中国式现代化建设的要求，因为 ESG 不仅从环境、社会、公司治理维度揭示了公司的内在价值，也能够反映企业的长期风险与收益特征，以此为相关利益者提供更好的投资参考，同时能够推动企业治理能力、竞争能力、创新能力等方面的提升，更好地实现高质量发展。

（二）可持续发展理论

可持续发展理论是建立在公平性、持续性和共同性原则之上的，是 ESG 的一个重要理论支柱，其建立可以追溯到 20 世纪 70 年代召开的斯德哥尔摩世界环境大会，之所以能延续至今，得益于多个学者和国际组织的研究和贡献。例如，经济学家赫尔曼·达利（Herman Daly）最早提出了经济学的"稳定发展"概念，强调经济系统不能无限增长。1987 年，世界环境与发展委员会发表了《我们共同的未来》，这被公认为是可持续发展学说中具有划时代意义的一项重大成果。该报告对可持续性的界定是：在不损害满足未来世代需求能力的前提下，能够满足当代的需要，还提出了环境、经济和社会三个方面的可持续发展原则，并强调了人类活动对环境的影响，呼吁全球范围内的合作和行动，寻求一种综合性的方法来满足当前和未来的需求。

可持续发展理论是一种综合性的发展理念，目标是在保护环境、促进经济增长和提升社会福祉的同时，确保未来世代也能够享有同样的机会和资源，以实现人类社会长期的可持续发展。该理论的核心原则包括环境保护与可持续利用、经济发展与社会公正、跨世代责任和综合性思维。《关于构建绿色金融体系的指导意见》①中，提出构建绿色金融体系主要目的是动员和激励更多社会资本投入绿色产业，更有效地抑制污染性投资，促进环保、新能源、节能等领域的技术进步，加快我国经济向绿色转型，提升经济增长潜力。（如图 9-1 所示）例如，以腾讯和阿里巴巴为代表的几家大型企业，率先对环境治理进行了顶层设计，形成了从董事会到管理层到执行

---

① 中国人民银行等七部委：《关于构建绿色金融体系的指导意见》，中华人民共和国生态环境部网站，2016 年 8 月 31 日。

层的三级治理结构，腾讯在董事会下面设立了环境治理部门，海尔则将环境治理工作纳入了高层管理者的业绩评价体系。

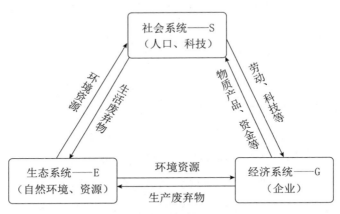

图 9-1　可持续发展系统

（三）委托代理理论

1930 年，美国经济学家伯利（Berle）和米恩斯（Means）在《现代公司与私有财产》一书中首次发现了委托代理关系：他们在 200 个公司里做了一个研究，发现企业出现了"所有权与控制权"的分离，专业化分工使得代理人成为企业的实际经营者并行使经营权利，而企业所有人无法行使所有的权利，并因此引起了股东（委托人）与经营者（代理人）之间的利益冲突。随后，1976 年，经济学家简森（Jensen）和梅克林（Meckling）等人在委托代理关系的基础上提出了委托代理理论，它是经济学中的一种用来描述代理关系中存在的利益冲突和信息不对称情况的经济学理论，并在之后的几十年中得到了不断的发展和完善。该理论认为，委托代理关系中存在信息不对称，即在自身能力、动机和行为方面，代理人相对于委托人具有更多的信息优势，而委托人则相对缺乏对代理人行为的完全了解。通过对代理人的激励和监督，以确保代理人能够有效履行其代理责任，促使其行为与委托人的利益相一致，并最大限度地减少代理成本和信息不对称所带来的负面影响。

在实际投资过程中，资产管理者以自身实际情况为依据，在可识别、可计算、可比较的情况下，构建一套适合委托人的绿色权益投资管理规范，在保持投资组合稳定回报的同时落实绿色权益投资，采用系统的 ESG 投资方法，将环境、社会、公司治理因素综合起来，提高委托人在环境可持续发展上的投资能力。

二、绿色权益投资的概念

绿色权益投资从广义上来说，是指以提升企业环境绩效、发展绿色产业和降低环境风险为目标，以系统性绿色权益投资策略为手段，对能够产生环境效益、降低环境成本与风险的企业或项目、产品进行投资，同时获取收益。从狭义上来说，它是指机构或个人投资者利用货币等资产投资于绿色股票、绿色基金、绿色理财产品、碳排放权等，以此获得投资收益的行为。而绿色权益投资范围集中在环保、低碳、循环利用领域，具体包括降低排放、环境保护及修复治理、提高能效、清洁与可再生能源、循环经济等。2016 年，中国人民银行等七部委发布了《关于构建绿色金融体系的指导意见》①，明确指出绿色金融是金融机构按照市场化原则进行的经济活动，以环保、节能、清洁能源、绿色交通、绿色建筑等领域为对象，为其项目投融资、项目运营、风险管理等提供金融服务，以达到支持环境改善、应对气候变化和节约高效利用资源的目的。

ESG 第一次出现是在 2006 年负责任投资原则（UNPRI）②中，它是自然环境、社会责任、公司治理的简称。该理念的核心观点为：企业要想实现可持续发展，必须在兼顾经营活动和金融行为的同时，综合考虑环境、社会、公司治理等多方面因素。ESG 是一种能有效推动我国绿色经济增长、构建绿色可持续经济体系的长期价值投资，与我国的"双碳"目标、"绿色

---

① 2016 年 8 月 31 日中国人民银行等七部委发布《关于构建绿色金融体系的指导意见》，该意见包括九大方面三十五条。

② UNPRI：负责任投资原则，由联合国前秘书长——科菲·安南牵头发起，该组织鼓励投资者采纳六项负责任投资原则，通过签署该原则，签署方承诺在作出投资决策时遵循 ESG（环境、社会和公司治理，Environmental、Social and Governance）议题的相关标准，并鼓励所投资的公司遵守和践行 ESG 的要求。

低碳转型战略"以及"创新、协调、绿色、开放、共享"的新发展理念高度契合，叠加了社会对气候、环境、可持续发展的高度关注，是比较符合当前中国国情的新型投资理念。随着ESG理念的快速发展，绿色权益投资的概念也更加宽泛，可以视作投资者在投资绿色股票、绿色理财产品的基础上更重视环境、社会和公司治理（ESG）的投资，是ESG投资理念与绿色金融的深度结合，也是可持续发展理念在金融市场和微观企业层面的具体展现。

三、绿色权益投资与实体经济融合发展的内涵

（一）绿色权益投资的内涵

绿色权益投资是一种投资策略，个人或企业等投资者在支持环保和可持续发展的同时，获得资本收益、实现财务回报，从而一定程度上推动环境和社会的积极变革。通俗来说，绿色权益投资是充分利用绿色股权投资、ESG理财产品和碳排放权等权益工具实现投资收益的投资活动。这种投资方法的最大特点是将资金投入到那些在环境友好和可持续方面表现出色的企业或项目。通常，绿色权益投资涵盖了多个领域，包括但不限于可持续农业、水资源管理、废物处理、可再生能源（如太阳能和风能）等。投资者选择这些领域的企业，是因为它们在降低环境影响、减少碳排放、促进资源循环利用等方面具有积极的社会影响。

绿色权益投资的目标之一是推动可持续发展，以寻求长期内保护投资组合的价值，但这种投资策略可能会因为影响绿色企业的业务环境和发展机会而受到政府政策、环保法规以及社会舆论的约束。

（二）绿色权益投资与实体经济融合发展的内涵

基于对绿色金融内涵和外延的界定，绿色权益投资与实体经济融合发展的覆盖面更加宽泛，服务的综合性和指向性也更强，契合了当前我国"双碳"经济实现高质量发展的要求。在全球生态环境问题日益严重的背景下，深入贯彻绿色权益投资与实体经济融合发展更加有利于绿色金融在经济发展中的贯穿渗透，也将进一步加大我国绿色金融对实体经济发展的支

持力度，对新能源、低碳环保等企业的可持续、绿色发展将会提供更多的有益价值，从而促进环境友好型、资源节约型社会的建设。

1. 绿色权益投资能有效促进实体经济发展

绿色权益投资能有效地与实体经济融合，推动绿色金融和实体经济协同发展。"十四五"规划提出，要加快推动发展绿色金融，鼓励绿色技术创新，推动清洁生产，培育环保产业，并促进资金流向清洁能源和公共交通等绿色行业。2021年《政府工作报告》也明确指出，要实施对绿色、低碳发展的金融支持，建立"碳减排"支持工具，为绿色金融创新创造良好的政策环境。

从绿色项目运行来看，在高速公路、清洁能源之类的绿色产业中，通常会出现母公司需通过设立子公司扩展业务的情况，当子公司由于注册时间、资产规模等限制不能满足在证券市场直接融资的条件时，可以由母公司或基金注资来维持项目运作。绿色金融产品的创新也常见于企业经营产生的融资需求中，比如权益出资型票据，这种票据的出现能够很好地满足企业权益类投融资的多元化需求，通过积极发挥市场资源配置作用引导资金进入绿色产业，对于完善绿色金融产品序列，更好地支持绿色实体经济融资具有重要意义。

2. 实体经济发展离不开绿色权益投资的支持

实体经济得到高质量发展后能够有效地促进绿色权益投资的快速发展，这主要体现在：（1）实体经济的发展为绿色权益投资提供了更多的投资机会，有效促进了绿色权益投资的发展和绿色金融产品的创新，也为我国"双碳"目标的实现提供了有力支撑；（2）实体经济规模的快速扩张也拉动了企业对资金、生产资源的需求，绿色权益投资可以很好地填补实体经济因自身资质、生产标准、经营能力等原因而无法获得银行贷款支持的缺口，也弥补了中、小民营企业因达不到上市要求而无法通过证券市场直接融资获得资金的短板；（3）实体经济的发展能够有效提升我国经济发展水平和国际知名度，为我国绿色金融的发展提供有力支持。随着相关政策制度的不断完善，绿色权益投资也将迎来新的发展机遇，绿色经济、低碳经济将会成为普遍现象，实体经济与绿色权益投资的融合发展也将登上新的台阶。

四、绿色权益投资与 ESG 的特征

（一）绿色权益投资的特征

绿色权益投资与 ESG 理念相互融合，不仅关注投资回报，还注重投资对环境和社会的影响。这种投资策略鼓励企业在发展经济的同时，积极采取措施保护环境、推动社会进步，以实现长期的可持续价值。绿色权益投资有以下几个特征：

1. 环境导向

绿色权益投资的核心特点是将环境的可持续性置于首要位置。投资者会选择那些在环境保护、资源管理和碳排放等方面表现出色的企业或项目，增强自身的绿色投资价值以推动可持续发展。

2. 社会责任

除了关注环境问题，绿色权益投资也强调企业的社会责任。投资者通常会倾向于支持那些重视员工福利、社区合作、人权保护等方面的企业。因为这些企业强调可持续发展的经营理念，贴合"低碳"要求。良好的社会责任表现也将给企业吸引更多的权益投资，促进企业社会价值的实现。

3. 可持续性考虑

绿色权益投资不仅关注当前利益，更注重长期可持续性。投资者关注的是企业的长期可持续性发展，会评估企业的治理结构、未来发展战略以及对环境和社会影响的长期规划。

4. 创新和技术引领

绿色权益投资偏向于投资那些在环境保护和可持续发展领域具有创新和技术引领性的企业。这些企业可能推动新的清洁技术、可再生能源、废物处理等领域的发展。

5. 风险管理与投资回报平衡

环境和社会问题可能对企业造成法规风险、声誉损害等不利影响。绿色权益投资的投资者通过选择环境和社会表现良好的企业，可以降低投资

组合的潜在风险。尽管绿色权益投资强调环境和社会因素，但投资回报依然是重要考量因素。

（二）ESG 的特征

1. 以自然环境、社会和公司治理为核心要素

在我国，虽然 ESG 评价的理论和方法不尽一致，但是在对 ESG 进行定义时，关注的焦点却都集中在环境、社会和公司治理等非财务方面，特别是与高质量、可持续发展紧密联系的关键要素。

2. 与绿色金融、可持续发展主题相关

目前，我国的 ESG 公募基金和 ESG 银行理财产品等新型 ESG 衍生产品与绿色金融、低碳、可持续发展、节约能源等主题密切相关，与我国当前追求"双碳"经济发展目标相契合。这些新型 ESG 衍生产品旨在鼓励投资者关注环境保护、可持续经营和资源的高效利用，以推动企业和经济的绿色转型，通过将资金投向与绿色金融和低碳发展相关的项目和企业，能为投资者提供多样化的选择，以在取得财务回报的同时实现社会和环境效益。

3. ESG 综合评价性较强

ESG 是一组对企业可持续经营能力进行评估的综合性指标，这套指标为金融机构在筛选优质项目和设计投资产品方面提供了有价值的参考。作为金融市场的主要投资者，金融投资机构能够满足实体经济主体在可持续经营过程中的融资需求，丰富了 ESG 投资途径，有效推动了实体经济与绿色金融在 ESG 领域的融合发展。

第二节　绿色权益投资与实体经济
融合发展的现状与不足

一、ESG 政策文件沿革

政策规范和监管措施是我国国内机构在绿色权益投资活动中践行 ESG

投资理念的强大动力，随着 ESG 投资理念的不断推广，我国在推动 ESG 投资本土化发展上也陆续出台了相关支持政策，更多投资者开始积极关注 ESG 相关绿色议题，积极参与绿色投资，研究 ESG 对公司业务和持续经营的影响。（如表 9-1 所示）

表 9-1　我国 ESG 相关政策 / 文件

时　间	发布主体	政策 / 文件	内　容
2006 年	深交所	《深圳证券交易所上市公司社会责任指引》	上市公司对国家和社会的全面发展、自然环境和资源，以及股东、债权人、职工、客户、消费者、供应商、社区等利益相关方应承担责任
2008 年	上交所	《上海证券交易所上市公司环境信息披露指引》	上市公司应及时披露公司在促进经济、社会、环境及生态可持续发展方面的特色做法、工作及取得的成绩
2009 年	深交所	《深圳证券交易所创业板上市公司规范运作指引》	上市公司应积极履行社会责任，定期评估公司社会责任的履行情况，自愿披露公司社会责任报告
2010 年	深交所	《深圳证券交易所主板上市公司规范运作指引》《深圳证券交易所中小企业板上市公司规范运作指引》	上市公司应当根据其对环境的影响程度制定整体环境保护政策，尽量采用低碳排放、资源利用率高、污染物排放量少的设备和工艺，应用经济合理的废弃物综合利用技术和污染物处理技术
2015 年	国家发改委、环保部	《关于加强企业环境信用体系建设的指导意见》	对于企业环境信用情况的环境管理信息，应当记入企业环境信用记录，推动企业环境信用体系建设
2016 年	中国人民银行等七部委	《关于构建绿色金融体系的指导意见》	要推动证券市场支持绿色投资，设立绿色发展基金，通过 PPP 模式动员社会资本，完善环境权益交易市场、丰富融资工具
2017 年	中国人民银行等	《落实〈关于构建绿色金融体系的指导意见〉的分工方案》	规范银行机构绿色信贷工作，开展绿色银行评价
	证监会、环保部	《关于共同开展上市公司环境信息披露工作的合作协议》	要逐步建立和完善上市公司和发债企业强制性环境信息披露制度

（续表）

时　间	发布主体	政策/文件	内　容
2018年	证监会	《上市公司治理准则》（修订版）	上市公司应该从利益相关者、环境保护、社会责任方面积极发挥示范引领作用
	基金业协会	《绿色投资指引（试行）》《中国上市公司ESG评价体系研究报告》（二期成果）	以环境（E）、社会（S）和公司治理（G）为核心的ESG责任投资是资管行业新兴的投资策略，也是基金行业落实绿色发展理念、构建绿色金融体系的重要抓手
2019年	上交所	《上海证券交易所科创板股票上市规则》（2019年4月修订）	上市公司应遵循及时披露信息等相关原则
	基金业协会	《对基金管理人绿色投资自评估报告框架的建议》《中国上市公司ESG评价体系研究报告》（二期成果）	基金管理人绿色投资自评估报告框架包括概要、绿色投资体系建设情况、绿色投资产品运作情况、绿色投资环境风险控制情况、绿色投资相关信息披露
	联交所	《环境、社会及管治报告指引》（2019年修订版）	发行人必须遵循强制披露规定及"不遵守就解释"条文，并提供环境、社会及管治报告所涵盖期间的相关资料
2020年	国务院	《关于进一步提高上市公司质量的意见》	坚持存量与增量并重、治标与治本结合，发挥各方合力，强化持续监管，优化上市公司结构和发展环境，提升上市公司运作规范性，改善信息披露质量，解决突出问题，提高可持续发展能力和整体质量
	深交所	《深圳证券交易所上市公司信息披露工作考核办法》（2020年修订）	上市公司信息披露工作考核采用公司自评与深交所考评相结合的方法，考核结果考虑上市公司信息披露质量，同时结合上市公司规范运作水平、对投资者权益保护程度等因素
2021年	十三届全国人大四次会议表决通过	《"十四五"规划和2035年远景目标纲要》	从提升生态系统质量和稳定性、加快发展方式绿色转型方面推动绿色发展，促进人与自然和谐共生
	国务院	《关于加快建立健全绿色低碳循环发展经济体系的指导意见》	全方位全过程推行绿色规划、绿色设计、绿色投资、绿色建设、绿色生产、绿色流通、绿色生活、绿色消费

（续表）

时　间	发布主体	政策／文件	内　容
2022 年	国务院国资委	《提高央企控股上市公司质量工作方案》	要求央企控股上市公司贯彻落实新发展理念、探索建立健全 ESG 体系
	国务院国资委	《中央企业节约能源与生态环境保护监督管理办法》	中央企业节约能源与生态环境保护工作遵循坚持绿色低碳发展，坚持节约优先、保护优先，坚持依法合规，坚持企业责任主体原则
	证监会	《上市公司投资者关系管理工作指引》	将 ESG 信息作为投资者关系管理中上市公司与投资者沟通的内容之一
	证监会	《关于完善上市公司退市后监管工作的指导意见》	强化上市公司退市机制的有效衔接，优化退市公司持续监管制度，合理设定信息披露和公司治理要求
	证监会	《关于加快推进公募基金行业高质量发展的意见》	切实提升治理水平。推动基金管理公司进一步完善公司治理机制，坚持投资者利益优先原则，健全"三会一层"制度，严格依法履行各自职责，有效发挥独立董事、监事、督察长的监督功能，强化高管人员履职尽责
	银保监会	《银行业保险业绿色金融指引》	要求银行保险机构从战略高度推进绿色金融，加大对绿色、低碳、循环经济的支持，促进经济社会发展全面绿色转型
	上交所	《上海证券交易所股票上市规则》（2022 年 1 月修订）	上市公司应当建立健全有效的治理结构，强化内部和外部监督制衡，保证内部控制制度的完整性、合理性及有效性

二、绿色权益投资的发展现状

随着国家绿色金融实践和"双碳"目标的推进，绿色权益投资在拉动我国经济增长和推动企业保护环境、鼓励企业履行社会责任方面发挥了重要作用，发展前景可观。而 ESG 理念与绿色权益投资目标相互融合，绿色股权投资、ESG 理财产品、碳排放权等绿色权益工具也为投资者们提供了更多的投资选择，进一步丰富了我国绿色金融市场的投资工具，绿色权益投资成为我国绿色金融发展的有力助推器。当前，ESG 投资已经成为全球范围内的主流投资策略和方法之一。据全球可持续投资联盟（GSIA）说明，2022年全球ESG总资产规模突破41万亿美元，这也凸显出ESG在投资活动中日益增加的重要作用。随着中国对外开放程度的扩大，中国市场吸引了众多国际大型投资机构，尽管中国总体上绿色权益投资和ESG投资的市场规模并不大，但是它的发展速度却非常迅速。

（一）ESG理财产品发行规模扩大

近年来，随着ESG浪潮的掀起，绿色权益投资快速发展。作为权益投资工具之一，ESG理财产品发行数量和种类也在逐渐增多，产品规模迅速扩大。银行理财公司选择发行ESG主题理财产品不仅符合当下市场整体环境的发展，也能促进公司业务创新，满足客户多元化需求，提升自身吸引力。2022年11月，10多只ESG主题理财产品募集活动正式启动，包括封闭式和开放式两类，如江西银行、农银理财、天津银行、工银理财、青银理财、广银理财、中邮理财、兴银理财等。截至2022年10月，处于存续状态的ESG主题银行理财产品共有1183款，另有待成立25只，已终止75只。除去未披露规模的产品之外，ESG主题银行理财产品的净值总规模高达人民

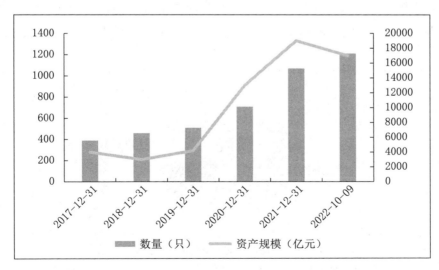

图9-2　ESG银行理财产品存续规模和数量变化情况

数据来源：德邦证券。

币 16679 亿元，其中有 372 只规模超过 10 亿元人民币的产品，占比为 31.4%；超过 45.2% 的产品资产规模大于 5 亿元人民币。

ESG 与我们国家的可持续发展理念、健康发展理念是相符的。从总体上看，ESG 主题理财产品具有认购起点低、到期期限长、风险等级低等特点；从产品的收益情况来看，ESG 类理财产品主要是浮动的非保本型；在投资层面上，ESG 主题理财产品的投资对象是固定收益，但也将关注范围扩大到了其他投资标的，比如绿色债券和绿色 ABS 等，作为绿色权益投资领域的一个重要补充。

（二）ESG 在绿色基金中的比重增加

目前，我国的 ESG 投资正处于发展的快车道上。据统计，自 2005 年天治基金管理有限公司发行了第一只以环境保护为主题的泛 ESG 基金——天治低碳经济基金（350002.OF）起，我国 ESG 基金发行数量呈现逐渐增长趋势，但整体规模依然较小。截至 2022 年 12 月，我国发行的 ESG 公募基金共 270 只，处于存续状态的共 142 只（另有 20 只待成立，4 只已终止），ESG 公募基金规模（包括纯 ESG 基金与泛 ESG 基金）超过 4000 亿元，净值总规模达到人民币 1725.90 亿元，其中规模超过 10 亿元人民币的公募基金有 52 只，占比为 36.6%，超过 48.6% 的公募基金规模大于 5 亿元人民币。

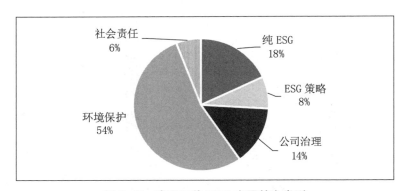

图 9—3　我国目前 ESG 主题基金类型

数据来源：wind 数据库。

我国目前 ESG 主题基金类型主要有五种，分别是纯 ESG 基金、ESG

策略、公司治理、环境保护、社会责任。在过去的三年时间里，我国的纯 ESG 主题基金的数量出现了显著的增长，新发 ESG 基金中，超过 40% 为纯 ESG 主题基金。当前，我国 ESG 基金的投资类型主要包括被动指数型、灵活配置型、偏股混合型、普通股票型以及其他如中长期纯债型、国际 QDII 型等。（见图 9—4）

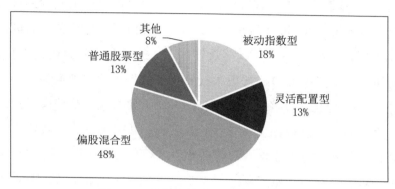

图 9—4　我国目前 ESG 基金投资类型

数据来源：Wind 数据库。

（三）绿色股权投资迎来发展机遇

现在，很多私募股权投资机构已经开始在股权投资决策时考虑环境、社会和公司治理（ESG）因素。马骏（北京绿色金融与可持续发展研究院院长、中国金融学会绿色金融专业委员会主任）表示[1]，实现"碳中和"，绿色金融是关键手段，碳中和的目标将会给我国带来巨大的绿色低碳投资需求，而绿色股权投资又是绿色金融中不可或缺的一环，因此，作为绿色权益投资工具之一的绿色股权投资也迎来了前所未有的发展机遇。根据中国证券投资基金业协会发布的《中国私募投资基金行业践行社会责任报告（2022）》[2]（以下简称《报告》），有超过 60% 的受访机构表示对 ESG 投资理

---

[1]　马骏：《绿色股权（PE/VC）投资不可或缺，金融机构应从哪些方面入手》，21 世纪经济报道，2021 年 3 月 18 日。

[2]　中国证券投资基金业协会：《中国私募投资基金行业践行社会责任报告（2022）》，2022 年 10 月。

念非常熟悉或有所了解。其中，将 ESG 因素纳入其投资考量因素中的股权类机构占比 6.92%，证券类机构占比 4.02%，较 2020 年上升了约 1 个百分点。在"双碳"目标背景下，我国政府出台并实施了相应的扶持政策，为私募股权投资机构在绿色金融领域的发展形成有力支撑。

截至 2021 年底，已加入"负责的投资原则"的 67 家资产管理机构中，有 38 家为私募机构。在股权投资领域，越来越多的股权类机构在对被投资公司进行基本面分析时，将 ESG 因素纳入考量范围，包括在投前进行 ESG 尽职调查以及在投后进行 ESG 绩效管理。此外，在私募股权投资行业中，绿色投资被认为是把 ESG 思想融入投资决策过程中的一种重要做法。绿色投资是将 ESG 理念与投资决策相结合的一项重要实践。私募投资基金行业通过大力发展绿色投资，推动绿色金融发展，其主要目的是推动企业环境绩效改善、推动绿色产业发展和降低环境风险。它们采取系统性的绿色投资策略，对直接参与环境产业的，或者既能产生环境效益又能降低环境成本和风险的企业或项目进行投资。

《报告》通过问卷调查发现，在受访的股权类机构中，有 14.60% 的私募基金已经开始投资环保行业，还有 50.63% 的私募基金还没有做好投资规划。在绿色产业投资方面，有 46.60% 的机构对节能环保产业进行了投资，有 33.81% 的机构对清洁能源产业进行了投资，而只有很小一部分机构在生态环境、清洁生产、绿色服务等产业中投资，虽然参与投资的机构数量相对较少，但是也有一些投资项目。

随着"双碳"经济相关政策的落地和实施，绿色股权投资也将在新的发展机遇中不断完善，丰富我国的股权投资种类，完善我国资本市场投融资结构，为我国金融市场和绿色金融的发展注入活力。

（四）ESG 投资规模逐渐扩大，但投资者认知仍不足

2022 年 6 月，中国银保监会印发《银行业保险业绿色金融指引》[①]（以

---

① 中国银保监会：《银行业保险业绿色金融指引》，国家金融监督管理总局网站，2022 年 6 月 2 日。

下简称《指引》)。《指引》提出，要在新发展理念指导下，在战略层面上大力发展绿色金融，加大对"绿色""低碳""循环经济"等领域的支持力度，防范 ESG 投资风险，提高 ESG 投资绩效表现，推动我国经济和社会的整体绿色转型。《2022 中国 ESG 投资报告》①数据显示，近年来，随着中国加入《联合国负责任投资原则》(PRI)、《负责任银行原则》的机构越来越多，ESG 投资的规模也越来越大，一些金融机构已经开始把 ESG 融入自己的投资决策和管理之中。截至 2022 年 6 月，中国内地已有 103 家机构签署 PRI，涵盖了 4 家资产所有者、75 家资产管理机构以及 24 家第三方服务机构，包括中国人寿、中国平安、南方基金等知名金融机构，中国投资者在全球负责任投资进程中扮演着越来越重要的角色。从中国签署 UNPRI 机构数量来看，ESG 投资参与者在不断增加，但是中国市场对于 ESG 投资的认知仍然处于起步阶段，根据中国责任投资论坛（China SIF）调查，了解 ESG 投资的个人投资者仅占 17%，有 83% 的个人投资者并不了解 ESG 投资，且大多数个人投资者倾向于正面筛选策略。

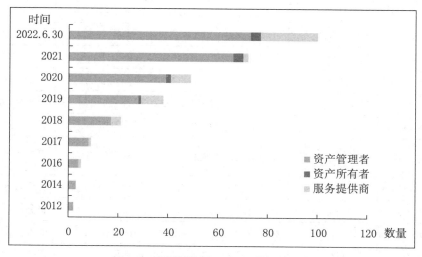

图 9-5　中国签署 UNPRI 的机构数量

数据来源：UNPRI、第一财经研究院。

① 第一财经研究院：《2022 中国 ESG 投资报告》，2022 年 9 月。

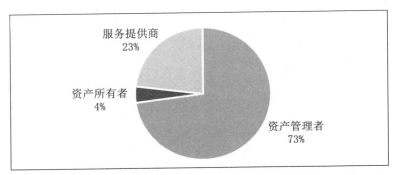

图 9－6 中国签署 UNPRI 机构的占比情况

数据来源：UNPRI、第一财经研究院。

表 9－2 中国机构加入 UNPRI 情况（更新至 2022－06）

签署日期	签署方中文简称	签署方类别	签署日期	签署方中文简称	签署方类别
2012－05－03	云月投资	资产管理者	2020－04－28	歌斐资产	资产管理者
2012－12－20	九鼎投资	资产管理者	2020－04－28	汇添富基金	资产管理者
2014－07－21	绿地金控	资产管理者	2020－05－21	银华基金	资产管理者
2016－07－19	商道融绿	服务提供商	2020－05－26	领沨资本	资产管理者
2017－03－01	华夏基金	资产管理者	2020－06－12	中证指数	服务提供商
2017－04－01	易方达基金	资产管理者	2020－06－30	清新资本	资产管理者
2017－10－11	璞玉投资	资产管理者	2020－07－13	挚信资本	资产管理者
2018－03－23	嘉实基金	资产管理者	2020－07－20	第一创业证券	资产管理者
2018－05－11	紫顶	服务提供商	2020－09－22	正心谷资本	资产管理者
2018－05－11	秩鼎公司	服务提供商	2020－11－11	喜岳投资	资产管理者
2018－05－24	四川联合环境交易所	服务提供商	2020－12－16	格林曼环境	服务提供商
2018－05－29	华控基金	资产管理者	2021－01－14	工银瑞信基金	资产管理者
2018－06－05	鹏华基金	资产管理者	2021－01－26	上海领灿	服务提供商
2018－06－06	华宝基金	资产管理者	2021－02－05	Green Alpha	服务提供商
2018－06－07	南方基金	资产管理者	2021－02－24	高瓴资本	资产管理者
2018－11－01	博时基金	资产管理者	2021－03－01	贵扬天下	服务提供商
2018－11－22	国寿资产管理	资产管理者	2021－12－20	长城证券	资产管理者
2018－12－12	星界资本	资产管理者	2021－12－21	太平洋保险	资产所有者

（续表）

签署日期	签署方中文简称	签署方类别	签署日期	签署方中文简称	签署方类别
2018-12-14	分享投资	资产管理者	2021-12-21	太平洋保险	资产管理者
2019-01-22	长三角绿色投资研究院	服务提供商	2021-12-24	安联资管	资产管理者
2019-03-19	华夏理财	资产管理者	2021-12-31	上海科创基金	资产管理者
2019-04-12	摩根士丹利华鑫基金	资产管理者	2022-01-14	漳江基金	资产管理者
2019-04-23	中国社会价值投资联盟	服务提供商	2022-01-21	深圳证券信息	服务提供商
2019-05-07	盛世投资	资产管理者	2022-01-25	华证指数	服务提供商
2019-05-13	远毅资本	资产管理者	2022-01-26	大钲资本	资产管理者
2019-05-29	东方证券资管	资产管理者	2022-02-02	IDG资本	资产管理者
2019-05-29	晨星通讯	服务提供商	2022-02-08	恒丰银行资产管理部	资产管理者
2019-07-10	母基金周刊	服务提供商	2022-02-17	国投创益	资产管理者
2019-08-23	平安保险集团	资产所有者	2022-03-02	华山资本	资产管理者
2019-09-18	彬元资本	资产管理者	2022-03-11	万绿信评	服务提供商
2019-11-11	尚合资本	资产管理者	2022-03-15	山行资本	资产管理者
2019-11-11	君联资本	资产管理者	2022-03-24	厚生投资	资产管理者
2019-12-06	大成基金	资产管理者	2022-03-30	鹏盛资本	服务提供商
2019-12-19	招商基金	资产管理者	2022-04-04	弘晖资本	资产管理者
2020-01-03	高成资本	资产管理者	2022-04-04	蓝海资本	资产管理者
2020-02-21	兴全基金	资产管理者	2022-04-08	北京融智企业社会责任研究院	服务提供商
2020-03-02	双湖资本	资产管理者	2022-04-25	海银控股	服务提供商
2020-03-31	麦星投资	资产管理者	2022-05-09	蓝驰创投	资产管理者
2020-04-03	绿动资本	资产管理者	2022-05-09	沃衍资本	资产管理者
2020-04-28	诺亚控股	服务提供商	2022-06-24	金证资产评估	服务提供商

数据来源：UNPRI官网。

三、绿色权益投资发展的不足

(一) ESG 理财产品种类较少

尽管 ESG 主题理财产品发展较为迅速，但其种类和规模仍有一定的增长空间。截至 2022 年，在 ESG 主题的银行理财产品中，以固收类和混合类为主，占比分别为 69.05%、30.95%。而仅有一只权益类产品，即光大理财发行的"阳光红 ESG 行业精选"。这导致无论是理财公司还是银行，在资产配置方面都比较保守，对于从权益类 ESG 主题理财产品的退出保持着谨慎的态度。从现实情况来看，当前我国对机构发行绿色金融主题理财产品缺乏有效的政策激励。

一方面，我国绿色金融主题理财产品整体市场的投资规模和相关金融产品的创新发展空间受到挤压，因为我国尚未形成统一的 ESG 信息披露和评价标准，也没有形成一套规范化的 ESG 投资和产品标准政策，再加上金融机构对市场的参与热情不足，难以为我国绿色金融市场中 ESG 的发展提供有效支持；另一方面，国内机构绿色金融主题的投资能力比较弱，没有将其充分融入机构的战略规划、组织管理和投资机制中，机构和企业对绿色金融理念的认知不足，专业人才缺乏，致使 ESG 产品种类创新较少。所以在 ESG 发展早期，绿色金融由于投资成本高、回报周期长，很难对投资者形成有效的吸引，也不利于激励机构和企业在 ESG 相关产品方面的投资。

(二)"漂绿"现象难以消除

尽管全球市场对 ESG 投资热情高涨，但 ESG 投资仍然缺乏明确而完善的规范标准和监管体系，国际上不断出现的 ESG 基金"漂绿"现象，引起了业界对 ESG 投资的担忧。

"漂绿"[①]一词被用来描述消费品市场和服务领域出现的虚假环境问题，后来又被用来指称那些不符合环境标准的企业虚假宣传自己是环保企业。

---

① "漂绿"这一术语最早是美国环境学家杰伊·韦斯特维尔德（Jay Westerveld）在 1986 年提出的，用于形容一些旅馆业主的行为，他们宣称要鼓励游客重复使用毛巾，从而减少环境污染，但事实上却是为了节省经营费用。

随着社会经济的发展，"漂绿"行为也开始在金融领域出现。部分机构为了迎合市场热点，夸大自己的 ESG 投资研究能力，将部分不符合 ESG 要求的非 ESG 产品打上 ESG 标签，宣传介绍产品符合 ESG 标准却没有作出可持续投资的承诺，最终导致 ESG 投资者投资决策失误、投资目标与风险不匹配等问题。

由于当前我国没有专门针对 ESG 投资的披露规定，对部分资管机构的不道德行为缺乏规范性的约束。ESG 投资相关各方的信息不对称，资管机构属于信息的优势方，可以利用信息不对称包装非 ESG 项目，而投资方和监管部门属于信息劣势方——难以精准识别 ESG 产品，也因获取信息不足影响监管效率，"漂绿"行为变得隐蔽且难以甄别，给投资者选择 ESG 标的造成困难。

（三）信息披露政策缺乏统一标准，企业主动披露不够充分

在国内，由于 ESG 投资还处于初级阶段，A 股市场尚未制定出完善的 ESG 披露制度和框架，只有少数公司自愿披露 ESG 信息且各个企业对 ESG 披露的侧重点也有所不同，ESG 报告披露方面还存在不全面、不平衡的问题。在 ESG 理念和绿色金融不断融合发展的背景下，我国 A 股市场对 ESG 披露的要求不断提高，企业也将面临更严格的 ESG 披露和监管。例如，部分 A 股上市公司对 ESG 信息的披露仅限于政策文件强制要求的部分，对于碳排放、保护生物多样性等方面披露不充分。在 ESG 相关规则的制定上，我国目前还没有形成系统的规则体系，ESG 投资方面的激励也远远不足。因此，在环境披露方面，现有的规则主要适用于特定行业和重点排污单位，披露的内容也主要限于企业自身对环境影响的方面，而对环境可能对企业可持续、稳定发展产生的影响暂未设定相应的披露要求，ESG 相关规则的覆盖范围不够全面，这可能导致一些企业利用法律漏洞谋取私利，对我国 ESG 和绿色金融的发展产生不利影响。

ESG 信息披露不到位，也使得各个投资者难以评估发行人的 ESG 发展全貌，致使投资者作出有偏差的投资判断，这严重妨碍了 ESG 投资市场与绿色投资的融合发展。除了 ESG 信息披露不完全外，目前我国碳排放市场

还不够规范，碳排放数据造假的情况也偶尔发生，企业重要数据的真实性、准确性及安全性难以保证，一定程度上增加了我国实现绿色转型的难度。

（四）ESG 评级标准不一

随着 ESG 投资理念的兴起并得到广泛认可，各个投资机构尤其是金融机构对 ESG 评级产品的需求不断增加。然而，全球对 ESG 的评级尚未形成统一的标准，并且在经济发展阶段、经营理念和文化上，我国与西方国家有着显著的差异，如国外普遍使用的指标如"人权"和"社区影响"在我国的评级体系中并不普遍，我们则更关注"扶贫"等特色指标；我国的 ESG 评价体系形成较晚，标准也尚未统一，且评价对象仅限于国内上市公司，目前国内较为主流的 A 股 ESG 评估体系 [①] 有华证 ESG 评级、中证 ESG 评级、商道融绿 ESG 评级、嘉实 ESG 评级等。

国际上比较常用的 ESG 评价体系有 MSCI、KLD、ASSET4、Calvert、DJSI、FTSE4Good 等，它们各自都有一套独立的计算和衡量 ESG 标准的方法，相对我国目前所使用的 ESG 评级体系更加完整和准确，但现有的国际 ESG 评级体系和方法无法对中国企业在环境、社会和治理方面的表现进行有效评价，导致企业在环境和社会信息披露上的不足问题日益严重。因此，如何使我国 ESG 评价体系更标准化、规范化也是当前 ESG 理念融入绿色权益投资中所面临的挑战之一，目前我国亟须构建统一的、符合中国国情的 ESG 评级体系，从而更好地防范环境与社会风险，促进国家绿色转型和绿色金融的长远发展。

（五）绿色股权投资收益与风险不匹配

目前，我国绿色权益投资基金的发展还不够成熟，其核心问题在于其投资的风险和回报不能很好地匹配。一是投资回报率不高。绿色发展基金的投资对象集中于空气和水污染防治、植被修复、水土流失综合治理等方面，这些项目的共同特点是投资金额巨大、投资回报周期长、收益相对较

---

① 围绕 ESG 评级指标展开：由自上而下的三级指标构成，包括 3 个一级指标、8 个二级指标、23 个三级指标，以及超过 110 个底层指标；ESG 得分区间为 0—100 分，反映该公司在实质性 ESG 议题上的表现和管理水平。

低，因此很难吸引社会资本，活跃绿色金融市场。例如，河南一家公司打算向绿色发展基金中注资 5000 万元，但是根据其财务部的计算，其所注资的绿色股权投资基金，扣除各种成本后，其回报率只有 3%，远远低于其正常运营所需资金，因此，这家公司最终还是放弃了这一打算。二是缺乏相应的支持政策。目前，虽然国家出台了相关政策，但缺乏具体的实施细则和扶持措施。从目前的情况来看，大部分省市对绿色发展基金并未给予优惠、补助和贴息，严重影响了绿色发展基金的发展。部分金融机构表示，由于目前缺乏税收、市场准入等方面的优惠，难以调动社会资本的积极性；同时，绿色发展基金主要针对的是中小微企业，而政府又没有建立有效的风险分担机制，这些都阻碍着金融机构和社会资本的投入。

（六）碳配额面临收缩，碳市场交易活跃度较低

自第一个碳排放权履约周期开始以来，我国碳排放权登记、交易结算等管理规则以及企业温室气体排放核算报告等技术规范相继出台，碳市场制度和运行框架基本建立和完善。据统计，截至 2023 年 7 月 14 日，全国碳市场累计交易总量为 2.399 亿吨，交易总额为 110.3 亿元。此外，在全国碳市场的影响下，2022 年，全国单位发电的 CO_2 排放量大约为 541 克 / 千瓦时，较上一年下降了 3.0%。

虽然我国碳市场覆盖温室气体排放量全球第一，但是覆盖的行业较为单一，且缺乏履约主体之外的其他第三方交易机构。同时，加上第一个履约期配额发放相对宽松，有履约交易需求的企业占比仅为 30%，第二履约期配额分配开始紧缩，煤电机组 2021 年基准值比 2019—2020 年有较大幅度下降，下降幅度为 6.3%—18.4%，2022 年在此基础上继续有所下降。另外，随着碳市场的扩容，越来越多的行业和企业需要购买 CCER[①] 用来弥补碳配额的不足，但根据测算，目前全国 CCER 库存量仅剩约 1000 万吨，按照 5% 实际碳排放量抵消计算，根本无法满足全国碳市场全部企业的交易

---

　　① CCER：国家核证自愿减排量（Chinese Certified Emission Reduction），是指对我国境内可再生能源、林业碳汇、甲烷利用等项目的温室气体减排效果进行量化核证，并在国家温室气体自愿减排交易注册登记系统中登记的温室气体减排量。

需求。这些因素共同导致碳市场整体交易活跃度不高，交易时间较为集中，从而降低了全国碳市场的价格信号作用，不利于碳市场功能的实现。全国碳市场亟须优化碳配额管理和交易机制，扩大行业覆盖面，建立一个日渐完善和活跃的全国碳市场。

第三节　绿色权益投资与实体经济的融合对策

绿色金融的实质是鼓励企业主动减排、降排，完善的绿色金融市场能够充分发挥微观调控作用和绿色杠杆作用，使实体企业可以从金融市场中得到资金支持，有效推动企业实现"双碳"目标。要实现碳达峰、碳中和，推动中国式现代化进程，在经济发展上就需要引入大量的绿色、低碳投资，而以绿色金融来推动产业结构优化升级，推动企业可持续发展，是我国经济高质量发展的重要途径。2021 年，时任中国人民银行行长易纲在中国发展高层论坛圆桌会议上表示：根据多方测算，要投入百万亿元以上的资金才能实现碳中和和碳达峰。他还强调，绿色权益投资的长期性特点与"双碳"目标的超长期承诺高度吻合，而通过 ESG 投资与绿色金融的融合，金融市场将迎来全新的投资时代。

无论是建立 ESG 评估体系、选择适当的投资策略，还是提高投资者认知，ESG 在国内绿色金融市场还有广阔的融合发展空间。在今后的发展中，机构和企业要秉持 ESG 理念，从战略层面推动绿色金融业务的发展，持续增强绿色金融的综合服务能力，创新发展绿色权益投资工具，并不断加大对绿色低碳领域的金融支持。紧紧围绕"双碳"目标，积极践行绿色可持续发展理念，持续推进产业结构的优化和升级，提高绿色权益投资的参与度和活跃度，助力全国碳市场的会员企业加速实现低碳转型，将绿色理念融入日常生活，以低碳发展为打造绿水青山的美丽中国贡献力量。

一、多举措消除"漂绿"现象，营造良好投资环境

（一）推动 ESG 评价体系规范化、标准化

当前全球的 ESG 评价标准众多且评价体系存在差异性及主观性，企业和一些投资机构可能会倾向于选择对自己有利的标准，导致企业 ESG 投资中一些并不可持续的因素因评价标准的不同而被掩盖，进而增加绿色金融市场"漂绿"的风险。对此，中国政府部门和监管机构应该结合中国市场实际情况不断完善 ESG 投资顶层设计，规范不同行业 ESG 评价指标，为机构和投资者提供一个标准化、规范化的 ESG 评价体系。评级机构也应积极推动 ESG 评价体系建设，依托成熟的国际经验，依据监管要求，结合行业特点，建立相对统一、清晰、规范的 ESG 评价体系；结合市场现状及 A 股上市公司属性，进行 ESG 评价指标选择、权重设置；追踪 ESG 投资动态、更新 ESG 评价指标，并力图对更多企业实现 ESG 评级覆盖。

目前，中财大绿金院和建行托管部共同研发出了国内首个 ESG 综合评价体系，这套 ESG 评价体系同时也将为绿色权益投资的"漂绿"提供一个完整的、可供选择的解决途径。据了解，该评价体系充分利用了市场公开数据，综合考虑 E、S 和 G 的定性与定量指标以及负面行为和市场 ESG 风险等因素，从资产管理公司、资产管理人和底层资产三个层面进行全面评估，既增加了 ESG 报告的客观性，又能在一定程度上减少"漂绿"产品的出现。

（二）规范企业信息披露范围，提高信息披露质量

在 ESG 基金名称和营销方面，我国目前还没有关于 ESG 投资的强制性信息披露要求和相关规定，而企业自愿披露可能会存在内容上的偏好和误导。因此，我国可以充分借鉴国际市场出台的信披规定，并参考国际证监会组织理事会发布的 ESG 相关产品的监管建议——对于以 ESG 为重点的绿色权益投资产品，投资机构应该披露如何应用 ESG 因素完成投资决策的过程。此外，决策部门应该出台相关制度和文件，借鉴国际上独立认证机构的经验，完善绿色认证制度并规范企业在进行绿色权益投资过程中

的信息披露体系，提升企业信息披露质量，促使企业有针对性地披露重点信息，使其从自愿认证变为强制认证，以提高自身信息披露的完整性和准确性。

（三）推广 ESG 投资理念，鼓励投资者积极参与绿色权益市场投资

我国应大力推广 ESG 投资理念，增强投资者责任意识，引导金融体系转向绿色低碳，而个人投资者应加强 ESG 投资理念的理解，学会辨别 ESG 评价体系，以尽可能识别出"漂绿"产品。机构投资者可从多维度考察被投资企业的 ESG 指标以及相关表现，对被投企业以及投资组合的可持续发展能力进行更全面的评价。此外，投资者应对 ESG 在长期时间维度下的价值具有一定认识，从自身履行可持续发展责任的角度加强对 ESG 产品的信心。在投资者权益保护方面，监管部门和资管机构应协力提高产品信息透明度，降低散户投资者风险；满足机构投资者的评价信息需求，增强投资信心。

二、提高公司治理质量，打造高质量企业

在构建可持续领导力方面，公司治理发挥着关键作用，它是推动企业转型的有力支点。为了确保企业的 ESG 战略得以落地，企业的董事会和高管层需要紧密合作，提升董事会和高管层的 ESG 专业水平，例如设立首席可持续发展官职位，吸纳具备专业知识的人才。

中国企业正逐渐将具备可持续发展能力的人才引进管理层。以腾讯为例，为了协助公司完善在 ESG 方面的监督工作，腾讯董事会专门成立了公司治理委员会，还特别聘请了张秀兰教授（北京师范大学社会发展与公共政策学院前院长）担任腾讯公司治理委员会的成员，目的在于提升董事会决策的有效性和腾讯在可持续发展领域的专业水平。但从目前上市公司 ESG 报告的披露情况来看，只有小部分企业明确了企业的 ESG 职责并单独成立了企业 ESG 专项委员，ESG 整体的治理框架仍然不够完善。

对于公司的可持续发展而言，完善与 ESG 相关的职能架构是一个重要切入点。从公司治理结构的角度来看，企业高层不断完善公司治理结构，

高度重视 ESG 治理体系建设，对企业责任和分工进行清晰界定，形成一个有组织、有制度、规范的治理体系，才能将 ESG 理念从上到下贯彻到企业的日常经营活动之中，全方位提高公司的 ESG 能力，从而促进公司的可持续发展。

三、引导绿色股权投资，完善金融服务体系

当前我国的 ESG 信息披露制度尚存在不足之处，需要不断强化数字化建设和 ESG 信息披露工作，对企业进行积极引导，大力推动 ESG 投资全面、高质量发展。例如，在快速发展的 ESG 理念下，为早日实现"双碳"目标，国金证券积极响应国家发展战略，在公司风险管理中融入 ESG 理念，优先支持符合国家政策的 ESG 友好型产业，共同助力经济、社会和环境的可持续发展；在绿色融资方面，2021 年，国金证券为 7 家绿色企业提供了 52.17 亿元的股权、债权融资支持；在实体经济支持方面，国金证券为 51 家科技创新、"互联网 +"、制造等企业提供了 320.37 亿元的股权融资支持，为 20 家中小微企业提供了 83.27 亿元的股权融资支持。目前，国金证券的 Wind ESG 评级已升至 A 级。

为贯彻落实党的二十大精神，进一步完善政策环境，加大对民间投资发展的支持力度，国家发改委制定了《关于进一步完善政策环境　加大力度支持民间投资发展的意见》[①]。该意见指出，要积极开展投资项目 ESG 评价，以引导 ESG 投资高质量发展，要完善支持绿色发展的投资体系，将资本市场发展与绿色金融实践相结合，推动民间投资完善环境影响优化、社会责任担当和治理相关机制。除此之外，鼓励创业投资基金积极孵化绿色、低碳的高科技企业，支持股权投资基金对绿色项目、绿色企业进行并购和重组。引导私募股权投资基金与区域性股权市场的联动，为绿色资产（企业）上市交易创造条件。在《迈向 2060 碳中和——聚焦脱碳之路上的机遇

---

① 国家发展和改革委员会：《关于进一步完善政策环境　加大力度支持民间投资发展的意见》，2022 年 10 月 28 日。

和挑战》①中，提出要实现"碳中和"目标下的大规模绿色低碳技术创新与成果转化，需要构建以股权（特别是 PE、VC）为主，以证券市场、投贷联动等为补充的融资体系。

四、加大对绿色企业和项目的支持力度，推动碳排放权交易市场发展

我国在实现"双碳"目标方面有着独特的绿色金融制度支持优势，从 2016 年开始，我国就开始实施绿色金融制度，目前已经形成了包括界定标准、信息披露要求、激励机制、产品创新等在内的绿色金融制度，并在此基础上，进一步发挥绿色金融市场的作用，调动社会资金参与到绿色低碳领域，大力发展绿色金融。

一方面，首先，为了尽可能地降低环保、绿色企业的融资成本，政府等相关主管部门应该给予地方政府积极支持，如鼓励地方政府通过专业化担保或建立增信机制、发行地方绿色专项债券等其他措施来推动当地企业的绿色发展；其次，政府办公机关要努力提高绿色企业和发行绿色产品的备案效率，在合法合规的前提下，尽量降低行政成本、缩短审批时长；最后，针对绿色评级、ESG 评级表现较好的企业，可以通过 PPP 模式带动社会资本向绿色项目流动。

另一方面，对于在 E、S、G 方面表现较优、未来前景可观的企业和项目，金融监管部门要积极鼓励国有银行和商业银行对其提供信贷支持。比如对大力支持企业 ESG 发展的商业银行给予政策扶持，引导银行积极投放绿色信贷，根据 ESG 评级结果，实时调节商业银行对 ESG 表现差的企业的贷款额度和门槛。随着"双碳"目标的持续推进，我国能源领域将面临快速转型，构建清洁低碳安全高效的能源体系将成为未来重要方向。虽然我国拥有全球规模最大的电力系统，煤电装机容量和发电量在全球领先，可

---

① 高瓴产业与创新研究院、北京绿色金融与可持续发展研究院：《迈向 2060 碳中和——聚焦脱碳之路上的机遇和挑战》，2021 年 3 月。

再生能源发电总装机占世界总量的30%以上，但我国煤炭、能源企业发展动力依然不足。在ESG投资理念指导下，金融机构为能源企业在风能、太阳能、生物质能、海洋能等设施建设中提供资金支持与金融产品服务，积极支持煤炭、能源企业进行设备节能升级、降碳改造，推动能源行业绿色、低碳、循环发展。

另外，要从碳交易、碳税和可再生能源等激励政策入手，对碳定价机制和碳排放交易体系进行持续改进，将金融机构引入碳排放权交易市场，并充分运用金融工具来活跃二级市场，提升碳定价的效率，对非控排企业的节能减排行为进行引导，让其能够根据自身的边际减排成本高低，灵活地选择减排手段。除此之外，在设定碳排放总额的前提下，政府应该按照2060碳中和目标，每年递减碳排放配额，并督促相关部门、行业制定更为明晰的减排规划，以降低绿色企业的投资风险预期，鼓励企业加快低碳转型的步伐，与此同时，推动高碳企业进行节能减排改革或退出市场。

五、大力发展金融科技，助力绿色科技创新

在ESG评价方面，金融科技通过技术手段能够更好地帮助投资者从ESG绩效去评估企业的可持续发展能力和长期投资的价值，并衡量企业在环境、社会责任方面的贡献。政府和监管部门要强化金融科技的运用，大力引进并充分利用大数据、物联网、区块链、人工智能等前沿技术，自动监测企业碳排放信息，快速实现企业碳排放信息与碳市场的对接，提高碳市场交易的时效性、准确性和便捷性。银行、证券公司等金融机构可以利用金融科技开展企业ESG评价，并将评价结果用于金融产品开发、客户授信、利率定价、信用风险管理等各个方面，督促企业良性发展。此外，要牢牢抓住我国高质量发展阶段和绿色转型的新机遇，充分发挥金融科技的优势动能，利用金融科技构建ESG指数、分析投资组合等对ESG主体进行评级，不断增强金融科技在ESG投资领域中的应用，强化ESG对我国绿色金融的支持作用，推动我国经济社会的可持续发展。

《迈向2060碳中和——聚焦脱碳之路上的机遇和挑战》提出，金融机

构要加大对绿色、低碳技术的投资力度，促进我国经济社会的健康发展。一是多渠道为投资于绿色、低碳科技企业的股权投资提供中长期融资，促使保险、养老资金等长期资金参与绿色权益投资中，吸引更多的国际资本进入绿色投资基金或绿色科技领域，为我国绿色、低碳、高技术领域的发展作出贡献。二是通过"投贷联动"等形式，鼓励绿色金融创新，使银行及其他大型金融机构的资金投入绿色融资活动中。三是建立绿色科技发展创新平台，将绿色科技产业纳入政府融资担保体系，引导上市公司、大企业将绿色、低碳科技发展纳入战略性投资领域。四是为了降低 PE/VC 投资公司的风险与评价成本，要大力支持第三方服务机构提供融资服务，如为绿色科技企业的环境效益评估、绿色科技企业的投资预评估等提供服务。

六、多元化发展 ESG 投资策略

全球可持续投资联盟根据 ESG 理念内涵多元化的趋势，将国际 ESG 投资者策略主要分为三个大类、七个子类，三个大类包括：筛选类、整合类、参与类。在七个子类中，ESG 整合、负面筛选、参与公司治理三种 ESG 投资者策略成为目前的主流，得到众多投资者的青睐。一般而言，投资者在 ESG 投资的初期会通过负面筛选策略剔除那些不符合可持续发展目标的企业和项目。随着 ESG 披露制度和评价体系的完善以及各机构在 ESG 投资实践过程中的不断优化，越来越多的投资者开始注重企业的 ESG 绩效与财务表现，使得 ESG 整合策略逐渐成为市场上份额占比最高的 ESG 投资者策略。相关数据表明，在 2016—2020 年，ESG 整合策略规模实现了 143% 的增长，年度增速达到 25%；其次是负面筛选策略，主题投资策略规模翻了 7 倍，年度增速达到 63%，发展前景广阔。

在 ESG 发展过程中，要逐步完善扩充 ESG 投资策略，多元化发展 ESG 投资策略，使 ESG 投资策略能够满足各机构和个人投资者的投资需求，帮助投资者实现最佳 ESG 投资，共同推进 ESG 在我国的发展。

表 9—3　ESG 投资策略分类

大　类	小　类	定　义
筛选类	负面筛选	回避 ESG 表现不佳的标的
	正面筛选	投资 ESG 表现较好的标的
	国际惯例筛选	基于联合国、国际劳工组织、经合组织和非政府组织发布的国际规范，根据商业或发行人实践的最低标准筛选投资标的
	可持续主题投资	投资可持续主题的资产，如新能源、绿色建筑
整合类	ESG 整合	将 ESG 理念与财务分析结合，融入传统投资框架
参与类	参与公司治理	利用股东权利影响公司行为，包括直接与公司高级管理层或董事会沟通、提交股东提案，进行代理投票
	影响力和社区投资	投资目的是实现积极的社会和环境影响

资料来源：全球可持续投资联盟。

第十章　碳金融市场与实体经济的融合发展

第一节　碳金融市场的概念与特征

一、碳金融市场的概念范畴

尽管当前碳金融市场的理论与实践仍处于起步阶段，但它已经被视作一个具有深远影响力且具有挑战性的领域。根据世界银行《全球碳市场现状与趋势》，碳金融市场既包括用于碳配额的现货交易，又包括用于碳排放权的贸易、融资、市场支撑以及资产管理，旨在通过向那些能够有效降低二氧化碳排放，并且能够有效推动可持续发展的企业提供资源，从而获得财务收益，以期望有效降低全球的温室气体排放，减少对自然界造成的不良影响。

二、碳金融市场的构成要素

碳金融市场由三个部分组成：第一个是碳金融市场的参与主体；第二个是碳金融市场的交易产品；第三个则是支撑碳金融市场运行的制度和服务。

（一）碳金融市场的参与主体

为了促进碳交易的顺利进行，必须让政府、企业、NGO、机构、个人、公众等多方力量共同参与其中。这些力量的共存将为碳金融制度提供强大的支撑，从而体现碳金融的有效性，并且有助于建立一套完善的碳定价机制，以维持市场的预期。表10-1显示了碳金融市场中不同类型参与主体的不同功能以及参与动机。

表 10-1　碳金融市场中不同类型参与主体的不同功能以及参与动机

参与主体类型	参与主体名称	功能	参与动机
交易双方	控排企业	市场交易 提高能效，降低能耗，通过实体经济中的个体带动全社会完成减排目标 通过主体间的交易实现最低成本的减排	完成减排目标（履约） 低买高卖，实现利润
	减排项目业主	提供符合要求的减排量，降低履约成本 促进未被纳入交易体系的主体以及其他行业的减排工作	出售减排项目所产生的减排量以获得经济、社会效益
	碳资产管理公司	提供咨询服务 投资碳金融产品，增强市场流动性	低买高卖，实现利润
	碳基金等投资机构	丰富交易产品 吸引资金入场 增强市场流动性	拓展业务并从中获利
	个人投资者	交易获利的新平台 市场活跃的催化剂	参与市场交易并营利
第三方中介	监测与核证机构	保证碳信用额的"三可"原则（可测量、可报告、可核实） 维护市场交易的有效性	拓展业务
	其他（如咨询公司、评估公司、会计师及律师事务所）	提供咨询服务 碳资产评估 碳交易相关审计	拓展业务
第四方平台	登记注册机构	对碳配额及其他规定允许的碳信用指标进行登记注册以规范市场交易活动并便于监管	保障市场交易的规范与安全
	交易平台	交易信息的汇集发布 降低交易风险、降低交易成本实现价格发现 增强市场流动性	吸引买卖双方进场交易，增强市场流动性并从中获益
监管部门	碳交易监管部门	制定有关碳排放权交易市场的监管条例，并依法依规行使监管权力 对上市的交易品种进行监管，监督交易制度、交易规则的具体实施 对市场的交易活动进行监督，检查市场交易的信息公开情况 与相关部门相互配合对违法违规行为进行查处，维护市场健康稳定	通过市场监管，规范市场运行 通过市场机制运作促进节能减排

1. 监管部门

碳交易监管机构作为碳市场的关键组成部分，不仅负责碳交易制度的制定和执行，还负责碳交易市场的监管。它们不仅关注碳经济的发展，还关注碳经济的国际竞争力，并为碳经济的发展提供有力支持。为了落实我们应对全球变暖的责任，必须建立一个全球性的碳交易市场，来实现低碳的目标，并且最大限度地降低减排的经济代价，从而激励和引导更多的绿色投资，让我们的企业拥有更大的竞争优势。作为一个负责任的碳交易市场的管理者，政府和监管部门应该具备四项重要功能：首先，应该清楚认识碳市场的重大意义，并且确立一个可持续的发展策略；其次，应该采取有效措施，合理安排多种资源，确保配额的公正性；再次，应该加强领导，激励各方面的力量，共同推动碳市场的稳定运行，从而实现低碳经济的可持续发展；最后，应该加强对碳市场的监督，确保其正常运转。

2. 企业

当一家公司的碳排放量低于环保要求的标准，它就会通过进入碳交易市场来获得补偿。这些公司不仅可以作为环保要求的实施者，还可以作为环保政策的执行者，以确保其遵守环保法规，并不会因此遭受环保政策的惩戒。除了某些特殊情况，如为了展示其良好的声誉，以及达到未来的环境保护要求，许多公司都将从碳交易市场获取资金，以支持其未来的环境保护需求。这些公司不仅要通过技术创新、改变生产模式等方式来降低污染，还要利用 CDM 项目来实现环境保护，从而获得更多的资金，以支持其未来的环境保护需求。

3. 金融机构

金融机构作为碳排放权的重要参与者，不仅可以满足消费者的资金需求，还可以提升环境管理水平。它们不仅可以提供金融支持，还可以提高资金使用效率，促进碳排放权的有效利用。

4. 第三方机构

第三方机构主要是指提供第三方服务的监测与核证机构、会计师及律师事务所等，对企业的碳排放进行监督与核查，同时可对核证减排量进行审核并展开项目登记。

5. 交易平台

交易所是一个公开透明的市场，它提供了完整的信息，包括交易量、交易价格等，以便参与者获取有效信息，从而更好地作出决策，同时为公众提供了一个监督市场交易的渠道。

6. 社会公众

当一家企业没有按照规定的标准减少碳排放，这将危害到公众的福祉。因此，作为碳交易市场的参与方，公众有责任密切关注这些情况，并采取有力措施来保护环境，避免可能出现的负面后果。

（二）碳金融市场的交易产品

根据《欧盟金融工具市场指令》（MIFID）及《欧盟排放交易体系指令》，碳金融包括三大类：交易型、融资型及其他相应的支持型。（如表10—2所示）碳金融产品涵盖了多种形式，如碳期货、碳期权、碳远期、碳掉期、碳指数交易产品、碳资产证券化（如碳债券、碳基金）、碳质押、碳回购以及碳托管等，为投资者提供了更多的选择。在碳市场中，许多有效的工具都可以用来帮助减少温室气体排放。

表 10—2　碳金融产品分类

碳金融产品	碳金融市场交易工具	碳期货、碳期权、碳远期、碳掉期、碳资产证券化（碳债券、碳基金）、碳指数交易产品等
	碳金融市场融资工具	碳质押、碳回购、碳托管等
	碳金融市场支持工具	碳指数、碳保险等

碳金融工具具有一般金融工具无法比拟的灵活性，并可获取高额回报。碳金融市场的核心功能就是通过碳排放权的转移实现资金的有效利用，使资金的使用更加有效率、更加可持续。碳排放配额作为一种新兴的投资手段，旨在实现资金与信息的有效流动，以及减少环境污染，改善资源配置。与此同时，它也为投资者提供了一种新的投资机会。由于碳金融的功能定

位以及交易产品的独特性，使得它与传统的金融机构有着本质的不同。而且，由于其复杂性，风险也比较高，这使得它的发展受到了限制。目前，许多国家的碳金融产品尚处在初级发展阶段，为了使它们得到更好的普及，需要对它们的发展前景作出全面的评估。虽然碳金融产品如碳期货、碳期权、碳基金及其碳指数在风险控制方面表现良好，但它们的整体性质还有待改进；虽然这些金融工具基本上都相当成熟，但它们在实现资金流动、降低风险方面还有待提高。

（三）碳金融市场的制度和服务

通过建立完善的碳金融市场制度，包括但不限于环境保护、碳排放配额初始分配、碳金融贸易、碳金融监督等，并结合宏观审慎的监管制度和有效的市场调节，有助于促进碳排放量的降低，促进经济社会的发展。环境保护法中的削减碳排放的政策是碳金融的核心，而碳排放量配额的设定则为这一过程提供了依据。此外，碳金融的相关法律和政策也为这一过程提供了有力的支持和保证。目前，针对碳排放权交易的政策措施已经取得了显著的成效。《碳排放权交易管理办法（试行）》，以及北京市、上海市等8个试验省（市）出台的碳排放权交易细则等一系列政策措施，旨在加强碳排放权交易的有效实施，促进交易过程的平等、开放、透明化，并有效控制交易过程的风险，从而促进经济的可持续发展。碳金融交易的正常开展离不开有效监管。完善的碳金融市场交易服务体系可以确保其顺利进行。

第二节　碳金融市场与实体经济
融合发展的现状与不足

一、碳金融市场与实体经济融合发展的逻辑

为了达成"双碳"目标，构建低碳循环经济发展体系已成为当前我国

经济发展的重要方向，为此，碳金融市场必须发挥重要作用，为实体经济提供有力的支撑。碳金融市场与实体经济作为两个相互联系的复杂系统，其融合发展逻辑如图 10-1 所示。

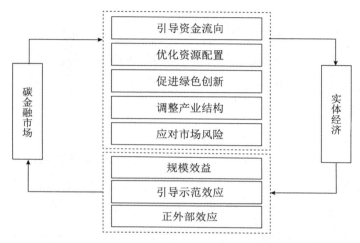

图 10-1　碳金融市场与实体经济融合发展逻辑

（一）碳金融市场促进实体经济发展

1.碳金融市场可以引导资金流向

碳金融工具的创新使得社会资本从高污染、高能耗的低端产业链上退出，转而投向节能减排、低碳环保、新能源等领域，可以将资金集聚到低碳环保产业，有效改进产业生产、降低产业升级成本，进而实现经济的高质量发展。

2.碳金融市场可以优化资源配置

除了引导资金流向，金融还具备配置其他自然资源和社会资源的社会属性。通过将大量资源投入那些能够实现收入最大化的行业，以获得更大的经济收益。碳金融市场中的碳交易机制就是通过限制各企业二氧化碳的排放量，将碳排放额度分配给能带来更多经济效益的企业。通过碳金融市场的介入，会将更多的资源引向利用清洁能源、使用绿色新技术的环境友好型企业，引导和推动企业提高生产效率和对自然资源的利用率，从而促进经济绿色高质量发展。有学者经过理论和实证分析认为，发展碳金融已经成为全球趋势，碳金融发展可以更好地发挥市场在优化环境资源配置方面的作用，进一步完善我国节能减排投融资体系。

3. 碳金融市场可以促进绿色创新

一方面，绿色金融能够为科技创新活动提供资金支持，使其融资需求得到满足、风险得到保障、盈利能力得到提升、规模不断发展壮大；另一方面，绿色金融的发展加大了传统企业的融资难度和融资成本，从而迫使企业寻求与科技企业的合作或者自身加大技术研发投入，以改造传统工艺，提升生产效率，减少污染排放，减少对环境的负外部性。

4. 碳金融市场可以调整产业结构

通过碳金融市场的技术手段，我们可以根据碳交易价格的变化以及其他市场因素，为那些低碳环保企业提供更大的投资机会，以此来提高它们的竞争力，并且通过这种方式改变它们的投资结构，最终实现产业的可持续发展构建一个完整的碳金融交易体系。有学者从碳交易市场和商业银行碳金融业务两个角度对碳金融对产业结构调整的作用机制进行了分析，并通过面板数据固定效应模型对 CDM 数量和碳减排量位于前十的省份进行了实证研究，发现碳交易对其产业结构系数均起到正向的积极作用。

5. 碳金融市场可以应对市场风险

随着低碳经济的兴起，碳排放权成为一种资产。创新型企业的碳资产在国际碳金融市场上除了受供需变动的影响，还会受到如政治事件、宏观经济、极端天气与能源市场波动等因素的影响，导致价格波动剧烈，企业资金不稳定。融资约束以及长期稳定的巨额研发投入是创新型企业进行技术创新的主要阻碍。为了解决由于碳资产价格不稳定而带来的相关资金问题，创新型企业通过借助碳远期、碳期权、碳期货以及碳互换等碳金融衍生品，可以在保证履约的同时有效规避所持有碳资产贬值的风险。随着中国碳排放权交易市场启动，大量的资金流入低碳经济领域，为创新型企业进行技术创新提供了支持。在国内碳金融市场，创新型企业可通过碳衍生品进行直接或间接融资来克服技术创新所遇到的融资约束与资金流不稳定等难题。

（二）实体经济促进碳金融市场发展

实体经济的复苏也为碳金融市场的发展创造了有利的条件。经济发展催生了大批的绿色企业，其规模不断扩大，结构不断优化，效率不断提高，给碳金融市场发展带来了巨大的市场机遇和强劲的驱动力量。低碳环保产业发展所形成的规模效益、引导示范效应及正外部效应，可以为碳金融市场的发展提供更多的资源及技术支持，为其发展打下坚实基础。而碳金融市场的发展同样离不开产业结构的升级和科技的创新。

1. 规模效益

绿色企业和项目以及传统工业企业绿色转型带来了新的融资需求，可以激励碳金融市场供给端进行创新。这些企业将为碳金融市场提供良好的投资目标和投资环境，促进碳金融市场实现规模扩张。随着财政投入的增多，低碳环保行业不断推进技术和产品的创新，以期获得更高的经济收入，并减轻相关的经济负担，进一步增强企业的竞争优势，可以为碳排放权交易市场带来更多的活力。从长期来看，低碳环保领域先进技术和优质产品的出现，将带来可观的经济效益，并且将激励更多的财富涌入这一领域，从而推动碳金融的蓬勃发展。

2. 引导示范效应

通过采用低碳环保技术、开发绿色低碳产品，低碳环保企业不仅可以获得可观的经济和社会效益，而且能够树立良好的企业形象，激励其他企业模仿和学习，从而加快低碳技术的普及，促进新的生产模式的出现。商业银行积极投入资金，推动低碳环保产业的发展，并逐步形成一个示范性的低碳环保产业，进而可将碳金融市场的应用范围拓展到更多的领域。

3. 正外部效应

低碳发展并非仅限于特定的行业，而是一种全球化的、可持续发展的、可行的发展模式。低碳环保的思想、技术以及行动将推动全球经济、文化、政治、社会的转型升级，从而实现绿色可持续发展的未来。这种绿色可持续的经济发展模式将有助于碳汇交易的可持续性和碳金融的健康发展。通过改进和完善碳金融市场的各项产品和服务，我们可以更好地满足消费者不同的个性化金融需求。

总之，碳金融市场与实体经济高质量发展之间相辅相成、相互促进。高污染高耗能产业转型和低碳产业壮大都离不开碳金融市场的支持，而经济转型中产生的多样化金融需求也为碳金融市场的发展提供了契机。为了推动经济和金融的持续改善，我们必须让碳金融市场与实体经济紧密结合，增强它们的可持续性。

二、碳金融市场发展历程与现状

随着时间的推移，中国的碳交易市场经历了三个不同的发展阶段：从2011年开始的清洁发展机制（CDM）项目阶段，到2011—2017年的区域性碳交易市场试点阶段，再到2017年以后的建立全国碳交易市场实践阶段。

（一）萌芽：清洁发展机制（CDM）项目阶段

尽管中国尚未实施强制性的温室气体减排政策，但是碳市场的发展已经取得显著进展，从传统的节能减排技术贸易到CDM项目管理的自愿性碳排放权贸易，还有碳排放权金融衍生产品的发展，中国的碳交易总量得到了极大提升。联合国国际CDM建设项目实施董事会（EB）的统计数据显示，截至2011年12月30日，中国已经投入1753个CDM建设项目，占全球项目投资的46.81%。通过实施这些建设项目，中国在后面几年内大幅降低全球二氧化碳的排放量，截至2009年11月，中国已经成功注册CDM建设项目663个，累计达到了4.8亿吨的核证减排量（CERs），在东道国的CDM建设项目总额中所占的份额达到了58.77%。在这些建设项目中，新能源和可再生能源项目516个，占据了77.82%的份额，节能和提升能源的建设项目占据9.04%，而甲烷的回收利用占5.42%。

（二）探索：区域性碳交易市场试点阶段

2011年10月，国家发改委办公厅发布《关于开展碳排放权交易试点工作的通知》，以"试点先行，全国推广"的方式，在7个地区开展了碳排放权交易试点，以此来推动可持续发展。2016 年，四川和福建两个省份也加入其中，以此来深入研究国际先进的碳排放权交易机制，以及可持续发展的可行性。通过 2013—2014 年的 7 个试验区，我国不断研究、探索，建立起较完善的碳排放权交易体系。7 个省份积极推进碳排放权交易，制定了具体的减排目标，并设置了相应的贸易条款，搭建起完善的注册登记机制及贸易服务体系。经过几年的运行，试点市场运行基本平稳，进展顺利，成绩显著。

各试点市场碳配额的初始分配均采取了"免费分配为主、有偿分配为辅"的做法。面对未来可能的发展趋势，我国的碳市场配额和分配模式面临着巨大的挑战。为了应对这一挑战，我国必须考虑到未来的发展可能，并采取适当的措施来应对未来的变化。随着我国经济的迅猛发展，产业规模和结构的变动日益显著，而且随着科学技术的飞跃和政府部门的调整，未来的污染物排放将会面临更多的未知因素。因此，在分配污染物配额时，必须充分考虑这些因素。7 个碳市场均实行灵活的配额分配机制，包含"初始分配""新增储备""政府部门储备配额"等，既可以抑制当前的污染物排放，又可以为未来的可持续发展提供支持，并且可以减少政府部门的市场介入。

《温室废气自动减碳贸易管理暂行办法》规定，通过"全国自动减碳贸易记录管理系统"（CCER）的认定，参与者可以通过抵消措施来降低其对环境的影响。CCER 的使用有助于抑制和缓解温室废气的排放，从而提高环境质量。通过引入 CCER 技术，不仅可以激发未被列入试点地方的环保意识，还可以作为实现从零到整个碳市场转变的桥梁。但是，由于 CCER 的成本相对较低，可能会给市场带来不小的波动，所以 7 个试点市场都采取了严格的措施来控制 CCER 的应用，其中包括将其应用的比重控制在 5%—10%，并且严格控制其实施的时长，同时需要满足当地的特殊要求。

经过研究发现，与未经改革的地方相比，被选定的试点地区的碳排放水平大幅降低，其中，被选定的碳排放市场的参与者，不仅能够有效抑制温室气体的增加，还能够有效降低其碳排放的总量与强度。在过去的几年里，京津冀区域内的细颗粒物（$PM_{2.5}$）年平均含量都在减少。特别是北京市，$PM_{2.5}$ 的年平均含量已经由 2014 年的 85.9 微克 / 立方米减少到 2019 年的 42 微克 / 立方米，减少了 51%。整个京津冀区域内的 PM2.5 年平均含量也减少了 46%，这表明当地的室内空气质量有了明显的改善。2019 年 12 月 31 日，7 个试点碳城市的现货交易量达到 3.68 亿吨，交易金额达到 81.28 亿元人民币。此外，这些数据还显示，在过去五个履约周期里，这些交易市场的参与者仍处于履约阶段。该交易市场涵盖了二十多个不同的领域，包括电力、冶金、水泥、公路、建设和服装等，并且有超过 3000 家公司被列为关键节能减排目标。

（三）发展：全国碳交易市场实践阶段

我国正主动投身全球环境保护事业，努力推进可持续发展，以达到从高温高排放到零排放的循环利用，并进一步发展自然资源，以期达到"人与自然和谐健康发展"的目标。党的十八大以来，我国不断加强环保，制定和实施各类政策措施。随着"双碳"目标的落实，我国正在加速推进绿色低碳建设。

2013 年 11 月，党的十八届三中全会首次明确"推动我国碳排放权交易"，2014 年中央深化改革领导小组又加大力度，着力推进我国碳排放数量和划分实施机制的建立，并出台我国碳排放权交易监督管理方法以及碳排放权交易登记注册制度，以此推动碳市场的发展。2014 年底，《碳排放权交易管理暂行办法》首次构筑起完整的碳排放交易管理体系。同年 9 月，《国家应对气候变化规划（2014—2020 年）》强调，要加快开展碳排放权交易试点，积极推动构筑完善的碳排放交易管理体系。随着我国碳金融交易市场的开展，我们不仅要确保碳排放的均衡，而且要综合利用 7 个碳交易试点的优势，使其能够更好地适应当今的环境需求。这些碳交易试点的开展，为我们的环境治理带来新的思路，推动我们朝着更加完善、更加均衡的碳市场迈进。2017 年 12 月 18 日，国家发改委公布了《全国碳排放权交易市场建设方案（发电行业）》。2021 年 7 月 16 日，全国碳市场在上海环境能源交易所正式启动交易，其中包括 2000 家以上的重点排污企业。

　　构建完善的碳排放权交易市场，不仅可以有效地抑制和降低温室气体排放，而且可以为促进可持续发展作出积极贡献。党的十九大报告强调，必须以"市场导向、政府服务、协同推进、广泛参与、统一标准、公平公开"为准绳，积极探索构建一个具备可持续性、能够反映各类利益相关者权益的碳排放交易体系，以期达到节能环保、促进经济可持续增长的目的。除了能够帮助企业更好地实施内控、改善运作模式，碳市场还能够极大地改变企业的投资方式，推动企业的技术创新、结构调整、品牌形象塑造，从而实现更大的社会价值，获得更强的可持续性，进而推动企业的绿色发展。

　　在覆盖行业方面，发电产业首批被列入我国碳市场交易的范围，总计有 2225 家被列入其中。此外，国家发改委发布的《关于切实做好全国碳排放权交易市场启动重点工作的通知》也明确指出，碳市场纳入石油、天然气、建筑材料、钢管、有色金属、造纸、水电、飞机等重污染企业。未来，将逐步把钢材、有色、石化、化工、建筑等八大产业列入其中，以实现产业的全面发展。

　　在配额总量和配额分配方式方面，目前配额免费发放，未来可能根据国家要求适时引入有偿分配。

　　在抵消机制方面，按照《碳排放权交易管理办法（试点）》，重点排放单位每年度只能利用国家部门核定的自愿减排量来替代应缴纳的碳排放配额，但是替代比例不得超过 5%。此外，这些自愿减排量不能用于我国碳排放权交易市场经济中的减碳服务项目。

　　在交易主体和产品方面，随着《碳排放权交易管理办法（试点）》的出台，全国碳排放权的市场参与主体不仅仅限于重点污染单位，还包括符合国家相关规定的组织和个人。未来，随着政策的完善，这些参与主体可以更加灵活地进行碳排放权的交易，从而满足不同经济类型的发展需求。（如表 10—3 所示）

表 10-3　全国碳市场的主要参与主体

参与主体	参与形式
全国碳排放权注册登记机构	负责碳排放权的持有、变更、清缴、注销和交易资金的统一结算，并负责全国碳排放权注册登记系统的建设与维护
全国碳排放权交易机构	负责组织开展全国碳排放权集中统一交易，并负责全国碳排放权交易系统的建设与维护
碳排放权交易主体	重点排放单位以及符合规定的机构和个人
结算银行	对全国碳排放权注册登记机构提供企业交易资金结算服务，包括利息、结算手续费登记和提取以及跨行资金交收管理等；对全国碳排放权交易机构提供交易手续费登记和提取服务；对碳排放权交易主体提供交易结算及出入金服务

在交易流程方面，为了促进碳排放减排，政府机构应该加强对交易的指导，包括制定碳交易的技术标准、实施配额调整、审批排放量等。同时，还应该建立一个配额注册登记系统，以确保交易的顺利实施。（如图 10-2 所示）

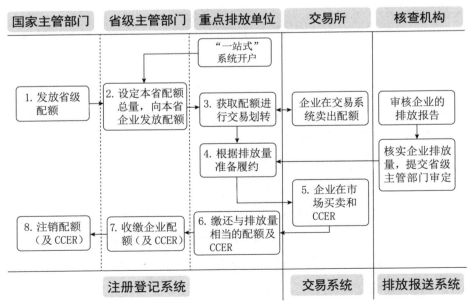

图 10-2　全国碳交易所交易流程

三、我国碳金融市场运行现状

（一）政策制度逐步成型

初期，我国政府重点关注改进碳排放权的交易机制，包括加强对碳排放的监督与管控，实施合理的碳配额限定。2012 年 10 月，深圳市颁布《深圳经济特区碳排放管理若干规定》，建立起完善的碳排放管控体系，包括实施配额管理、实施抵消措施以及推行碳排放权交易等。2013 年 11 月，北京市发改委颁布《关于开展碳排放权交易试点工作的通知》，进一步完善北京市碳排放权交易市场，为减少污染提供了有力支持。2014 年 3 月，湖北省政府颁布了《湖北省碳排放权管理和交易暂行办法》。2014 年 5 月，重庆市发改委颁布了《重庆市工业企业碳排放核算报告和核查细则（试行）》和《重庆市碳排放配额管理细则（试行）》，以确保重庆市的碳排放交易市场能够顺利运行。2014 年 5 月，北京市发改委发布《关于印发规范碳排放权交易行政处罚自由裁量权规定的通知》，以此来完善中小企业碳排放权的使用，并赋予相关部门更多的自主权。

近年来，为了更好地促进碳排放权的有效落实，许多地方政府都在不断改进和完善相关政策。2018 年 5 月 20 日，天津市政府发布了《天津市碳排放权交易管理暂行办法》，为推进碳排放权的有效落实提供了有力支持。2021 年 8 月，上海市生态环境局按照《上海市碳排放管理试行办法》和《上海市 2020 年碳排放配额分配方案》的要求，第一次采取有偿竞价的方式发放碳排放配额。深圳市自然资源局也在 2020 全年采取了相应措施，包括更新碳排放权交易机制、完善相关的监督检测机制、加强监督考核等。

全国碳排放权交易市场各项制度日臻完善。2014 年 12 月，国家发改委出台《碳排放权交易管理暂行办法》。2015 年 6 月，国家发改委出台《关于落实全国碳排放权交易市场建设有关工作安排的通知》。2016 年 1 月，国家发改委发布《关于切实做好全国碳排放权交易市场启动重点工作的通知》，明确提出 2017 年将开展我国碳排放权交易，以发挥市场经济体制的作用。2019 年 5 月，生态环境部下发了《关于做好全国碳排放权交易市场发电行业重点排放单位名单和相关材料报送工作的通知》，明确了重点排放量企业的名录，并要求各企业按照规定的配额数量进行交易。2020 年 12 月，环境部下发了《全国碳排放权交易管理办法（试行）》《纳入 2019—2020 年全国碳排放权交易配额管理的重点排放单位名单》等文件；2021 年 5 月再次发布《碳排放权登记管理规则（试行）》《碳排放权交易管理规则（试行）》，以期更好地管控碳排放量，保护我们的环境。《碳排放权交易管理规则（试行）》为碳排放权的有效管理提供了明确指导，包括但不限于：严格的准入标准、合理的配额分配、公平的排放交换、严格的排放审计以及及时的配额清算。

（二）覆盖行业范围广泛

根据 2021 年 7 月的数据，第一批共计 2162 家被列为重点排污单位。随着中国碳排放交易市场的日益完善，碳排放权交易将不仅涉及发电领域，而且涵盖化学、冶炼、矿产、铸锻、机械、飞机制造、造纸 7 个关键的能源消费领域。

（三）配额分配方式灵活

目前，我国的碳交易市场已经开始提供免费的配额，未来将逐步推广有偿分配模式。针对不同类别的碳排放量分别制定适当的标准，既可以鼓励优秀的企业，也可以对落后的企业施加惩罚，以此来减轻重点企业的负担。此外，还可以采取灵活的措施，如在确保合规的前提下，对其履约能力提出更高的要求。

（四）交易机制日臻完善

《碳排放权交易管理办法（试行）》《碳排放权交易管理暂行条例（草案修改稿）》《碳排放权登记管理规则（试行）》《碳排放权交易管理规则（试行）》，为我国的碳排放权交易提供了强力的法规保证。2022 年 1 月，我国碳市场第一个履约周期结束。

（五）MRV 机制取得进展

MRV 技术的应用，不仅仅限于测量、发布和审计温室气体的排放，而且能够极大地改善碳市场的运行效率，从而使得碳交易的结果更加准确、公正。MRV 机制的出现大大改善了碳交易的监管，确保了责任主体的合法性。当前，全球 MRV 技术的发展已经超越传统技术，其中涵盖了企业的实时监控、数据分析、数据报告、审计以及第三方审计等多个领域。在中国，MRV 技术的发展成效显著，为碳排放权的有效治理提供了有力的支撑。各个碳交易试点已经针对不同的行业，出台了 20 多个相关的碳排放计量与报表标准，以及针对当地温度变化的特殊报表，同时搭建起了一个完善的电子化报表系统。另外，为确保环境保护，政府还出台了一套严苛的核查流程，审计 80 多家相关的核查机构，以确保审计的有效性。（如表 10—4 所示）

表 10—4　我国碳交易市场 MRV 机制的主要进展

试点地区	MRV 机制的主要进展
北京	北京市碳交易试点根据不同行业特征，配套发布了火电、热力、水泥等多个行业的二氧化碳排放核算和报告指南，并建立了配套的数据保障和质量控制体系。此外，北京市试点还发布了《北京市碳排放监测指南》《北京市碳排放第三方核查报告编写指南》《北京市碳排放报告第三方核查程序指南》，对第三方核查机构的准入条件、惩罚机制、管理办法等进行了规范
上海	上海市碳交易试点根据不同行业特征，先后配套发布了电力、热力生产、水泥等十几个行业的温室气体排放核算与报告方法。此外，上海市试点还发布了《上海市碳排放核查第三方机构管理暂行办法》和《上海市碳排放核查工作规则（试行）》，对参与上海碳试点的碳排放核查第三方机构和核查人员作出了明确的要求，且内容最为详细
湖北	湖北省发布了《湖北省工业企业温室气体排放监测、量化和报告指南（试行）》，包括针对电力、钢铁、化工等企业的 1 个典型行业量化指南和 1 个通用量化指南。另外，还配套发布了《湖北省温室气体排放核查指南（试行）》，对核查工作的总体要求、工作流程以及报告格式等进行了规范
广东	广东省试点根据区域行业差异编写发布了碳排放报告与核查指南，主要包含通则和火力发电、钢铁、石化、水泥四个行业细则。此外，试点还出台了《关于企业碳排放信息报告与核查的实施细则》和《广东省企业碳排放核查规范》，切实保障温室气体核查工作的有效开展
深圳	深圳市试点建立的 MRV 机制先后针对电力、水的生产和供应业以及公交、出租车企业等行业制定了单独的温室气体量化和报告规范指南。另外，试点发布了《深圳市碳排放权交易核查机构及核查员管理暂行办法》，核查工作模式与 EU ETS 第三阶段十分接近，与国际接轨
天津	天津市试点基于区域行业特征的充分考虑，编写发布钢铁、电力、热力、化工、炼油和乙烯以及其他行业温室气体核算和报告编制指南，同时，试点以政府采购方式引入第三方核查机构，对试点企业碳排放实际情况进行核查

（续表）

试点地区	MRV 机制的主要进展
重庆	重庆市试点于 2014 年正式发布了《重庆市工业企业碳排放核算报告和核查细则（试行）》以及《重庆市企业碳排放核查工作规范（试行）》，对试点工业企业碳排放核算报告、核查报告、核查机构的准入条件、核查程序、核查要求等均进行了严格的规范要求

（六）市场运行平稳有序

根据 2022 年的统计数据，全国碳排放权交易市场的年度碳排放配额（CEA）的总成交量达 50889493 吨，成交额达 2814004694.28 元，挂牌协议的年度完成量达 6218972 吨，年度成交额达 357855798.67 元。在最后一个交易日，CEA 的平均收盘价为 55.00 元，比 2021 年同期上涨了 1.44%。CEA 累计成交量为 229678843 吨，总成交金额为 10475234717.27 元。

（七）节能减排效果显著

随着碳金融市场的不断完善，全球范围内的低碳意识得到极大提振，碳排放总量大幅减少，产业结构得到有效改善。2021 年 3 月，我国的配额市场已经囊括共计 3000 家重要的污染企业，也为实体经济可持续发展带来更多机遇。

四、我国碳金融市场与实体经济融合发展的不足

随着全球气候变化的加剧，中国的碳金融市场也需要加快步伐，积极改进当前的金融制度及市场制度，在"双碳"政策的指引下，能够更好地融入当前的经济结构，克服市场建设的"瓶颈"，推动碳金融的创新，并且制定更加严格的相关法律法规。

（一）覆盖范围与经济结构不匹配

由于当前的经济结构未得到充分的改善，导致碳金融市场融资的效率较低。当前的工业燃料主要是传统的煤炭、石油，将会给未来的经济体系调整带来极其重要的挑战。因此，在推广低污染技术方面，政府应该加强监督，确保所有的污染物都能够被控制在相对较低的水平。此外，政府还

应该加强监督，确保未来的污染物控制政策能够顺利实施，从而降低整个社会的污染水平。

（二）配额分配机制不够完善

1.配额总量设定较为宽松，未能体现出配额的稀缺性

当前，由于全国统一碳排放权交易市场的配额总量设置较为宽松，污染企业的环保意识受到削弱，影响了环保政策的有效执行。《碳排放权交易管理办法（试行）》强调，应当采取更加灵活的政策，从初期的免费分配转向更加公平的有偿分配，以更好地实现节能减排。2016年，国务院颁布《全国碳排放权配额总量设定与分配方案》，明确规定初期将以基准法和历史强度法为主，实行无偿的排放权，随着市场机制的不断完善，将逐渐增加有偿排放权的使用。目前，配额的分配模式仍然以传统的免费发放为主，而且在某些情况下，还会采取拍卖的形式，尽管这种形式所占比重并不是特别高，但仍能够起到重要的调节作用。

2.配额难以实现精细化分配

目前，"鞭打快牛"的排放量分配方式依赖于历史排放数据和标准化指标，这种方式虽然可以帮助高排放企业实现减排目标，但却无法有效提升企业的节能减排水平，也无法促进技术的进步。选择合适的配额分配方法对于完善碳排放核查数据至关重要，因此必须考虑到数据的可靠性、可用性以及准确性。

3.碳排放配额分配立法层级不高

由于《碳排放权交易管理暂行条例》《碳排放权交易法》《碳排放配额分配法》等一系列国家层面的法律规范尚未出台，使得碳排放配额的分配受到了限制。

（三）交易主体缺位，广度有限

随着全球气候变化的加剧，我国的碳金融市场建设已经取得一定进展，但是，由于许多参与者尚未充分认识到其中潜在的经济价值，尚未充分理解减排背景下的技术、管理、运营流程及其他方面的知识，使得碳金融市场建设受到制约。

1. 参与主体结构单一

目前，在我国的碳金融领域，大多数机构都是商业银行。相比其他国家，这个领域的参与主体相当单一。尽管有些金融机构致力于参与碳金融市场，但大多数原本有望成为市场主体的金融机构却仍未能参与到这项活动中来，没有像其他国家那样的碳资产管理公司或第三方中介机构。这抑制了碳金融领域的活跃度。

2. 覆盖企业范围较少

当前，我国参与碳金融市场的企业数量较少，而且涉及的行业也相对较少。除了少数几个行业，大多数企业对碳资源的价值缺乏正确的认知，参与度也较低，特别是大型国有企业和小型制造企业对碳金融市场的参与度更是不够，这种状况严重阻碍了我国碳金融市场的建设和发展。

3. 商业银行参与基础薄弱

尽管银行类金融机构在碳金融市场的参与度较低，但它们正在努力探索更加成熟有效的盈利模式、运作方式，并对碳金融市场进行开发研究，以期为碳金融市场的发展作出更大的贡献。

（四）交易产品单一，创新不足

国内碳市场以现货交易为主，尚未形成真正的碳金融体系。在试点碳市场中，部分银行机构开发了一系列以碳减排指标、碳配额为标的的碳金融产品和服务，但大多数仍处于示范阶段，形成规模化交易的不多，也没有形成标准化的交易体系。全国统一碳排放权交易市场的碳金融产品尚未开发，做市商制度也未引入。相比之下，欧盟和美国的碳交易市场在建设之初就是现货期货一体化市场，欧盟碳市场在2005年就推出了与碳排放配额挂钩的碳期货产品，期货交易占欧盟碳市场交易总量的90%以上，碳衍生品较为丰富。这为节能减排企业提供了多种融资渠道和资金支持，提高了碳交易市场的流动性和减排效果。

（五）市场成熟度低，效率低下

1. 交易市场流动性不足，市场活跃度低

随着技术的进步，碳交易市场的发展取得了显著进展，但仍然面临着资源短缺、交易效率较低的挑战。特别是电力行业，由于直接碳配额现货交易的缺乏，使得整个交易市场的交易效率较低，对于碳交易的发展也造成了一定的影响。许多大型央企和国企把拥有的碳排放权看作国家的财富，缺乏对这些财富的合理分配，"惜售、限售"和"谁出售、谁负责"的案例十分常见，而且，未完成排放权交易的数量相对较少，流通性也相对较差。2021年，由于一些企业和政府的地域限制，我国碳市场的换手率仅有3%左右，相比之下，欧盟的碳市场的换手率已经超过400%。

2. 交易量周期性波动显著，交易时间较为集聚

2020年，北京的碳配额交易量呈现出明显的周期性波动，大部分集中在6月左右。电力企业是我国碳排放市场的参与主体，这些企业具有相似的操作方式，交易较为集中。因此，在履约期和非履约期，碳成交量会出现"潮汐现象"，即履约期碳成交量较大，而非履约期碳成交量普遍偏小。

3. 未形成成熟的价格发现与调控机制

由于交易模式的局限，碳价的波动幅度很小，使得市场的参与者相对较少，交易量较低，没有实现有效的供需平衡，也就没有形成实际的市场价格，这就导致了定价机制的欠缺，使得碳价的波动更为明显。由于企业很难预测到碳产品的价格变化，一旦价格出现突然的高涨，就会增加其运营和节能的成本，反之，若是价格太低，就可能抑制其参与碳交易的热情。随着技术的进步，我国正在努力推进碳市场建设，加快建立健全完整的价格发现、监管、协同、激励等机制，以使得碳市场更加公平、公正，促进碳资源合理利用。

4. CCER 机制尚未充分发挥其功能

目前，中国核证自愿减排量（CCER）机制建设还不够完善，新项目审批时间长，这限制了抵消机制的作用。如果按照中国核证自愿减排量规定的可抵消配额5%的比例测算，我国碳市场覆盖的碳排放量约为45亿吨，这意味着中国核证自愿减排量的年市场需求量超过2亿吨。然而，目前的交易量与碳市场的容量有很大差距。此外，部分试点省市的碳排放监测核算 / 报告 / 核查（MRV）制度和履约规则存在落实不到位的现象。

（六）风险管理缺位

碳金融市场的风险研究仍主要为理论探讨，实际风险管理措施匮乏。碳金融市场可能存在泡沫风险、信用风险、操作风险以及产业结构转型带来的系统性风险。与传统金融市场相比，碳金融市场虽然刚刚萌芽，但是由于缺乏有效的监管、规范、技术等方面的支持，风险很难被准确地识别，风险管理仍然存在诸多挑战。目前尚未建立完善的碳金融风险识别与控制体系，多种潜在的金融危害日益累积，甚至超过了市场的承受度，从而给整个碳金融行业带来极其严重的后果。为了更好地推动碳金融业的可持续发展，我们应该充分考虑到碳市场的现状以及未来的可持续性，并制定出一套全面、高效的碳金融业风险识别与控制机制，以期在提升碳金融业可持续性、安全性、可操控性等方面取得更大的成就。

（七）法律制度缺失

1. 碳金融立法层面，国家层级法律缺位

目前，我国的碳金融体系建设依据的仍然是地方政府的指令或者监督机构的文件，而没有一套完整的更高层次的《碳排放权交易法》《碳排放权交易配额分配法》。我国《民法典》尚未明确哪些环境权利可以作为抵质押的对象。因此，为了更好地推动碳金融的发展，需要加强相关法规的制定，并对已有的规定不断改进。

2. 在碳金融执法层面，难以为交易提供法律保障

为了促进碳交易的健康发展，需要对其中的碳排放权进行准确的认识。然而，目前，我国缺乏一套完善的法律制度，使得碳交易缺乏有效的监督与限制。我国《民法典》第509条虽然提出了遵守绿色原则的要求，但其内容太过抽象，缺乏具体的指导，难以被执行。因此，当发生碳金融交易时，就需要对这一条文进行进一步阐述，以便更好地体现绿色原则。

3. 在碳金融司法层面，案件审理缺乏标准

目前，专家级的法官数量稀少、碳纠纷案例数量有限、法官的实践经历有限，这使得许多案件的审理过程变得复杂而艰难，甚至存在法官陈述无力、论据欠妥的情况。尽管近年来许多碳金融交易的案例都被受理，但

大多数都是以合同的形式来确立当事人之间的权利义务，而没有考虑到碳交易平台的权利、责任、风险等重大问题。由此可见，当前的司法体系存在严重漏洞，缺乏严格的标准和程序来确立当事人之间的权利义务。

（八）监管机制不健全

一是存在监管盲区，导致无法及时发现和控制风险。碳金融市场涉及多个金融机构和多种金融衍生品业务，而且已经出现了一些碳金融中介机构，现有的分业监管模式无法覆盖所有业务，导致出现监管真空。二是监管成本高。分业监管模式无法形成规模经济，联合监管、信息、技术和经验的共享以及相互支持成本较高。不同机构之间分担相似的信息处理成本可能会产生机会主义倾向。三是监管制度不完善。各试点地区制定的碳金融市场制度主要基于《京都议定书》和《联合国气候变化框架公约》，二者相对独立，在全国碳市场建立后难以统筹和兼容。目前，在兼顾成效和差异方面还存在一定局限性。我国的碳排放权交易实际上是在政府监管下的自愿交易行为，各地目前执行的是具有地方特色的监管制度，尚未出台全国统一的监管政策。四是技术设施不完备。监测设施不完善，核查、碳计量等监测能力薄弱。随着全球气候变暖的加剧，碳金融行业的发展也在不断演进，这也引发了对监管机制的深入研究。

（九）信息披露不完善

1.碳排放数据的准确性有待提高

由于碳金融市场的不透明性，以及缺乏全面的碳数据审核机制，许多企业无法实施严格的内部管理，无法充分承担其对环境污染的责任。2021年5月，我国自然资源部发布《环境信息依法披露制度改革方案》，旨在变革和完善碳排放的公开透明程序，以提高公众对环保政策的认知，同时为实施更为精准的政策提供依据。

2.核查工作有待制度化、规范化

由于政府部门没有建立完善的核查机制，导致无法充分、准确地核查检验结果；此外，各个检验机构的认知程度也各不相同，检验工作者的专业素养也参差不齐，导致检验结果的准确性受到影响，检验结果的可信度也受到质疑。随着技术的发展，中国正在探索更加科学、准确的碳市场核查服务，而不是仅仅依赖于省级生态环境主管部门的授权，从而避免了单一的、不公平的审计程序，确保了核查的准确性、及时性。

3.信息公开披露共享机制仍需完善优化

当前，全国碳排放权交易市场仍处于建设初期，在试点阶段由于各地规定的内容不同，碳信息披露制度以"碎片化"方式呈现，现需将"碎片化"碳信息披露的有关规定予以有机"拼图"，以构建完善的信息披露和共享制度。

第三节　碳金融市场与实体经济融合的国际做法

一、欧盟碳交易市场

（一）发展现状

欧洲的碳贸易金融市场（EU ETS）已经发展得非常完善，它不仅是世界首个跨境碳排放交易金融市场，而且是最成熟、覆盖温室气体排放量最大的碳市场。EU ETS 已经涵盖了欧洲 27 个发达国家，克罗地亚、冰岛、列支敦士登、挪威 4 个非欧盟国家，11000 家各类型的碳交易市场，占全欧洲 45% 的碳排放量。

欧盟的碳交易市场的发展大致可分为四个不同的阶段。第一个阶段在 2005 年至 2007 年，其间进行了试点，其中 95% 的配额都是免费的。这一阶段的主要目的在于改进相关的政策和法规。第二个阶段在 2008 年至 2012 年，欧盟继续贯彻《京都议定书》的减排政策，其中 90% 的配额为免费分配。第三个阶段从 2013 年至 2020 年，欧盟对免费的分配模式进行改革，70% 的配额采用拍卖的形式。而第四个阶段从 2021 年起，预计到 2030 年，全部的配额都将采用拍卖的形式，并在 2050 年之前达到碳中和。

第一阶段（2005—2007 年）。在这一阶段，欧盟排放交易体系的主要目标是帮助欧盟各成员国达到《京都议定书》所规定的减排标准，并将减排重点放在电力和能源密集型的工业部门，几乎所有的排放配额都免费提供给企业，同时对未达标的违规企业处以每吨 40 欧元的罚款。

第二阶段（2008—2012 年）。在这一阶段，欧盟排放交易体系将第一阶段免费发放的排放配额比例降低至 90%，同时将未达标违规排放企业的处罚标准提高到每吨 100 欧元。该阶段允许企业通过 CDM 和 JI 在欧盟各成员国之间交易减排产生的核证减排量，以降低减排成本并提高企业减排的积极性。该阶段所限制的温室气体种类有所扩展，增加了 N_2O；覆盖的行业范围也进一步扩大，增加了交通业，并从 2012 年开始引入航空排放。在此阶段，EUA 的价格已经慢慢上涨，达到 30 欧元 / 吨。然而，由于欧洲经济衰退以及欧债危机的冲击，欧盟的能源消耗显著减少，导致对 EUA 排放权的需求急剧减少，EUA 的价格也随之下滑，2012 年成交价仅 7 欧元 / 吨。

第三阶段（2013—2020 年）。在这一阶段，欧盟实施了碳市场的制度改革。为了激活欧洲碳市场，欧盟更多地采用拍卖方式作为排放配额分配的主要手段。2015 年欧盟提出了市场稳定储备机制（MSR），旨在推动欧盟碳价逐渐回升。这一机制的目的是平衡市场供需关系，确保碳配额的稳定供应，并降低市场波动。通过实施这些改革措施，欧盟希望提高碳市场的效率和透明度，促进减排行动，并推动可持续发展。

第四阶段（2021—2030 年）。2021 年 7 月，欧盟提出了"Fit for 55"一揽子立法提案，旨在实现到 2030 年温室气体排放比 1990 年减少 55% 的新气候目标，其中包括修改 EU ETS 的提案。

（二）发展特征

总量控制方面，欧盟实施"总量—交易"模式，将各个行业的污染物排放量划分出一个明确的阈值，并且在一段时期内，该阈值将不断提高，从而推动全球的污染物排放量缓慢地减少。借助"Cap and Trade"技术，欧盟规定每 1 吨的欧盟排放配额（European Union Allowance，EUA）只能容纳 1 吨的二氧化碳。因此，企业不仅能够按照规定的标准获取和销售这一规定的配额，而且能够通过与全球其他减排项目的合作，将其转让给其他公司。

配额分配方面，在欧盟碳市场发展的四个阶段，拍卖配额的占比进一步提高，直到不再提供免费配额。如果一家企业减少了排放，它可以保留多余的排放额度来满足未来的需求，或者卖给另一家排放额度不足的企业。

碳排放监测方面，EU ETS 已经采取措施，建立起一套完善的 MRV 检测体系，以便提供更加精细、及时、可信的数据支持全球碳贸易。欧盟委员会也已经出台有关碳排放的相关规范，要求企业必须在获得第三方审计认证之前，将其相关信息上传至政府。测量报告涵盖了污染物的不同来源，以及污染物的数据和评估方式。

交易制度建设方面，欧盟的贸易系统从全球来看历史比较悠久、功能比较全面。欧盟的碳交易监管制度由政府监管、行业监控、第三方监管和公众监督组成，涵盖了全部的监控措施，如碳交易信息披露、行业监测、碳排放量审查和碳金融风险控制等。

交易价格机制方面，欧盟一直致力于推动碳贸易领域的发展，其中最为突出的是其交易价格体系的改革。目前，欧盟各国已经拥有多家具有国际影响力的交易所，成为当今世界上体量较大的碳贸易区域。欧盟地区的碳交易市场因其高度的流通性和可观的数额，促进了相关地区的碳金融体系的有序发展。

灵活履约方面，EU ETS 通过引入灵活的履行机制，鼓励企业采取更多的措施来实现可持续的绿色发展，包括采取 CDM，不仅增进了 EU ETS 与全球各地碳市场的互动，也赋予了欧盟更大的影响力。2018 年，欧盟推行"市场稳定储备机制"（MSR），以实现对 EU ETS 的碳排放配额的有效监督，确保其碳价格的稳定。

碳市场金融化方面，CEC 不仅提供了碳期权、期货、基金、信贷等金融工具，还实施了配额的储蓄与借贷，从而大大促进了碳金融的发展。欧盟已经采取措施来支撑碳现货市场的长远发展，包括把 EU ETS 的资产纳入其中，从 2005 年开始实施碳排放期货交易，以及建立更加完善的碳金融市场。

（三）对中国的借鉴

碳排放权的初步分配是一个关键因素，它不仅影响市场的运行，还会影响未来的发展。因此，在碳排放权的初步分配中，必须考虑到既要满足环保的最低要求，又能保证资源的合理利用，最大限度减少交易的费用。EU ETS 的研究表明，初期通常会选择免费的配额分配模式，然而，当碳市场的覆盖面扩大、交易机制日益完善、市场期望逐渐稳定时，就可以考虑使用拍卖模式，这样才能最大限度地发挥碳市场的减排作用。

充分发挥配额供给、总量调节的灵活性，合理降低配额数量，以确保市场的稳定性。EU ETS 推出的市场稳定储备机制（MSR）大大缓解了当前市场上的配额短缺现象。因此，我们建议建立一个可以随市场变化而变化的配额管理系统，以便根据不断变化的供求状况及时补充或减少现有的配额。另外，我们还建议根据不同的行业特点，确立合理的排污限额，以便更好地满足新兴企业的需求。

二、美国

（一）发展现状

美国碳金融的发展充分利用碳贸易市场与资本的优势，以及低碳基金、低碳债券等产品，让参与碳金融的企业获取可持续的经济效益增长，从而有效地抑制碳排放，推动国民经济的可持续发展，促进碳交易市场的发展。

自 1997 年《京都议定书》生效以来，美国政府推出了一系列碳排放减量政策措施，其中包含《碳封存研究方案》（1997）、《碳封存发展规划路径图》（2003）、《再生能源政策法》（2005）、《先进能源行动计划》（2006）、《国家电力法案》（2010）以及《清洁与安全技术法令》（2011）等，以期实现可持续的碳排放减量。自 2008 年起，奥巴马政府一直致力于推动绿色发展，其中绿色新政策涵盖了大量的减排措施，如提高能源利用效率、支持节能建设、推广低碳燃料开发、为可持续发展提供财政支持，以及为可再生能源提供三年期的减税优惠政策等。

目前，美国尚未建立起一套完整的发达国家级的碳贸易金融市场，是由州和地方多种不同的碳交易市场组成，芝加哥气候交易所（Chicago Climate Exchange，CCX）、加州碳交易市场（California's Cap-and-Trade Program，CCTP）以及区域温室气体倡议（Regional Greenhouse Gas Initiative，RGGI）等都在发挥着关键作用，推动着美国的可持续发展。

1. 区域温室气体倡议（RGGI）

RGGI 始建于 2005 年，涵盖康涅狄格州、特拉华州、缅因州、新罕布什尔州、新泽西州、纽约州以及佛蒙特州。2009 年得到进一步完善，共计 10 个州（康涅狄格、特拉华、缅因、马里兰、马萨诸塞、新罕布什尔、新泽西、纽约、罗德岛和佛蒙特）都出台了相应的政策。2011 年 12 月，新泽西州宣布放弃这一原定计划。

2. 芝加哥气候交易所（CCX）

CCX 始建于 2003 年，会员企业 400 家，涵盖了多个领域，包括飞机、汽车、能源、环保和交通。这家交易所正在进行一系列旨在降低全球变暖的活动，当中涵盖 6 种主要的温室废气，如一氧化碳、甲烷、氧化亚氮、氢氟碳化物、全氟化物以及六氟化硫。

3. 加州碳交易市场

2007 年，加州被纳入美国与加拿大联合实施的西部气候行动 WCI，以此来缓解温室气体压力，并促进全球的可持续发展。2014 年，加州与魁北克的碳市场正式建立联系。加州碳市场采取了一系列灵活措施来管理储备配额，其中一项措施就是通过对配额的价格进行监管，使其保持稳定；另一项措施就是建立多种类型的账户，其中一类仅适合履行义务，另一类则允许进行自主选择。

（二）对中国的借鉴

1. 政策与法律建设比较健全

美国政府采取有效行动，以强化对碳市场的规范，提高其可持续发展的能力。20 世纪 70 年代，美国政府颁布《清洁能源安全法案》，并推出了首个完整的碳排放权交易体系，使得美国政府成为世界上首个推行这项政策的国家。在奥巴马掌权之际，美国政府颁布《低碳经济法案》，把碳融资和碳贸易纳入其中，以确立一个有效的碳金融交易价格机制。2006 年，《全球变暖解决方案》（AB32）也为建立一个可持续的碳市场提供了重要的法律依据。

2. 积极推动交易制度建设

第一，美国碳交易所采用混合分配方式，包括免费分配和配额拍卖。免费分配有助于维持企业竞争力，推动行业低碳转型，避免碳交易导致的电费激增。同时，拍卖方式在配额分配过程中的使用，可以促进市场流动性，并为低碳发展筹集资金。第二，在一些关键行业，委托拍卖（consignment auction）被采用。第三，设定碳价上限和下限以提高市场稳定性，并建立配额价格抑制储备。通过设定碳价下限和一个灵活的上限，以明确市场信号，避免价格大幅波动对市场交易和宏观经济造成干扰。

三、韩国

2012 年，韩国总统签署了碳交易法令；2015 年，韩国碳市场正式运行，成为第二大国家级碳市场，也是东亚地区最早启动的碳市场。该市场涵盖了 6 种气体，覆盖了韩国 67.7% 的温室气体排放，涉及 599 家企业，包括了水泥、化工、电力、航空等主要排放行业。韩国碳市场的发展分为三个阶段：第一阶段（2015—2017 年）、第二阶段（2018—2020 年）和第三阶段（2021—2026 年），配额分配从免费分配过渡到以免费分配为主、有偿拍卖为辅的方式。韩国碳市场的主要特征包括以下两个方面。

1. 完善的碳市场法律体系

韩国已经制定并施行《低碳绿色增长基本法》，以此来推进国内的碳排放管理，并且制定国家层面的发展规划，明确规范各级政府的行使权力。随着《温室气体排放限额分配与交易法》的颁布，为了推动碳市场的发展，政府采取了一系列措施，包括设置明确的排放量上限、采取有效的分摊措施、设置可靠的配额结算、构建有效的抵扣机制、颁布《温室气体排放限额分配与交易法执行规章》等，以确保碳市场的有效发展。

2. 政府主导的财税支持

韩国政府采取多种措施来支持低碳经济的可持续发展，其中包括 GDP 的 2% 用于政府补贴，2600 亿韩元用于建立低碳发展基金，1.1 万亿韩元用于支持金融机构，3000 亿韩元用于支持科研和工业化。政府还通过提升贴息率增加政府投入，拓宽融资渠道，增加金融服务的时间窗口等措施，进一步激励社会投入，实现低碳经济的可持续发展。除了推动低碳发展，韩国还采取了一系列措施来推动低碳消费行为，包括颁布相关的法律和政策、录制电视节目《绿色成长的韩国》，加大对经济社会的宣传力度，增强人们的环保意识，改善他们的消费习惯，推动社会的可持续发展。

四、日本

2005 年，日本启动了一个全新的碳交易机制，这个机制旨在促进碳排放权交易，并通过实施碳排放权交易来实现对企业排放量的控制。为推动本国的可持续发展，日本推行了两项重要政策：一是推行了自愿排放量交换方案，即 JVETS（Japan Voluntary Emissions Trading Scheme）；二是推行了核证减排方案，即 JVERS（Japan Verified Emission Reduction Scheme）；此外，日本经产省还推动了实践性碳交换系统，即 JEETS（Japan Experimental Emission Trading System）以及国家级信贷系统 DCS（Domestic Credit System）；东京都和埼玉县也分别建立了本地的城市碳交易系统。

五、澳大利亚

新南威尔士温室气体减排计划是全球首批实施的强制性措施，旨在降低 6 种温室气体的排放量。这项计划的运作机制与欧盟的排放交易体系相似，但只针对大型电力企业，如电力零售商，推行相应的减排措施。碳交易体系已经覆盖了全国 60% 的温室气体排放，为了减少污染，政府建立了一个专门的认证机构，以确保企业能够获得有效的碳排放削减认证，这些认证可以在市场上流通和交易，从而有效地减少污染。澳大利亚的碳交易体系可以提供一整套全面的服务，如实时监控、发布排放信息、提供专门的行业咨询、提供家庭帮扶等。此外，澳大利亚还拥有先进的数字化经济模型，可以准确地评估碳交易的效果，为政府的决策提供可靠的依据。

第四节　碳金融市场与实体经济的融合对策

一、改善经济结构，支持绿色发展

（一）协调碳交易与经济高质量发展政策

由于全球经济的复杂性，碳交易市场的运营受到多种因素的影响，其中包括多种行业的政策调整，这些调整将直接或间接地影响到整体的减排效果。此外，多种形式的能源与气候政策的结合也有可能引起一些措施的失灵，加重减排的经济负担，最终降低碳市场的减排效果。为了更加高效地推动可持续发展，未来的碳交易市场必须完善各项相关政策，充分发挥其配置的优势。为了更加有力地推动可持续发展，我们需要把可再生能源补助、强制的环保目标、非可再生能源开发配额考核制度以及其他相关的环境保护法规纳入整个碳交易体系，以期达到更高的环境友好度。

（二）构建配套支撑政策

为了减少碳排放，我们需要制定一些相关的措施，如提高信贷水平、改善财务管理、推广绿色技术等。在这些措施的推动下，我们能够促进经济增长，并深化对环境保护的理解。为了促进绿色发展，我们应该采取一系列的财政和税收政策，包括设立环保税、碳税，并根据不同情况设定不同的税率。此外，我们还应该调整财政支出结构，为那些致力于推进低碳发展的企业提供补助、减轻负担，并严厉处理那些违反法律的企业。

（三）统筹考虑区域和行业发展水平，分担减排责任

国内各地区和不同行业的经济发展水平存在较大差异，如果没有充分考虑这些差异，将使控排企业承担不合理的减排成本。在配额分配方面，我们应该综合考虑区域和行业的分布以及它们的碳减排任务承受能力。对于欠发达地区和行业利润水平较低的企业，应该设置较高的排放基准线，给予较小的减排压力；对于发达地区和行业利润水平较高的企业，应该设

置较低的排放基准线，给予较大的减排压力。

（四）根据经济周期波动实现配额动态分配

随着全球经济的日益多元，宏观经济形势、行业发展状况以及市场波动，都会对企业的生产造成重要影响，能源的消费以及碳的排放量也要据此进行相应调整。如果只是依靠过去的排放数据来决策未来的配额，就会阻碍企业更好地实施减排目标。为了适应当前的经济状况，建议通过事后的配额调整来实现。具体来说，建议使用基准线法，即当产品的数量有所提高时，可以向提高的部门提供相应的支持。如果数量出现下滑，也可以将剩余的配额返还。这样，我们不仅能够维持工厂的合理减排，还能够保证碳市场的健康运转。

（五）改善经济发展结构，淘汰落后高耗产能

为了促进经济的可持续发展，应该加快调整经济结构，淘汰低效、低质量的工厂。同时，应该推广环保的思想，加大对环境保护的力度，并且要加强对环境保护的监管，以确保社会环境得到有效的保护。通过实行全面的管理政策，有效地限制对于能源浪费和环境污染的产业的需求，引导更多的资金流入低碳经济发展领域。

（六）支持碳中和产业发展

碳中和的产业结构可划分为前端、中端、后端三个部分。前端重点关注可再生资源的利用，中端专注于实施可再生资源的低成本利用，后端则侧重于可再生资源的重复利用。目前，在碳捕获、碳封存、生物能源等领域，虽然已经取得了一定的成果，但仍缺乏完善的市场机制。因此，政府应该加大对这些领域的投资，并采取一系列的政策措施，来推动可再生资源的再生和重复利用。

二、构建统一市场，避免重复建设

近年来，我国碳金融交易发展迅速，但是在多个区域性碳金融交易试点的建设上，由于交易平台的分散、位置分布不均，以及各个城市之间缺乏有效的沟通和交流，使得碳金融交易信息无法及时传达，从而影响了碳

金融交易的有效性。随着全国统一的碳排放权交易市场的启动，必须坚持中央统筹、地方协同的管理模式，明确碳金融市场在不同阶段的定位，以建立起国家市场与地方试点市场之间的紧密联系，并给予地方政府更多的自治权。通过充分利用试点经验，结合政策支持和完善的数据，有效地将区域试点市场转变为全国性市场，以避免管理混乱、交易割据、谈判混乱、职能重叠以及资源浪费等问题的出现。

三、优化配额分配，完善交易机制

未来，中国的碳排放权交易市场应更加完善，包括调整配额数量，并采取更加灵活的方式来控制。这些措施将有助于促使社会资本的有序流动，提升资本的使用效率，进而达到对碳的有效控制，并促使我们的生产和消费向环保方向发展。

（一）通过立法确立碳排放权

碳排放权的界定对于碳金融体系来说至关重要，故立法应当明确其法律属性，以便形成一种利益引导机制，以最小的代价实现温室气体减排。因此，碳排放权必须具备可交易性，以获得经济价值，以便满足财产权的理论要求。随着碳排放权交易的日益完善，立法应确认其财产权属性，以便给予市场参与者更加稳定的预期，并鼓励投资者投身于低碳减排的行动中。

（二）碳排放权总量适度从紧

应该坚持适度从紧的原则，科学合理地分配初始配额，及时调整经济"新常态"下的总量过剩问题，以提高资金的利用效率。同时，为了更好地实现"碳达峰、碳中和"目标，还需要不断完善碳排放权交易市场的机制，并逐步转变为以总量减排为主的碳配额总量设定方式，以更好地实现碳排放权市场的有效运作。及时有效地调整配额总量，以便将碳排放转化为企业的生产成本，从而激励企业更加积极地实施碳减排措施。

（三）持续完善碳排放配额分配机制

为了解决"鞭打快牛"的分配不均衡问题，应当采取更加科学合理的分配机制，即将历史排放和基准排放量统筹考虑，以确保"多排者多得配额"的分配更加合理、有效。应借鉴国外碳交易市场的建设经验，并结合本国情况，制定出适用中国的"一种产品，一个基准"的规范。

（四）构建多元化的交易机制

2011 年，国家发改委发布《关于开展碳排放权交易试点工作的通知》，该通知明确指出，要积极推广 CCER（中国国家核证自愿减排量）交易，减轻中国企业的排放量负担，促进碳排放权的流转，为推动碳排放的交易流转发挥积极作用。鉴于 CCER 可能会影响碳市场配额供求关系，其使用量必须保持一定的限额，根据欧洲碳市场经验，该比例应控制在 10% 左右。

四、创新产品工具，提升中间服务

未来，为了应对各类风险，应开发出具备中国特色的碳金融衍生产品，鼓励更多的社会力量投身碳金融领域。应推动市场建设，建立健全的风险管理和监督机制，推动碳金融服务的发展，为中小企业提供一定的利益，降低其承担的责任，激发其投入的热情，最终实现碳金融服务的全面发展，增强其市场影响力。通过研究、制定、实施有效的政策，将碳排放权、节能环保指数等融入产品，推动碳金融资产证券化，探索出更多的低碳金融衍生品，并将低碳指数的研究成果转化为实际的融资服务，从而有效地控制金融市场的风险。在推动融资产品与服务的创新时，必须以碳排放权的法律法规为依据，并结合市场参与者的具体情况，避免出现无谓的尝试与滥用。

五、吸引主体参与，培育成熟市场

加快推进碳金融的发展，提升市民的参与意识，提升投资者的专业知识水平，将会成为当前碳金融市场可持续发展的重要支撑。为了促进碳排放减量，必须激发市民的积极性，增强其参与意识，并且推广碳排放权保护。为了实现这一目标，可以开展主题宣传活动或专题讲座，邀请专家学者为公众讲解如何正确使用这项技术，并鼓励公众积极参与其中。为了推动碳金融的全面发展，应该鼓励和支持那些拥有更多碳排放的企业，帮助他们更好地理解和掌握碳金融的相关知识，并及时采取措施，降低他们面临的风险，最终为中国的碳金融交易提供一个良性的环境，为中国的经济社会发展提供坚强的支撑。

六、搭建法制框架，完善法治建设

一是建立碳金融法律制度架构。完善的法治环境是促进碳排放交易的关键因素。因此，为了更好地促进碳排放交易，应出台一套完整的法律法规，详尽地界定、完善碳排放交易的相关流程，并严格执法，以法律的形式规定排放者的减排义务，为碳排放交易的可持续性、安全性、可操作性提供坚实的法治基础。二是解决碳金融司法保障问题。为了保障碳金融司法的公正性，可以培养更多的专业法官来处理这些案件。此外，还应该将那些对生态环境造成严重破坏的碳金融案件移交给环境资源审判庭，并在此基础上处理与之相关的环境公益诉讼案。

七、健全监管体系，加强市场监管

（一）强化监管理念

为了促进碳金融市场的发展，相关管理部门应该加强对这一领域的认识，并通过多方协作来实现。监管机构应该加强人才培养，提高对碳金融市场的审批和监管能力。此外，在建立碳市场的初期，应该为碳金融市场的发展和创新提供良好的外部环境。为了促进碳金融市场的健康发展，生态环境部应该与金融监管机构建立良好的合作关系，明确各自的监管职责，加强协同监管，以确保碳金融市场的规范性和低风险性。

（二）完善监管制度

应尽快完善相关制度办法，优化管理机制。清楚地界定碳金融市场参与者的责任与义务，并设置资格审查标准，以更好地控制参与者的行为。

（三）创新监管模式

监管机构应该意识到，传统的市场培育式监管存在局限性，因此应该加强对碳金融的监管，以确保消费者和投资者的权益。一是开发宏观审慎的监管政策工具。二是建立源头监管模式。三是建立动态监管机制，使碳衍生品的监管制度与时俱进。监管机构应当积极关注碳金融和衍生品领域的创新模式和市场行为，组建专业团队来深入研究碳衍生品的创新，不仅要从表面上探讨其合法性，更要从内在结构上深入分析，以发现目前监管的局限，并采取措施完善相关制度，以满足市场发展的需求。

（四）强化协同监管

为了更好地实施碳金融，国家发改委、自然资源部、中国人民银行、金融监管总局、证监会等政府相关部门应当加强合作，形成一套完善的协调配合机制，清晰界定各自的职责范围，增强监督效果。可以设置独立的碳金融监管部门（机构）进行部门间的功能性协调。

八、披露数据信息，提升管理精度

（一）建立碳金融市场强制信息披露制度

碳金融市场的建立依赖于准确可靠的碳排放数据，这是碳金融交易的基础。为了更好地促进碳金融的发展，应该构建一个完善的、可靠的数字化信息管理机构。同时，也应该采取措施来减少交易中的"暗箱"操作，保证所有参与者都能获得公平、准确的信息。

（二）建立多功能、一体化的全国碳排放权交易市场数据分析平台

通过引入新一代人工智能、互联网、区块链等先进信息技术，打造出具有完整性、综合性的全国碳排放权交易市场数据分析系统，以提升政府的决策效率，促进经济社会可持续发展。为了更好地满足碳排放权的需求，完善当前的碳排放权交易平台，并在其中搭建起完善的碳排放权数据分析系统，以及覆盖全国的碳排放权用户终端。利用先进的金融科技，为客户提供精准的碳排放权市场交易服务。

九、有效识别风险，强化风险防控

一是强化风险管理主体责任。碳金融风险管理涉及政府部门、金融监

管部门以及众多市场参与主体。市场参与主体应承担主体责任，确保按时足额履约，完成自身减排目标，并积极参与碳金融交易。二是建立实时动态风险识别与监测机制。首先建立碳排放和交易信息数据库，加强数据分析与风险识别，及时提示和公布风险。其次建立碳金融产品设计风险监管制度，实质性分析创新产品内在结构，避免表面形式合法性分析。最后建立交易风险监测机制，加强电子交易系统建设，自动提示交易风险级别，形成长效预警机制，保障交易的安全性。

参 考 文 献

一、著作

1. 习近平：《论把握新发展阶段、贯彻新发展理念、构建新发展格局》，中央文献出版社 2021 年版。

2. 陈诗一：《绿色金融概论》，复旦大学出版社 2019 年版。

3. 李志青、符翀：《ESG 理论与实务》，复旦大学出版社 2021 年版。

4. 鲁政委、钱立华、方琦：《碳中和与绿色金融创新》，中信出版社 2022 年版。

5. 牛淑珍、齐安甜：《绿色金融》，上海远东出版社 2019 年版。

6. 王大地、孙忠娟、王凯等：《中国 ESG 发展报告 2021》，经济管理出版社 2022 年版。

7. 世界环境与发展委员会：《我们共同的未来》，王之佳译，吉林人民出版社 1997 年版。

8. 王遥、毛倩等：《全球绿色金融发展报告》，社会科学文献出版社 2023 年版。

9. 朱信凯、周月秋、王文：《中国绿色金融发展研究报告 2022》，中国金融出版社 2023 年版。

10. ［英］阿瑟·赛西尔·庇古：《福利经济学》，朱泱、张胜纪、吴良健译，商务印书馆 2020 年版。

二、文章

1.《中国绿色金融发展报告》编写组：《我国绿色贷款业务分析》，《中国金融》2021 年第 12 期。

2. 安国俊：《绿色债券的国际经验及中国实践》，《债券》2016 年第 7 期。

3. 巴曙松、彭魏倬加：《英国绿色金融实践：演变历程与比较研究》，《行政管理改革》2022 年第 4 期。

4. 巴曙松、杨春波、姚舜达：《中国绿色金融研究进展述评》，《金融发展研究》2018 年第 6 期。

5. 曾小燕、袁鸣：《基于 CiteSpace 的中国绿色金融研究进展与热点分析》，《科技管理研究》2022 年第 7 期。

6. 常杪、杨亮、王世汶：《日本政策投资银行的最新绿色金融实践——促进环境友好经营融资业务》，《环境保护》2008 年第 10 期。

7. 陈国进、丁赛杰、赵向琴等：《中国绿色金融政策、融资成本与企业绿色转型——基于央行担保品政策视角》，《金融研究》2021 年第 12 期。

8. 陈虎：《绿色信贷执行标准研究》，《西南金融》2019 年第 11 期。

9. 陈健、张旭：《论新发展阶段、新发展理念、新发展格局的整体性》，《中共杭州市委党校学报》2022 年第 2 期。

10. 陈立铭、郭丽华、张伟伟：《我国绿色信贷政策的运行机制及实施路径》，《当代经济研究》2016 年第 1 期。

11. 陈盼盼、丁志刚、王嘉：《绿色金融推动浙江实体经济高质量发展的作用路径——基于 Bootstrap 方法的中介效应分析》，《商业经济》2022 年第 12 期。

12. 陈诗一、陈登科：《雾霾污染、政府治理与经济高质量发展》，《经济研究》2018 年第 2 期。

13. 陈晓静、魏玉波、章楠：《加快发展绿色保险助力我国绿色转型的思考》，《上海保险》2022 年第 12 期。

14. 陈星星：《中国碳排放权交易市场：成效、现实与策略》，《东南学术》2022 年第 4 期。

15. 陈亚芹、别智、酒淼：《国内外绿色金融产品与金融政策综述》，《建设科技》2019 年第 5 期。

16. 陈雨露：《发展绿色金融有效服务实体经济》，《财经界》2019 年第 16 期。

17. 池光胜、高文君：《我国绿色债券的发展现状、问题及建议》，《中国货币市场》2021 年第 5 期。

18. 单科举:《我国绿色发展基金运作情况探析》,《金融理论与实践》2018 年第 11 期。

19. 董宁:《我国信贷支持高碳行业绿色低碳转型机制、问题及政策建议》,《金融发展研究》2022 年第 6 期。

20. 董战峰等:《碳达峰政策体系建设的思路与重点任务》,《中国环境管理》2021 年第 6 期。

21. 冯乾、余世暐:《中国绿色金融的理论与实践探索》,《清华金融评论》2016 年第 9 期。

22. 甘远勇、王峰娟:《浦发银行绿色信贷发展经验与思路》,《财务与会计》2019 年第 5 期。

23. 高令:《碳金融交易风险形成的原因与管控研究——以欧盟为例》,《宏观经济研究》2018 年第 2 期。

24. 顾洪梅、温秀玲、谢淑萍:《我国碳金融监管模式研究——基于制度经济学的视角》,《经济体制改革》2015 年第 4 期。

25. 光琳、徐倩、王慧:《基于赤道原则的我国商业银行绿色信贷发展策略研究》,《武汉金融》2017 年第 10 期。

26. 郭保林、白可心:《绿色信托促进企业履行环境责任的绩效分析》,《特区经济》2021 年第 1 期。

27. 郭俊杰、方颖:《绿色信贷、融资结构与企业环境投资》,《世界经济》2022 年第 8 期。

28. 哈战荣、牛子谦:《新发展阶段、新发展理念、新发展格局的科学内涵与内在逻辑》,《齐齐哈尔大学学报(哲学社会科学版)》2021 年第 12 期。

29. 韩晶、蓝庆新:《新发展阶段绿色发展的理论逻辑与实践路径》,《北京师范大学学报(社会科学版)》2022 年第 2 期。

30. 韩文秀:《新发展阶段　新发展理念　新发展格局》,《理论学习与探索》2020 年第 6 期。

31. 何茜:《绿色金融的起源、发展和全球实践》,《西南大学学报(社会科学版)》2021 年第 1 期。

32. 胡静怡、陶士贵：《我国商业银行绿色信贷实践中的困境与对策研究》，《武汉金融》2018 年第 2 期。

33. 胡天杨、涂正革：《绿色金融与企业高质量发展：激励效应与抑制效应》，《财经科学》2022 年第 4 期。

34. 胡勇、刁赞焜、侯宜彤：《中国绿色金融制度体系构建现状、不足与完善》，《石河子大学学报（哲学社会科学版）》2022 年第 1 期。

35. 纪霞：《国外绿色信贷发展经验及启示》，《改革与战略》2016 年第 2 期。

36. 蒋鑫：《新发展阶段、新发展理念、新发展格局的系统性逻辑分析》，《经济纵横》2022 年第 7 期。

37. 蓝虹、陈雅函：《碳交易市场发展及其制度体系的构建》，《改革》2022 年第 1 期。

38. 蓝家福：《浅析绿色保险助力碳中和目标实现的路径和建议》，《中国商论》2022 年第 24 期。

39. 李本松：《习近平关于新发展格局的重要论述探讨》，《理论研究》2022 第 2 期。

40. 李福岩、李月男：《构建新发展格局：生成逻辑、核心内容与战略意义》，《经济学家》2022 年第 4 期。

41. 李佳：《绿色金融的理论体系框架研究》，《中国商论》2017 年第 5 期。

42. 李朋林、叶静童：《绿色金融：发展逻辑、演进路径与中国实践》，《西南金融》2019 年第 10 期。

43. 李强：《国际绿色保险发展与借鉴：体制结构和产品体系》，《中国保险》2022 年第 6 期。

44. 李诗洋、李晓明、杨楠：《绿色金融在中国的实践与发展》，《国际融资》2021 年第 1 期。

45. 李素荣：《碳排放权的法律属性分析——兼论碳排放权与碳排放配额的关系》，《南方金融》2022 年第 3 期。

46. 李雪林：《中国绿色金融发展水平、机制及其实现路径研究》，《云南财经大学》2022 年第 8 期。

47. 李迎旭：《绿色信贷认定的国内外比较与经验借鉴》，《对外经贸实务》2015年第7期。

48. 林毅夫：《新时代中国新发展理念解读》，《行政管理改革》2018年第1期。

49. 刘冰欣：《日本绿色金融实践与启示》，《河北金融》2016年第10期。

50. 刘帆、杨晴：《碳中和目标下加快我国碳金融市场发展的思考与建议》，《金融发展研究》2022年第4期。

51. 刘昊、杨平宇、崔春晓：《绿色发展视角下的绿色金融：概念、问题与对策》，《经济研究参考》2020年第17期。

52. 刘康、韩梦彬：《中国绿色债券市场：发展特征、制约因素及政策建议》，《金融市场研究》2022年第2期。

53. 刘明明：《论中国碳金融监管体制的构建》，《中国政法大学学报》2021年第5期。

54. 刘思妍、张海夫：《马克思世界历史理论视域下"双循环"新发展格局建构探析》，西南林业大学学报（社会科学）2022年第4期。

55. 刘铁峰、闻一文、郑爽：《借鉴绿色债券经验 助力绿色信托发展》，《债券》，2022年第6期。

56. 刘宛晨、刘文蓉、彭刚龙：《我国绿色债券规则完善与制度优化研究》，《财经理论与实践》2022年第6期。

57. 刘文勇：《绿色金融的理论基础与实践发展》，《黑龙江金融》2018年第9期。

58. 刘雁翎、安喜芬：《大数据语境下我国互联网绿色信贷制度的建构——基于国外经验的借鉴》，《环境保护》2017年第7期。

59. 刘元春、郝大鹏、霍晓霖：《碳中和经济学研究新进展》，《经济学家》2022年第6期。

60. 鲁存珍：《"双碳"目标下绿色债券的机遇与挑战》，《现代金融导刊》2022年第12期。

61. 鲁政委、叶向峰、钱立华等：《"碳中和"愿景下我国碳市场与碳金融发展研究》，《西南金融》2021年第12期。

62. 罗霞、夏梦瑶、陈新建：《商业银行发展绿色信贷的风险与管理策略》，《征信》2022 年第 3 期。

63. 马建堂、赵昌文:《更加自觉地用新发展格局理论指导新发展阶段经济工作》,《管理世界》2020 年第 11 期。

64. 马骏、程琳、邵欢:《G20 公报中的绿色金融倡议(下)》,《中国金融》2016 年第 18 期。

65. 马骏、程琳、谢文泓:《中国在绿色金融领域的全球影响力》,《清华金融评论》2018 年第 12 期。

66. 马骏:《绿色金融符合人类命运共同体价值观》,《环境与生活》2017 年第 12 期。

67. 马骏:《中国引领全球绿色金融发展的四大经验》,《可持续发展经济导刊》2019 年第 11 期。

68. 欧亚:《阿姆斯特丹:绿色城市的可持续发展之道》,《前线》2017 年第 4 期。

69. 齐建国:《循环经济与绿色发展——人类呼唤提升生命力的第四次技术革命》,《经济纵横》2013 年第 1 期。

70. 钱立华、方琦、鲁政委:《中国绿色金融标准体系的建设与发展》,《金融博览》2020 年第 10 期。

71. 钱立华:《中国绿色金融的演进与发展》,《中国银行业》2018 年第 2 期。

72. 邱峰:《碳中和目标下绿色信托的探索:现状、问题及对策》,《北方金融》2022 年第 6 期。

73. 任宇光、赵洪瑞、黄谦:《中国绿色金融发展现状与趋势研究》,《北方经贸》2022 年第 12 期。

74. 沈芸:《险企参与绿色治理的探索与路径》,《中国保险》2022 年第 6 期。

75. 石懿、陈毅晰、陈煌鑫:《绿色金融的源起、发展和展望》,《西部金融》2021 年第 12 期。

76. 时希杰、雷莉:《加快发展新型绿色保险 为实现碳达峰碳中和保驾护航》,《中国经贸导刊》2022 年第 5 期。

77. 史代敏、施晓燕:《绿色金融与经济高质量发展:机理、特征与实证研究》,《统计研究》2022 年第 1 期。

78. 史玲：《中国进入新发展阶段的理论逻辑、历史逻辑和现实逻辑》，《新经济》2022 年第 7 期。

79. 史英哲、云祉婷：《统筹构建中国绿色金融标准体系》，《金融博览（财富）》2022 年第 5 期。

80. 舒丹云斑：《营商环境视角下健全绿色保险法治的路径》，《保险职业学院学报》2022 年第 3 期。

81. 舒利敏、杨琳：《商业银行绿色信贷实施现状研究》，《会计之友》2015 年第 23 期。

82. 宋旭、宾晖：《从地方碳试点到全国碳交易中心》，《中国环境管理》2021 年第 1 期。

83. 苏丹、姚林华、邹博清：《构建绿色基金体系支持绿色经济发展的思路及建议——以广西为例》，《区域金融研究》2018 年第 5 期。

84. 孙秋枫、年综潜：《"双碳"愿景下的绿色金融实践与体系建设》，《福建师范大学学报（哲学社会科学版）》2022 年第 1 期。

85. 孙忠悦：《以绿色金融助推经济高质量发展的作用机理与创新路径》，《沈阳干部学刊》2022 年第 5 期。

86. 谭冰霖：《碳交易管理的法律构造及制度完善——以我国七省市碳交易试点为样本》，《西南民族大学学报（人文社会科学版）》2017 年第 7 期。

87. 屠光绍：《ESG 责任投资的理念与实践（上）》，《中国金融》2019 年第 1 期。

88. 屠光绍：《ESG 责任投资的理念与实践（下）》，《中国金融》2019 年第 2 期。

89. 屠红洲、屠金光：《从风险偏好管理视角探析我国银行业发展绿色信贷之建议》，《新金融》2018 年第 4 期。

90. 王波、董振南：《我国绿色金融制度的完善路径——以绿色债券、绿色信贷与绿色基金为例》，《金融与经济》2020 第 4 期。

91. 王方琪：《提升保险业发展与"双碳"目标契合度》，《中国银行保险报》2022 年第 5 期。

92. 王怀明、郑阳：《基金市场存在绿色偏好吗？——基于投资者异质性的分析》，《云南财经大学学报》2021 年第 1 期。

93. 王文、刘锦涛：《"碳中和"逻辑下的中国绿色金融发展：现状与未来》，《当代金融研究》2021年第1期。

94. 王霄汉：《"双碳"目标下商业银行碳金融业务发展实践——以中国农业银行湖北省分行为例》，《武汉金融》2022年第6期。

95. 王遥、刘慧心、庞心睿：《中国债券市场向"绿"而生　助力"双碳"目标实现》，《债券》2023年第5期。

96. 王遥、任玉洁：《"双碳"目标下的中国绿色金融体系构建》，《当代经济科学》2022年第5期。

97. 王颖、张昕、刘海燕等：《碳金融风险的识别和管理》，《西南金融》2019年第2期。

98. 危平、舒浩：《中国资本市场对绿色投资认可吗？——基于绿色基金的分析》，《财经研究》2018年第5期。

99. 韦东明、顾乃华、刘育杰：《雾霾治理、地方政府行为和绿色经济高质量发展——来自中国县域的证据》，《经济科学》2022年第4期。

100. 魏丽莉、杨颖：《绿色金融：发展逻辑、理论阐释和未来展望》，《兰州大学学报（社会科学版）》2022年第2期。

101. 魏丽莉、杨颖：《中国绿色金融政策的演进逻辑与环境效应研究》，《西北师大学报（社会科学版）》2020年第4期。

102. 文扬、王丽、胡珮琪等：《高效碳交易市场的机制设计与路径模式》，《宏观经济管理》2022年第9期。

103. 翁智雄、马中、刘婷婷：《碳中和目标下中国碳市场的现状、挑战与对策》，《环境保护》2021年第16期。

104. 吴晟、赵湘莲、武良鹏：《绿色信贷制度创新研究——以推动企业生态创新为视角》，《经济体制改革》2020年第1期。

105. 吴海江、龚嘉琪：《新发展格局的必然性：基于马克思政治经济学视角》，《世界经济研究》2022年第6期。

106. 吴应甲、付腾瑞：《绿色金融国际合作的困境及法治路径》，《银行家》2023年第1期。

107. 肖仁桥、肖阳、钱丽：《绿色金融、绿色技术创新与经济高质量发展》，《技术经济》2023 年第 3 期。

108. 肖扬：《绿色金融按下"加速键"保险业增强服务"双碳"目标行动力》，《金融时报》2022 年第 6 期。

109. 谢圣远、张奕涵：《绿色保险体系建设：形势与任务》，《中国保险》2022 年第 6 期。

110. 谢婷婷、刘锦华：《绿色信贷如何影响中国绿色经济增长？》，《中国人口·资源与环境》2019 年第 9 期。

111. 熊诚冲、王娟：《国内绿色金融研究热点、演化路径及展望——基于 Cite Space 知识图谱分析》，《经营与管理》2022 年第 6 期。

112. 徐双庆、顾阿伦、刘滨：《日澳碳交易系统分析及对我国的启示》，《环境保护》2015 年第 17 期。

113. 闫怀艳：《绿色金融支持农村经济发展的路径研究》，《农业经济》2022 年第 5 期。

114. 杨博文：《多层次碳金融监管框架：原则、工具与体制重构》，《当代经济管理》2018 年第 10 期。

115. 杨峰、秦靓：《我国绿色信贷责任实施模式的构建》，《政法论丛》2019 年第 6 期。

116. 中国绿色金融发展报告课题组、杨娉等：《中国绿色金融发展展望》，《中国金融》2020 年第 14 期。

117. 杨青清：《我国碳金融交易价格监管机制设计》，《山西财经大学学报》2022 年第 S1 期。

118. 姚颖、刘晓玲、韩朝媛、宋涛：《保险业支持"双碳"战略目标实施的政策路径研究》，《江苏科技信息》2022 年第 36 期。

119. 姚毓春、李冰：《新发展阶段我国经济增长动能转换：逻辑、方向与路径》，《华东师范大学学报（哲学社会科学版）》2022 年第 3 期。

120. 易兰、李朝鹏、杨历等：《中国 7 大碳交易试点发育度对比研究》，《中国人口·资源与环境》2018 年第 2 期。

121. 殷剑峰、王增武：《中国的绿色金融之路》，《经济社会体制比较》2016 年第 6 期。

122. 岳娟丽、曾繁华、管鸿禧：《我国政府绿色发展基金的投融资模式研究》，《贵州社会科学》2019 年第 12 期。

123. 张春辉：《商业银行碳金融：国际经验做法与中外差距分析》，《对外经贸实务》2017 年第 6 期。

124. 张洁：《"双碳"目标下我国绿色金融发展困境及对策研究》，《西南金融》2022 年第 9 期。

125. 张翎、陈莎：《新发展理念下商业银行加快推进绿色信贷的思考》，《农村金融研究》2017 年第 12 期。

126. 张强、董佳、刘善存：《绿色基金投资风格漂移与基金业绩评价》，《北京航空航天大学学报（社会科学版）》2023 年第 3 期。

127. 张雅鑫、冯鲍：《"双碳"目标下绿色金融发展的现状、问题与对策》，《黑龙江金融》2022 年第 5 期。

128. 张叶东：《"双碳"目标背景下碳金融制度建设：现状、问题与建议》，《南方金融》2021 年第 11 期。

129. 张岳、周应恒：《绿色金融"漂绿"现象的成因与防范：来自日本的经验启示》，《现代日本经济》2021 年第 5 期。

130. 赵骏、孟令浩：《我国碳排放权交易规则体系的构建与完善——基于国际法治与国内法治互动的视野》，《湖北大学学报（哲学社会科学版）》2021 年第 5 期。

131. 赵其一：《绿色信贷统计制度沿革》，《中国金融》2021 年第 5 期。

132. 赵淑霞、肖成志：《国内外绿色基金宏观层面比较研究》，《西南金融》2021 年第 4 期。

133. 郑剑辉：《我国商业银行绿色金融数字化转型研究》，《西南金融》2022 年第 9 期。

134. 中国银保监会政策研究局课题组、代斌、刘继光：《中国绿色金融发展回顾与展望》，《中国银行业》2022 年第 1 期。

135. 钟小剑、黄晓伟、范跃新等：《中国碳交易市场的特征、动力机制与趋势——基于国际经验比较》,《生态学报》2017 年第 1 期。

136. 周杰普:《论我国绿色信贷法律制度的完善》,《东方法学》2017 年第 2 期。

137. 周乾、朱云帆:《我国绿色信托发展的制度瓶颈与破解路径》,《环境保护》2023 年第 3 期。

138. 周文、何雨晴:《新发展格局的政治经济学要义》,《齐鲁学刊》2022 年第 2 期。

139. 朱晋、赵燕:《绿色产业基金的发展模式与发展策略》,《银行家》2017 年第 7 期。

140. 朱兰、郭熙保:《党的十八大以来中国绿色金融体系的构建》,《改革》2022 年第 6 期。

141. 朱民、郑重阳、潘泓宇:《构建世界领先的零碳金融地区模式——中国的实践创新》,《金融论坛》2022 年第 4 期。

142. 邹靖:《绿色金融赋能中小企业发展的创新路径研究》,《中国中小企业》2022 年第 12 期。

143. 邹小芃、胡嘉炜、姚楠:《绿色证券投资基金财务绩效、环境绩效与投资者选择》,《上海经济研究》2019 年第 12 期。

144. 左金隆、王平:《绿色信贷对中国经济高质量发展的影响研究——兼论能源消费视角下的中介效应》,《重庆师范大学学报（社会科学版）》2022 年第 3 期。

145. 左振秀、崔丽、朱庆华:《中国实施绿色信贷的障碍因素》,《金融论坛》2017 年第 9 期。

三、外文

1. Abbas Jawad，Wang Lisu，Ben Belgacem Samira，Pawar Puja Sunil，Najam Hina，Abbas Jaffar，"Investment in renewable energy and electricity output：Role of green finance，environmental tax，and geopolitical risk：Empirical evidence from China". in *Energy*，Vol.269，2023.

2. Bert Scholtens，"Why Finance Should Care about Ecology"，in *Trends in Ecology & Evolution*，2017，32（7）.

3. Campiglio, E., Dafermos, Y., Monnin, P., Ryan-Collins, J., Schotten, G., and Tanaka, M., "Climate Change Challenges for Central Banks and Financial Regulators", *Nature Climate Change*, 2018, 8（6）.

4. Jeucken Marcel, *Sustainable Finance and Banking：The Financial Sector and the Future of the Planet*. Taylor and Francis：2010-09-23.

5. Lee Chien-Chiang, Wang Fuhao, Lou Runchi, Wang Keying, "How does green finance drive the decarbonization of the economy？ Empirical evidence from China", in *Renewable Energy*, 2023.

6. Lingling Guo, Ying Qu, Ming-Lang Tseng, "The interaction effects of environmental regulation and technological innovation on regional green growth performance", in *Journal of Cleaner Production*, 2017.

7. Lingyun He, Rongyan Liu, Zhangqi Zhong, Deqing Wang, Yufei Xia, "Can green financial development promote renewable energy investment efficiency? A consideration of bank credit", in *Renewable Energy*, 2019.

8. Lu Yuchen, Gao Yuqiang, Zhang Yu, Wang Junrong, "Can the green finance policy force the green transformation of high-polluting enterprises? A quasi-natural experiment based on Green Credit Guidelines", in *Energy Economics*, 2022.

9. Wang Kai-Hua, Zhao Yan-Xin, Jiang Cui-Feng, Li Zheng-Zheng, "Does green finance inspire sustainable development? Evidence from a global perspective", *Economic Analysis and Policy*, 2022.

后 记

习近平总书记在党的二十大报告中明确提出，推动绿色发展，促进人与自然和谐共生，必须牢固树立和践行绿水青山就是金山银山的理念，站在人与自然和谐共生的高度谋划发展。加快发展方式绿色转型，实现经济、社会和环境的协调发展，推动经济社会高质量发展，就要完善支持绿色发展的财税、金融、投资、价格政策和标准体系建设。中国式现代化是人与自然和谐共生的现代化，构建绿色发展的绿色金融应用场景，是中国式现代化一项重要内容。作为金融领域的研究人员，更要深入学习贯彻习近平生态文明思想，把绿色金融研究工作摆在突出位置，我们希望将学习贯彻习近平新时代中国特色社会主义思想转化为指导具体工作的实践。为此，我们组织科研团队，开展绿色金融领域的相关研究，将主要研究成果付梓成书，以飨读者。

本书由韩景旺教授、刘濛教授负责整体规划和组织研讨工作，由韩景旺、陈正其负责整体框架设计，具体分工如下：陈正其撰写第一章和第二章，马紫宇撰写第三章和第四章，李瑞晶撰写第五章，陈翠霞撰写第六章，吴玲玲撰写第七章，胡朱钧撰写第八章，刘青瑶撰写第九章，李瑞晶、刘濛撰写第十章。最后由韩景旺教授和刘濛教授完成统稿、修改、审定工作。此外，本书在撰写过程中得到了河北省科技金融重点实验室、河北金融学院德融研究院的大力支持与帮助，人民出版社编辑为本书的出版倾注了大量心血，提出了很多宝贵建议并付出了艰辛的劳动，在此表示衷心的感谢！她们严谨规范、认真负责的工作态度，为我们做好研究工作树立了榜样。同时，在课题研究中，河北金融学院的各位领导、同事给予了大力帮助，各金融监督和管理机构、金融机构给予了理解和支持，一并表示由衷的感谢！中国经济进入新发展阶段，金融服务实体经济取得新的进展，值此关键时期，我们广大金融研究者应当不忘初心、牢记使命，继续深入开展绿色金融领域的研究，为实现第二个百年奋斗目标贡献微薄之力。

由于时间仓促，作者知识结构所限，加之数据资料掌握不全的制约，书中研究尚不深入，难免存在谬误与不妥之处，欢迎各位专家学者予以斧正。

韩景旺

2023 年 11 月

责任编辑：陈晓燕　曹　利

图书在版编目（CIP）数据

新发展格局下绿色金融与实体经济融合发展研究 / 韩景旺等著 . -- 北京：人民出版社，2025. 5. -- ISBN 978 - 7 - 01 - 027103 - 3

Ⅰ．F832

中国国家版本馆 CIP 数据核字第 2025NF8325 号

新发展格局下绿色金融与实体经济融合发展研究
XIN FAZHAN GEJU XIA LÜSE JINRONG YU SHITI JINGJI RONGHE FAZHAN YANJIU

韩景旺　刘　濛　李瑞晶 等著

人民出版社 出版发行

（100706　北京市东城区隆福寺街 99 号）

北京汇林印务有限公司印刷　新华书店经销

2025 年 5 月第 1 版　2025 年 5 月北京第 1 次印刷
开本：710 毫米 × 1000 毫米 1/16　印张：20.25
字数：300 千字

ISBN 978 - 7 - 01 - 027103 - 3　定价：88.00 元

邮购地址 100706　北京市东城区隆福寺街 99 号
人民东方图书销售中心　电话（010）65250042　65289539